天津师范大学法学院主办

天津滨海法学

Tianjin Binhai Law Journal

第七卷

主编　郝磊

本卷执行主编　尚海涛

中国检察出版社

编辑委员会

学术顾问（按姓氏笔画排序）

从希斌　尹　田　吴志攀
应松年　沈四宝　张卫平
赵秉志　贾邦俊　徐大同
梁津明　彭炳金　韩大元
韩志红

委　　员（按姓氏笔画排序）

于增尊　刘东辉　孙立文
吴占英　张培尧　尚海涛
郝　磊　郭庆珠　郭明龙

主　　编　郝　磊

主编助理　晁晓军

卷首语

在《天津滨海法学》（第七卷）即将付梓之际，诚挚地感谢各位专家学者、实务工作者的赐稿。

本卷设置了各科专论、名家演讲、青年法苑、书评和域外法制等栏目。

"各科专论"共选取了 12 篇论文，涉及法理学、法制史、宪法与行政法、民法、刑法、经济法、诉讼法等学科，覆盖面较为广泛。研究的范围包括《唐律》中的监临官赃罪、中日损害赔偿法、产品缺陷的法律认定、仇恨言论法律规制的理论基础、个人信息权益的合理使用、英美法系道歉法律化进程的特点分析、国有企业混合所有制改革中国有产权保护法律问题、互联网在线审批改革背景下非行政许可审批事项清理法律规制问题、我国食品犯罪立法检视及其改进、刑事诉讼中电子证据的适用现状与实务应对、道德与法律视域下的纠问、习近平关于全面依法治国的重要论述融入法理学课程的路径。这些论文所研究的均是当下出现的新问题，也是急需解决的重要问题，其研究分析既具有重要的理论价值，也具有较强的实践指向意义。

"名家演讲"收入了谢晖教授和陈卫东教授在天津师范大学法学院所作的演讲。谢晖教授围绕司法推理的大前提是什么、司法推理大前提的修辞属性、法律究竟是作为价值的修辞还是作为事实的逻辑、为什么少数服从多数、法律究竟是科学的还是可接受等方面，对司法推理的大前提与制度修辞展开了层层递进的论证研究。陈卫东教授结合 2018 年刑事诉讼法的修改内容，主要从认罪认罚从宽制度、人民检察院自侦案件的范围、监察案件与刑事案件的衔接、值班律师制度、刑事缺席审判制度等方面，对重点新修条文以及所涉制度进行了详细的解读。两位学术大家的演讲内容丰富、通俗易懂，紧紧把握了理论和立法实践前沿动态。

"青年法苑"是为青年学子所设立的学术展示平台，本卷共收录了四篇文章，涉及晚清立法移植的理论及其实效、法律运行中的确定性、实证分析角度下生态环境修复法律责任性质研究、自动驾驶汽车交通事故侵权责任主体探究等议题。青年学术虽然在理论把握方面还有所欠缺，论证还需要更加深入细致，但他们是我们学术研究的未来，值得鼓励和扶持。

"书评"，即评论并介绍书籍的文章。本卷共收录了两篇书评，分别对《过去和现在：中国民事法律实践的探索》和《环境法私人实施研究》两本著作进行评析。前文主要以社区调解为例，对中国法律现代性问题进行归纳，从而得出关于中国法律"实践主体性"的结论。后者则是以法经济学和法社会学为分析框架，引入法经济学中法的私人实施与公共实施的划分方法，对私主体实施环境法律的路径进行分析，并提出了切实可行的优化建议。

"域外法制"栏目希望通过对国外立法、司法的分析研究，为我国相关法律制度的发展与完善提供借鉴。本栏目推出了两篇译文，即玛莉·凯斯所著的《欧洲法律能力制度改革：一个紧迫的挑战》和劳埃德·邦菲尔德所著的《中世纪英国庄园法庭中习惯法的本质》。前一篇对剥夺法律能力的方法和由此产生的对能力剥夺的人的影响，以及在部分欧洲理事会国家的实践状况进行介绍分析，对我国无完全能力成年人的决策问题的法律规制提供参考。后一篇则以中世纪英国庄园法庭为例，对习惯法的本质进行分析，可以为我国国内习惯法的相关研究提供一定的借鉴。

　　最后，再次感谢各位专家学者、实务工作者的赐稿，正是你们的惠赐，让本卷得以成书。衷心期盼大家积极关注并一如既往地支持我们，我们也会加倍努力。相信在各位作者和读者的鼎力襄助下，《天津滨海法学》将办得越来越好，学术之花在这片园地定会竞相绽放。

目 录

【各科专论】

论《唐律》中的监临官赃罪 ………………………… 彭炳金（1）
中日损害赔偿法：藏书与主题 ………………………… 张志坡（12）
论产品缺陷的法律认定 ………………………………… 朱沛智（27）
仇恨言论法律规制的理论基础
　　——基于密尔自由原则的阐释 ………………… 龚　艳（38）
个人信息权益之合理使用：立法与衡平 …………… 郭明龙（49）
英美法系道歉法律化进程特点分析 ………………… 许莲丽（61）
国有企业混合所有制改革中国有产权保护法律问题
　　探析 ……………………………………………… 孙云霞（70）
互联网在线审批改革背景下非行政许可审批事项
　　清理"后时代"法律规制问题研究
　　——以行政许可法为背景 ………………………… 盛　波（82）
我国食品犯罪立法检视及其改进 …………………… 温建辉（92）
刑事诉讼中电子证据的适用现状与实务应对 ……… 周　杨（105）
扶起摔倒的老年人有那么难吗？
　　——道德与法律视域下的纠问 ………… 崔星璐　吴占英（118）
习近平关于全面依法治国的重要论述融入法理学
　　课程的路径 ………………………… 尚海涛　张怡纯（128）

【名家演讲】

论司法推理的大前提与制度修辞 …………………… 谢　晖（140）
刑事诉讼法修改的若干问题 ………………………… 陈卫东（152）

【青年法苑】

晚清立法移植的理论及其实效 ……………………… 王亚璐（162）

预测、互动与实效：运行中的法律确定性 ………… 刘一泽（172）
实证分析视角下生态环境修复法律责任性质研究
　　…………………………………………… 陈欢欢　冯　汝（188）
自动驾驶汽车交通事故侵权责任主体探究 ………… 王成璋（200）

【书评】

观往知来
　　——评《过去和现在：中国民事法律实践的探索》
　　………………………………………………… 吴凌畅（210）
私主体实施环境法律的路径与优化
　　——《环境法私人实施研究》书评 …………… 施青云（220）

【域外法制】

欧洲法律能力制度改革：一个紧迫的挑战
　　………………………………… ［爱尔兰］玛莉·凯斯　著
　　　　　　　　　李　霞　陈　迪　译　陈　博　审校（230）
中世纪英国庄园法庭中习惯法的本质
　　…………… ［英］劳埃德·邦菲尔德　著　刘丹晨　译（264）

【附录】

2018年法学院科研动态 ………………………………（285）
《天津滨海法学》（第八卷）征稿启事 …………………（296）

CONTENTS

【monographs on various subjects】

On the official Crimes Concerning Illicit Goods of *Tang Code*
.... Peng Bingjin (1)

Damage Compensation Law between China and Japan: Collections and Themes .... Zhang Zhipo (12)

On Legal Identification of Product Defects .... Zhu Peizhi (27)

The Theoretical Basis of the Legal Regulation of Hate Speech—An Interpretation Based on Mill's Principle of Freedom .... Gong Yan (38)

Rational Use of Personal Information Rights and Interests: Legislation and Equity .... Guo Minglong (49)

Characteristic Analysis of the Legalization of Apology in Anglo-American Law System .... Xu Lianli (61)

On the Legal Issues of the Protection of State-owned Property Rights in the Reform of Mixed Ownership of State-owned Enterprises in China .... Sun Yunxia (70)

Research on the Legal Regulation of the "Post-era" of Non-administrative License Examination and Approval under the Background of the Reform of Internet Online Examination and Approval— With *The Administrative Licensing Law* as the Background .... Sheng Bo (82)

Improvement and Inspection of Food Crime Legislation in China .... Wen Jianhui (92)

Current Situation and Practical Response of Electronic Evidence in Criminal Procedure .... Zhou Yang (105)

Is It so Difficult to Liftthe Fallen down Elderly? —— Questions from the Perspective of Morality and Law
.... Cui Xinglu & Wu zhanying（118）
The Path of Xi Jinping's Discourses on Comprehensively Governing the Country by Law to the Jurisprudence Course
.... Shang Haitao & Zhang Yichun（128）

【Celebrity Speech】

On the Prerequisites and Systematic Rhetoric of Judicial Reasoning .... Xie Hui（140）
Some Questions on the Amendment of Criminal Procedure Law .... Chen Weidong（152）

【Youth Law Court】

The Theory and Effect of Legislative Transplantation in Late Qing Dynasty .... Wang Yalu（162）
Forecasting, Interaction and Effectiveness: Legal Certainty in Operation .... Liu Yize（172）
On the Alienation and Optimization of Contemporary Chinese Lawyer's Thinking System Study on the Nature of Legal Liability for Eco-environmental Restoration from the Perspective of Empirical Analysis
.... Chen Huanhuan & Feng Ru（188）
Study on the Subject of Tort Liability for Motor Vehicle Accidents .... Wang Chengzhang（200）

【book review】

Study the Past and Foretell the Future Changes— Comments on *Past and Present: Exploration of Civil Law Practice in China* .... Wu Lingchang（210）
The Path and Optimizing of Private Enforcement of Environmental Law— A Book Review of *Research on Private Enforcement of Environmental Law* .... Shi Qingyun（220）

【Extraterritorial Legal System】

Reform of European Legal Capacity System: An Urgent
　Challenge
　　　　　·················· Transtated by Li Xia & Chen Di （230）
The Essence of Customary Law in English Manor Courts in
　　the Middle Ages　············ Translated by Liu Danchen （264）

【appendix】

Scientific Research Trends of Law School in 2018　············· （285）
Collection of the 8th Volume of Submissions　·················· （296）

【各科专论】

论《唐律》中的监临官赃罪[*]

彭炳金[**]

《唐律》中的赃罪是指侵犯财产的犯罪，包括窃盗、强盗、受财枉法、不枉法、受所临及坐赃六种，其中受财枉法、不枉法、受所临及坐赃的犯罪主体均为官吏，被称为官吏赃罪。官吏赃罪是学术界研究的一个热点，已经发表的期刊论文有周东平的《论唐代惩治官吏赃罪的特点》（《厦门大学学报（哲学社会科学版）》1994 年第 1 期）、侯雯的《谈唐代对官吏赃罪的惩治》（《首都师范大学学报（社会科学版）》1996 年第 4 期）、彭炳金的《唐代官吏赃罪述论》（《史学月刊》2002 年第 10 期），硕士学位论文有尹柏苏的《唐代官吏赃罪研究》（吉林大学 2007 年）和张杨的《唐代官吏赃罪研究》（西南财经大学 2010 年）。以上论文对唐代官吏赃罪的内容与特点作了详细研究，但是对于《唐律》中监临官赃罪还尚无专文论及，本文就《唐律》中的监临官赃罪及其特点作初步探讨。

一、《唐律》中的监临官

监临指监察、临视。《史记·张耳列传》载："陈中豪杰父老乃说陈涉曰：'将军身被坚执锐，率士卒以诛暴秦，复立楚社稷，存亡继绝，功德宜为王。且夫监临天下诸将，不为王不可，愿将军立为楚王也。'"[①]《汉书·朱博传》载："高皇帝以圣德受命，建立鸿业，置御

---

[*] 本文系天津市社会科学规划课题"唐代廉政法制研究"（TJFX17-007）的阶段性研究成果。

[**] 历史学博士，天津师范大学法学院教授。

[①] 司马迁：《史记》，中华书局 1959 年版，第 2573 页。

史大夫，位次丞相，典正法度，以职相参，总领百官，上下相监临，历载二百年，天下安宁。"①

　　监临官的概念在汉代已经出现，汉武帝"外事四夷之功，内盛耳目之好，征发烦数，百姓贫耗，穷民犯法，酷吏击断，奸轨不胜。于是招进张汤、赵禹之属，条定法令，作见知故纵、监临部主之法"。颜师古注："见知人犯法不举告为故纵，而所监临部主有罪并连坐也。"② 监临指监临官，汉代将负责治民之地方长官郡守、县令称为监临官；部主指乡、亭的长官。"秦汉简牍中还可看到'部主'；'部主'的含义与汉代乡、亭设置相关：汉代的乡又称乡部，亭的辖区又称亭部。《二年律令·钱律》：'盗铸钱及佐者，弃市……尉、尉史、乡部、官啬夫、士吏、部主弗得，罚金四两。'这里的'部主'，应指'盗铸钱'案件发生所在乡部或亭部的长官。"③ 监临部主之法就是指监临官（郡守、县令）与乡、亭长官对辖区内贼盗犯罪承担连坐责任。

　　"诸称'监临'者，统摄案验为监临。【疏】议曰：统摄者，谓内外诸司长官统摄所部者。案验，谓诸司判官判断其事者是也。"本条注："谓州、县、镇、戍、折冲府等，判官以上，各于所部之内，总为监临。【疏】议曰：此谓州、县、镇、戍、折冲府等判官以上，虽有曹务职掌不同，但于部内总为监临之例。镇、戍、折冲府，唯统摄身，不管家口。"④

　　"所谓'统摄'，指统治、管辖。所谓'案验'，指负责、判断。"⑤ 统摄即统率，案验即审核、执行。具有统摄职权的官员包括中央台、省、寺、监院各部门及地方州、县、镇、戍、折冲府等机构的长官，具有案验职权的官员包括这些机构的通判官和判官。

　　监临官与唐代四等官制度紧密相关，《唐律》将内外诸司同一机构内的官吏按照在判案（处理公务）时职责的不同，分为长官、通判官、判官与主典四等官。《唐律》以大理寺为例说明解释了四等官制："诸同职犯公坐者，长官为一等，通判官为一等，判官为一等，主典为一

---

① 班固：《汉书》，中华书局1962年版，第3405页。
② 班固：《汉书》，中华书局1962年版，第1101页。
③ 刘晓满：《秦汉官吏称"主"与行政责任》，载《史学月刊》2015年第12期。
④ 长孙无忌等：《唐律疏议》，刘俊文点校，中华书局1983年版，第139—140页。
⑤ 刘俊文：《唐律疏议笺解》，中华书局1996年版，第513页。

等，各以所由为首。【疏】议曰：同职者，谓连署之官。'公坐'，谓无私曲。假如大理寺断事有违，即大卿是长官，少卿及正是通判官，丞是判官，府史是主典，是为四等。"①

根据《唐六典》，大理寺有"卿一人，少卿二人，正二人，丞六人，主簿二人，录事二人，府二十八人，史五十六人，狱丞四人，狱史六人，亭长四人，掌固十八人，问事一百人，司直六人，史十二人，评事十二人，史二十四人"。② 大理卿是长官，"掌邦国折狱详刑之事"，统领大理寺寺务；少卿是卿的副职；大理正主要负责大理丞审判案件的复核，"大理正掌参议刑狱、详正科条之事，凡六丞断罪有不当者，则以法正之"；而丞主要负责审判事务，"丞掌分判寺事，凡有犯皆据其本状以正刑名"。③ 司直和评事负责到外地出使推鞫。大理寺的府史属于主典官，主要是负责文书案牍的记录与整理。唐开元二十五年令："诸问囚，皆判官亲问，辞定令自书款，若不解书，主典依口写讫，对判官读示。"④

在地方，州、县官员也分为四等官，日本学者砺波护研究认为，"州中以刺史为长官，以别驾、长史、司马三者为通判官，以司功、司仓、司户、司兵、司法、司士六参军事为判官，录事参军事是检勾官，位于判官之上。他们均为流内官。其下是主典即佐和史，他们不是官而是吏。州之下是县，县以令为长官，丞为通判官，主簿为检勾官，尉为判官。主典与州相同，由称为佐、史的吏担当"。⑤

四等官中，长官对本部门政务负领导责任，通判官一般是副长官，协助长官处理政务。判官即判案之官，是执行事务的中层官员，"判官一般是五、六品，属于中高级官员；主典大部分是流外官和无品阶的胥吏，只有极少数是流内七品以下的官员"。⑥

关于四等官的各自职责，刘俊文先生有过解释："按唐内外诸司之

---

① 长孙无忌等：《唐律疏议》，刘俊文点校，中华书局1983年版，第110页。
② 《唐六典》，中华书局1992年版，第500页。
③ 《唐六典》，中华书局1992年版，第503页。
④ [日] 仁井田陞：《唐令拾遗》，栗劲等译，长春出版社1989年版，第715页。
⑤ 刘俊文主编：《日本学者研究中国史论著选译》（第四册），中华书局1992年版，第559页。
⑥ 李蓉：《唐代的主典》，载《三峡学刊》1995年第1期。

官分为四等，即长官、通判官、判官及主典。长官为官府之总判；通判官副辅之；判官分判诸事，审查文案，并考公事及文书之稽失；主典受判官以上处分，勘造文案，并检出判官以上行为之稽失。"①

唐代中央和地方各级机构中除四等官之外，还有负责审查和复核的检、勾之官，"检者，谓发辰检稽失，诸司录事之类；勾者，署名勾讫，录事参军之类"。②

二、《唐律》中监临官赃罪的主要内容

中国古代法律中的赃罪是指侵犯财产的犯罪，晋代张斐在《晋律》注中说："取非其物谓之盗，货财之利谓之赃。"③

《唐律》规定的赃罪罪名有六种。"在律，'正赃'唯有六色：强盗、窃盗、枉法、不枉法、受所监临及坐赃。自外诸条，皆约此六赃为罪。"④ 在六种赃罪中，强盗和窃盗罪的犯罪主体为一般主体，受财枉法、不枉法、受所临罪的犯罪主体均为监临官或包括监临官。坐赃罪的犯罪主体为监临主司以外的官吏。在窃盗罪中有监临主守自盗及盗所监临罪，其犯罪主体为监临官和主守官。另外，在《唐律》中，还有一些监临官以权谋私行为以坐赃罪论处。由此可以看出《唐律》中赃罪惩治的重点是监临官。

（一）监临主司受财枉法与不枉法

《唐律》第138条规定："诸监临主司受财而枉法者，一尺杖一百，一匹加一等，十五匹绞。【疏】议曰：监临主司，谓统摄案验及行案主典之类。受有事人财而为曲法处断者，一尺杖一百，一匹加一等，十五匹绞。不枉法者，一尺杖九十，二匹加一等，三十匹加役流。不枉法者，一尺杖九十，二匹加一等，三十匹加役流。【疏】议曰：虽受有事人财，判断不为曲法，一尺杖九十，二匹加一等，三十匹加役流。"

受财枉法指"虽受有事人财，判断不为曲法"，即接受当事人的财物贿赂而枉法裁判；受财不枉法指"虽受有事人财，判断不为曲法"，

---

① 刘俊文：《唐律疏议笺解》，中华书局1996年版，第234页。
② 长孙无忌等：《唐律疏议》，刘俊文点校，中华书局1983年版，第110页。
③ 房玄龄：《晋书》，中华书局1974年版，第928页。
④ 长孙无忌等：《唐律疏议》，刘俊文点校，中华书局1983年版，第83页。

即接受当事人的财物贿赂而没有枉法裁判。

受财枉法与受财不枉法罪的主体为监临主司，监临指监临官，主司指"行案主典之类"的官吏。行案主典即唐代四等官中的主典，主典在唐代文献中也称典吏、案典、典等，主典的主要职责是署案，"判案者为判官，署案者为主典及监事之类"。① 所谓署案包括文书的抄写和检请。主典包括中央各机构及地方州、县衙门中的令史、书令史与府及佐、史等。

《唐律》中的受财枉法罪源于汉代的受赇枉法罪，张家山汉简《二年律令·盗律》载"受赇以枉法，及行赇者，皆坐其臧（赃）为盗。罪重于盗者，以重者论之"。② 汉代的受赇枉法罪主体为一般官吏，《唐律》将受财枉法罪主体限定为监临主司。

由于受财枉法造成的危害后果大于受财不枉法，故《唐律》对受财枉法的量刑重于受财不枉，受财枉法罪的赃物价值达到绢十五匹处以绞刑，不枉法罪最高刑罚为加役流（流三千里，服役三年）。

在《唐律》中，监临官恐吓所部取财也准受财枉法论处，《唐律》第285条规定："诸恐喝取人财物者，准盗论加一等。【疏】议曰：……又问：监临恐喝所部取财，合得何罪？答曰：凡人恐喝取财，准盗论加一等。监临之官，不同凡人之法，《名例》：'当条虽有罪名，所为重者，自从重。'理从'强乞'之律，合准枉法而科。若知有罪不虚，恐喝取财物者，合从真枉法而断。"③

（二）受所监临财物

受所监临财物罪在汉代已经出现，景帝元年（公元前156年）"秋七月，诏曰：'吏受所监临，以饮食免，重。受财物，贱买贵卖，论轻。廷尉与丞相更议著令。'"于是"廷尉信谨与丞相议曰：'吏及诸有秩受其官属所监、所治、所行、所将，其与饮食计偿费，勿论。它物，若买故贱，卖故贵，皆坐臧为盗，没入臧县官。吏迁徙免罢，受其故官属所将监治送财物，夺爵为士伍，免之。无爵，罚金二斤，令没入所

---

① 长孙无忌等：《唐律疏议》，刘俊文点校，中华书局1983年版，第291页。
② 张家山汉简二四七号汉墓竹简整理小组：《张家山汉墓竹简［二四七号墓］（释文修订本）》，文物出版社2006年版，第16页。
③ 长孙无忌等：《唐律疏议》，刘俊文点校，中华书局1983年版，第360—361页。

受.'有能捕告,畀其所受臧"。① 在汉代官吏接受所管辖区域内下属官吏及百姓财物的行为按照盗罪论处。

《唐律》第140条规定:"诸监临之官,受所监临财物者,一尺笞四十,一匹加一等;八匹徒一年,八匹加一等;五十匹流二千里。【疏】议曰:监临之官,不因公事而受监临内财物者,计赃一尺以上笞四十,一匹加一等;八匹徒一年,八匹加一等;五十匹流二千里。与财之人,减监临罪五等,罪止杖一百。乞取者,加一等;强乞取者,准枉法论。【疏】议曰:'取者,加一等,谓非财主自与,而官人从乞者,加'受所监临'罪一等。以威若力强乞取者,准枉法论,有禄、无禄各依本法。"

《唐律》受所监临财物罪的主体为监临官,受所监临财物指监临官因公事以外原因即因私事接受下属及其管辖区域百姓的财物;如果监临官主动索取财物则加一等量刑,强行索要财物则按照受财枉法论处。

《唐律》之所以将受所临财物行为按照犯罪论处不仅是因为这种行为违反了官吏的廉洁性,并且监临官可能在日后会为赠送财物的人牟取不当利益。

在《唐律》中,受所监临财物罪的适用范围非常广泛,监临官利用职务之便侵犯百姓财产权利的行为也按照受所监临财物罪论处。

其一,贷所监临财物百日不还。《唐律》第142条规定:"诸贷所监临财物者,坐赃论;若百日不还,以受所监临财物论。强者,各加二等。【疏】议曰:监临之官于所部贷财物者,坐赃论。……若百日不还,为其淹日不偿,以受所监临财物论。若以威力而强贷者,'各加二等',谓百日内坐赃论加二等,满百日外从受所监临财物上加二等。"

其二,监临官于部内买卖牟利。《唐律》第142条规定,监临官于部内"若卖买有剩利者,计利,以乞取监监财物论。……【疏】议曰:官人于所部卖物及买物,计时估有剩利者,计利,以乞取监临财物论"。

其三,私役所监临及借所监临奴婢、牛马等牲畜以及车船、碾硙、邸店等。《唐律》第143条规定:"诸监临之官,私役所监临,及借奴婢、牛马驼骡驴、车船、碾硙、邸店之类,各计庸、赁以受所监临财物

---

① 班固:《汉书》,中华书局1962年版,第140页。

论，罪止杖一百。【疏】议曰：监临之官，私役使所部之人，及从所部借奴婢、牛马驼骡驴、车船、碾硙、邸店之类，称奴婢者，部曲、客女亦同，各计庸、赁之价，人、畜、车计庸，船以下准赁，以受所监临财物论。"

其四，率敛所监临财物与人。《唐律》第145条规定："诸率敛所监临财物遗人者，虽不入己，以受所监临财物论。【疏】议曰：率敛者，谓率人敛物，或以身率人以财物馈遗人者，虽不入己，并倍以受所监临财物论。若自入者，同'乞取'法。""率敛所监临财物遗人"指监临官派人向所管辖区域内百姓及官吏索取财物赠送他人。

其五，监临主守私借官奴婢及畜产，计庸重者。《唐律》第208条规定："诸监临主守，以官奴婢及畜产私自借，若借人及借之者，笞五十；计庸重者，以受所监临财物论。驿驴，加一等。【疏】议曰：监临主守之官，以所监主官奴婢及畜产，'私自借'，谓身自借用，若转借他人及借之者，或一人、一畜，但借即笞五十。或借数少而日多，或借数多而日少，计庸重于借罪者，以受所监临财物论，累赃为坐。'驿驴，加一等'，谓借即得杖六十；计庸重，以受所监临财物论加一等。"① 监临官与主守将官奴婢一人或官府牲畜一只私自借用或借给他人，笞五十。如果借用数量超过一人或一只，或者借用数量没有过一人或一只，但是借用时间长，累计借用奴婢或牲畜的工钱，以受所监临财物论处。

（三）以窃盗罪论处的监临官赃罪

《唐律》中的窃盗罪为一般主体犯赃，其第282条规定："诸窃盗，不得财笞五十；一尺杖六十，一匹加一等；五匹徒一年，五匹加一等，五十匹加役流。【疏】议曰：窃盗人财，谓潜形隐面而取。"

《唐律》中有监临主守自盗及盗所监临罪，以监临官和主守官为特殊主体。"诸监临主守自盗及盗所监临财物者，加凡盗二等，三十匹绞。【疏】议曰：假如左藏库物，则太府卿、丞为监临，左藏令、丞为监事，见守库者为主守，而自盗库物者，为'监临主守自盗'。又如州、县官人盗部内人财物，是为'盗所监临'。"②

---

① 长孙无忌等：《唐律疏议》，刘俊文点校，中华书局1983年版，第286—287页。
② 长孙无忌等：《唐律疏议》，刘俊文点校，中华书局1983年版，第358—359页。

监临主守自盗指监临主守利用职务之便盗取所监守的官府财物，相当于现代刑法中的监守自盗；盗所监临指监临主守利用职务之便盗取部内百姓财物；监临主守盗取亲王家财物也以监临主守自盗论处。

《唐律》规定监临主守私自借贷官物及以官物借贷他人也以窃盗罪论处："诸监临主守，以官物私自贷，若贷人及贷之者，无文记，以盗论；有文记，准盗论；立判案，减二等。"①

另外，监临主守诈取所监临主守之物也按照监临主守自盗论处。"诸诈欺官私财物者，准盗论。注：若监主诈取者，自从盗法。【疏】议曰：诈谓诡诳，欺谓诬罔。诈欺官私以取财物者，一准盗法科罪，唯不在除、免、倍赃、加役流之例，罪止流三千里。……'若监主诈取'，谓监临主守诈取所监临主守之物，自从盗法，加凡盗二等，有官者除名。"②

坐赃罪是指监临主守以外的官吏利用职务之便收取他人财物。《唐律》第389条规定："诸坐赃致罪者，一尺笞二十，一匹加一等，十匹徒一年，十匹加一等，罪止徒三年。注：谓非监临主司，而因事受财者。"

在《唐律》中，一些监临官以权谋私的行为以坐赃罪论处。例如：其一，监临官接受猪羊等供馈。《唐律》第144条规定："诸监临之官，受猪羊供馈，注：谓非生者。坐赃论。强者，依强取监临财物法。【疏】议曰：监临之官，于所部内受猪羊供馈者，即是杀讫始送，故注云'谓非生者'，举猪羊为例，自余禽兽之类皆是，各计其所直，坐赃论。"监临官接受猪羊等供馈指监临官接受部内下属及百姓宰杀的猪羊等食物馈赠。

其二，监临主守以官物私自借及借人过十日。《唐律》第213条规定："诸监临主守之官，以官物私自借，若借人及借之者，笞五十；过十日，坐赃论减二等。【疏】议曰：监临主守之官，以所监临主守之物，谓衣服、毡褥、帷帐、器玩之类，但是官物，私自借，若将借人及借之者，各笞五十。过十日，计所借之物，准坐赃论减二等，罪止徒二年。"③

---

① 长孙无忌等：《唐律疏议》，刘俊文点校，中华书局1983年版，第291—292页。
② 长孙无忌等：《唐律疏议》，刘俊文点校，中华书局1983年版，第465页。
③ 长孙无忌等：《唐律疏议》，刘俊文点校，中华书局1983年版，第291—292页。

其三，监临主守于部内僦运租税。《唐律》第218条规定："诸监临主守之官，皆不得于所部僦运租税、课物，违者，计所利坐赃论。其在官非监临，减一等。【疏】议曰：凡是课税之物，监临主守皆不得于所部内僦勾客运。其有违者，计所利，坐赃论。除人畜粮外，并为利物。'在官非监临，减一等'，谓从坐赃减一等。"监临主守官僦运租税指监临官和主守官利用职务于所辖区域承揽租税运送从中牟利的行为，属于利用职务从事经营活动。

三、《唐律》对监临官犯赃的严惩

从汉代开始就对监临官犯赃进行严惩，《盗律》有受所监临与受财枉法罪。① 匡衡，汉元帝时为丞相，封乐安侯，其侯国食封土地本三千一百顷，匡衡利用郡图之误，多占四百顷。成帝时期，"衡遣从史之僮，收取所还田租谷千余石入衡家。因多四百顷司隶校尉骏、少府忠行廷尉事劾奏'衡监临盗所主守直十金以上。《春秋》之义，诸侯不得专地，所以一统尊法制也。衡位三公，辅国政，领计簿，知郡实，正国界，计簿已定而背法制，专地盗土以自益，及赐、明阿承衡意，猥举郡计，乱减县界，附下罔上，擅以地附益大臣，皆不道。'于是上可其奏，勿治，丞相免为庶人，终于家"。② 北魏时，献文帝拓跋弘"诏诸监临之官，所监治受羊一口、酒一斛者，罪至大辟，与者以从坐论。纠告得尚书已下罪状者，各随所纠官轻重而授之"。③ 北周武帝保定三年（公元563年）三月颁布《大律》，"其年，又为《刑书要制》以督之。其大抵持仗群盗一匹以上，不持仗群盗五匹以上，监临主掌自盗二十匹以上，盗及诈请官物三十匹以上，正长隐五户及十丁以上及地三顷以上，皆死"。④

《唐律》对于监临官犯赃罪实行从重处罚原则，具体表现在以下几个方面：

（一）监临官犯赃罪，量刑加重

对于以一般官吏为主体的赃罪，如果涉及监临官，则量刑加重。例

---

① 房玄龄：《晋书》，中华书局1974年版，第294页。
② 班固：《汉书》，中华书局1962年版，第3346页。
③ 魏收：《魏书》，中华书局1974年版，第619页。
④ 令狐德棻等：《魏书》，中华书局1971年版，第709页。

如，《唐律》第136条规定："诸受人财而为请求者，坐赃论加二等。监临势要，准枉法论。与财者，坐赃论减三等。【疏】议曰：'受人财而为请求者'，谓非监临之官。'坐赃论加二等'，即一尺以上笞四十，一匹加一等，罪止流二千五百里。'监临势要，准枉法论'，即一尺以上杖一百，一匹加一等，罪止流三千里，无禄者减一等。"非监临官受财而为人请求按照坐赃罪加二等论处，而监临势要受财而为人请求则准受财枉法罪论处。根据《唐律》的解释，"监临者，谓统摄案验之官。势要者，谓除监临以外，但是官人，不限阶品高下，唯据主司畏惧不敢乖违者，虽官卑亦同"。

《唐律》第290条规定："诸以私财物、奴婢、畜产之类，贸易官物者，计其等准盗论。计所利以盗论。【疏】议曰：'以私家财物、奴婢、畜产之类'，或有碾磑、邸店、庄宅、车船等色，故云'之类'。……'贸易官物者'，谓以私物贸易官物。'计其等准盗论'，假将私奴贸易官奴，其奴各直绢五匹，其价虽等，仍准盗论，合徒一年。……'计所利以盗论'，谓以私物直绢一匹，贸易官物直绢两匹，即一匹是等，合准盗论，监主之与凡人并杖六十；一匹是利，以盗论，凡人亦杖六十，有倍赃。若是监临主守，加罪二等，合杖八十。"监临主守以私财贸易官物并从中获利，计其所获利的价值，加窃盗罪二等量刑。

（二）监临官于所监守内犯盗、受财枉法不得适用请、减特权

《唐律》规定，五品以上官吏犯死罪可以上请，流罪以下可以减一等量刑。但是对于监临及主守官于所监守内犯奸、盗、略人及受财枉法罪不得适用请、减特权。《唐律》第9条规定，"若官爵五品以上，犯死罪者，上请；流罪以下，减一等。其犯十恶，反逆缘坐，杀人，监守内奸、盗、略人、受财枉法者，不用此律"，即"死罪不合上请，流罪以下不合减罪"。

（三）监临官于所监守内犯赃罪附加除名、免官的行政处分

监临主守受财枉法和监临主守自盗应除名，被赦免仍免所居官，《唐律》第18条规定："即监临主守，于所监守内犯奸、盗、略人，若受财而枉法者，亦除名，狱成会赦者，免所居官。"除名是一种比较严厉的行政处罚，《唐律》第21条规定："除名者，官爵悉除，课役从本色，六载之后听叙，依出身法。"

严惩官吏贪污、受贿犯罪是唐代以法治吏的重点，唐代对监临官犯

赃采取从重惩罚政策。

唐代自高祖起对官吏受财枉法一般均不予赦免。武德七年（公元624年）四月甲子，大赦天下，"大辟罪已下已发露，系囚见徒悉原免，其犯十恶、劫贼、官人枉法受财、主守自盗及常赦不免，流已上道者并不在赦例"。① 贞观四年（公元630年）二月甲寅，大赦天下，"自贞观四年二月十八日昧爽已前罪无轻重，自大辟已下系囚见徒皆赦除之。逋负官物三分免一分。其谋反、大逆、妖言惑众及杀期亲以上尊长、奴婢部曲反主、官人枉法受财不在赦例"。②

唐代对监临官中的刺史和县令犯赃采取加重刑罚政策。玄宗天宝十一年（公元752年）十二月敕："牧宰字人，所寄尤重，至于禄料，颇亦优丰，自宜饬躬励节，以肃官吏。如闻或犯赃私，深紊纲纪。今后刺史犯赃宜加常式一等。"③ 德宗贞元六年（公元790年）十一月敕："自今已后，太守、县令有犯赃者，宜加常式一等。"④ 据不完全统计，在唐代都督、刺史、太守（唐玄宗改刺史为太守）因犯赃被处死刑者有11人，被流放22人；县令因犯赃被处死刑者5人，被流放8人。⑤

综上所述，唐代监临官由各级机构中的长官、通判官和判官构成，长官负有领导和决策权力，通判官和判官负有公务执行的权力，位高权重，极容易利用手中的权力寻租，贪污、受贿和以权谋私，因此《唐律》将预防和惩治腐败的重点放在了监临官身上，严惩监临官犯赃成为《唐律》的官吏赃罪立法的特点。

（责任编辑：尚海涛）

---

① 王钦若等：《册府元龟》，中华书局1960年版，第984—985页。
② 王钦若等：《册府元龟》，中华书局1960年版，第987页。
③ 王溥：《唐会要》，中华书局1955年版，第1201页。
④ 王溥：《唐会要》，中华书局1955年版，第715页。
⑤ 参见彭炳金：《唐代官吏赃罪述论》，载《史学月刊》2002年第10期。

中日损害赔偿法：藏书与主题

张志坡*

损害赔偿是民法中最基本、最核心的问题之一。① 本文拟对中日两国损害赔偿法的藏书集中加以梳理，并观察其研究主题，以了解中日两国的损害赔偿法整体研究状况，以期对我国学界将要或者可能开展的研究有所启示。

一、研究样本与取样方法

日本国立情报学研究所较为全面地反映了日本各大图书馆的藏书情况，因此，笔者于 2017 年 9 月 23 日以"损害赔偿法"对日本国立情报学研究所的藏书进行了检索。在我国，清华大学图书馆和国家图书馆藏书丰富，笔者于 2017 年 10 月 15 日同样以"损害赔偿法"对这两个图书馆的藏书进行了检索。这两次检索得到了一些文献信息，本文对这些藏书信息进行整理，加以比较、分析，以概观中日两国对损害赔偿法研究的整体状况、藏书多寡和研究主题。由于篇名所限，检索所得的信息可能无法全面反映两国损害赔偿法的研究状况，但仍然可以作大体的参考。

---

* 南开大学法学院副教授，南开大学人权研究中心兼职研究员，法学博士，现从事民商法和法律方法的研究。

① 参见韩世远：《损害赔偿：中国法的体系、问题与立法改进》，载《学海》2006 年第 1 期。

二、中日藏书的情况概览

损害赔偿法涉及范围广泛，其重心是侵权损害赔偿和违约损害赔偿，此外，尚有其他各种法定赔偿责任，内容几乎遍布整个民法领域，能否掌握如此庞杂的内容对民法学人是一种很大的考验。有学者指出，"如对于'损害赔偿法'能豁然贯通，则其于民法之学，可谓得其奥妙"。① 笔者对此深表赞同。然而，综观检索的藏书情况，学界对损害赔偿法的研究并不容乐观：以"损害赔偿法"为篇名，对损害赔偿法进行系统研究的图书相对较少，中日皆然，而中国的研究尤其欠缺，这应引起我国民法学界的重视。

我国清华大学图书馆、国家图书馆和日本国立情报学研究所显示日本国内图书馆的损害赔偿法藏书总体情况如下：

清华大学图书馆收藏著作 19 种，其中民国学者著作 2 种，中国台湾地区学者著作 7 种，中国大陆地区学者著作 7 种，日文著作 1 种，国外学者译作 1 种，相关著作 1 种，书名内含有"损害赔偿法"的著作共 18 种。

国家图书馆收藏著作 52 种，其中民国学者著作 0 种，中国台湾地区学者著作 6 种，中国大陆地区学者著作 6 种，日文著作 13 种，国外学者译作 1 种，相关著作 26 种，书名内含有"损害赔偿法"的著作共 26 种。

日本国立情报学研究所显示的信息是，其国内收藏著作 82 种，其中，民国时期学者著作 1 种，中国台湾地区学者著作 8 种，中国大陆地区学者著作 2 种，法条汇编 1 种，日文著作 51 种，韩文著作 1 种，国外学者译作 3 种，相关著作 15 种，书名内含有"损害赔偿法"的著作共 67 种。

---

① 黄公觉：《损害赔偿法概论》，商务印书馆 1936 年版，自序第 1 页。

三、清华大学图书馆与国家图书馆藏书比较

	清华大学图书馆	数量	国家图书馆
民国时期学者著作	损害赔偿法概论，黄公觉，（上海）商务印书馆，1936 损害赔偿法概论，黄公觉，（香港）商务印书馆，1936	2 v. 0	
中国台湾地区学者著作	现代损害赔偿法论，曾隆兴，三民书局，1985 详解损害赔偿法，曾隆兴，中国政法大学出版社，2004 详解损害赔偿法，曾隆兴，三民书局，2011 损害赔偿法原理，曾世雄、詹森林，新学林出版股份有限公司，1986 损害赔偿法原理，曾世雄，中国学术著作奖助委员会，1986 损害赔偿法原理，曾世雄，三民书局，1996 损害赔偿法原理，曾世雄，中国政法大学出版社，2001	7 v. 6	现代损害赔偿法论，曾隆兴，泽华彩色印刷事业公司，1984 现代损害赔偿法论，曾隆兴，泽华彩色印刷事业公司，1988 详解损害赔偿法，曾隆兴，中国政法大学出版社，2004 详解损害赔偿法，曾隆兴，三民书局，2008 详解损害赔偿法，曾隆兴，三民书局，2011 损害赔偿法原理，曾世雄，中国政法大学出版社，2001

续表

	清华大学图书馆	数量	国家图书馆
中国大陆地区学者著作	环境损害赔偿法的理论与实践，吕忠梅，中国政法大学出版社，2013 损害赔偿法实施中的疑难问题，崔素琴等编著，中国人民公安大学出版社，2009 损害赔偿法分解适用集成，马原主编，人民法院出版社，2001 损害赔偿法及配套规定新释新解．总论·国家赔偿卷，杨振山、梁书文、黄赤东主编，人民法院出版社，2001 损害赔偿法及配套规定新释新解．违约损害赔偿卷，杨振山、梁书文、黄赤东主编，人民法院出版社，2001 损害赔偿法及配套规定新释新解．侵权损害赔偿卷，杨振山、梁书文、黄赤东主编，人民法院出版社，2001 损害赔偿法及配套规定新释新解．知识产权损害赔偿卷，杨振山、梁书文、黄赤东主编，人民法院出版社，2001	7 v. 6	损害赔偿法实施中的疑难问题，崔素琴等编著，中国人民公安大学出版社，2009 损害赔偿法分解适用集成，马原主编，人民法院出版社，2001 损害赔偿法及配套规定新释新解．总论·国家赔偿卷，杨振山、梁书文、黄赤东主编，人民法院出版社，2001 损害赔偿法及配套规定新释新解．违约损害赔偿卷，杨振山、梁书文、黄赤东主编，人民法院出版社，2001 损害赔偿法及配套规定新释新解．侵权损害赔偿卷，杨振山、梁书文、黄赤东主编，人民法院出版社，2001 损害赔偿法及配套规定新释新解．知识产权损害赔偿卷，杨振山、梁书文、黄赤东主编，人民法院出版社，2001

续表

	清华大学图书馆	数量	国家图书馆
日文著作	損害賠償法原理，富井政章，日本同盟法学会，1891	1 v. 13	損害賠償法原理〔講義〕，完富井政章講述，信山社出版，大学図書（発売）1991.8版，復刻叢書，法律学篇-8 総論：新・現代損害賠償法講座1，山田卓生編集代表，日本評論社 1997 権利侵害と被侵害利益　新・現代損害賠償法講座2，藤岡康宏編集，日本評論社 1998.3 製造物責任・専門家責任　新・現代損害賠償法講座3，加藤雅信編集，日本評論社 1997.11 使用者責任ほか　新・現代損害賠償法講座4，國井和郎編集，日本評論社 1997.3 交通事故　新・現代損害賠償法講座5，宮原守男，山田卓生編集，日本評論社 1997.9 損害と保険　新・現代損害賠償法講座6，淡路剛久編集，日本評論社 1998.7 損害賠償法の課題と展望，石田・西原・高木三先生還暦記念論文集刊行委員会編，日本評論社 1990.12 損害賠償法の軌跡と展望：山田卓生先生古稀記念論文集，円谷峻，松尾弘編集，代表本評論社 2008.5 損害賠償法と責任保険の理論と実務：平沼高明先生古稀記念論集，平沼高明先生古稀記念論集刊行委員会編，信山社出版 2005.4 損害賠償法の構造，藤岡康宏，成文堂 2002.7 現代損害賠償法の諸問題，塩崎勤，判例タイムズ社 1999.9 交通事故損害賠償法，北河隆之，弘文堂 2011.4

续表

	清华大学图书馆	数量	国家图书馆
国外学者译作	损害赔偿法的未来：商业化、惩罚性赔偿、集体性损害，瓦格纳，G，王程芳译，中国法制出版社，2012	1 v. 1	损害赔偿法的未来：商业化、惩罚性赔偿、集体性损害，瓦格纳，G，王程芳译，中国法制出版社，2012
其他图书	不法行為訴訟（新・実務民事訴訟講座），木川統一郎　日本评论社，1982	1 v. 26	自動車損害賠償保障法関係法令集，運輸省自動車交通局保障課監修　ぎょうせい，1992 自動車損害賠償保障法関係法令集，運輸省自動車局保障課監修　ぎょうせい，1998 自動車損害賠償保障法関係法令集，国土交通省自動車交通局保障課監修　ぎょうせい，2002 自動車損害賠償保障法関係法令集，国土交通省自動車交通局保障課監修　ぎょうせい，2005 自動車損害賠償保障法施行50年の軌跡と展望，日本交通法学会編，有斐閣，2007 注釈自動車損害賠償保障法，木宮高彦［ほか］，有斐閣，2003 自動車損害賠償保障法，自動車保障研究会編，ぎょうせい，2002 逐条解説自動車損害賠償保障法，自動車保障研究会編集，ぎょうせい，2005 逐条解説自動車損害賠償保障法，北河隆之［ほか］弘文堂，2014 自動車損害賠償保障法の解説，自動車保障研究会編　ぎょうせい，1998 油濁損害賠償保障法及び関係法令，油濁損害賠償保障法令研究会編著，成山堂書店，1980 油濁損害賠償保障法及び関係法令，油濁損害賠償保障法令研究会編著，成山堂書店，1984

续表

清华大学图书馆	数量	国家图书馆
其他图书	不法行為訴訟（新・実務民事訴訟講座）木川統一郎　日本評論社，1982	1 v. 26	最新油濁損害賠償保障関係法令集，油濁損害賠償保障法研究会編，成山堂書店，1998 無過失損害賠償責任原因論 第1卷，石本雅男，法律文化社，1983 無過失損害賠償責任原因論 第3卷，石本雅男，法律文化社，1989 無過失損害賠償責任原因論 第4卷，石本雅男，法律文化社，1993 独占禁止法と差止・損害賠償，村上政博 商事法務研究会，2001 労災補償と損害賠償，岩村正彦，東京大学出版会，1984 不測の損害賠償をめぐる法務と税務，桜井四郎編集，六法出版社，1989 現代民法研究，栗田哲男，信山社，1998 新・判例コンメンタール民法，篠塚昭次 前田達明編，三省堂，1993 独禁法違反と民事訴訟，東出浩一編著，商事法務研究会，2001 犯罪被害者のための新しい刑事司法，守屋典子 明石書店，2009 民事帰責範囲研究，矢澤久純 溪水社，2013 海洋法の新しい問題，日本海洋協会編，日本海洋協会，1976 侵权・损害与法律救济，刘嗣元，武汉工业大学出版社，1998

通过上表的对比，可以发现：

第一，就民国时期学者的损害赔偿法著作而言：国家图书馆馆藏为零。清华大学图书馆有两种，均为黄公觉所著，且均为1936年版本，一为上海商务印书馆出版，一为香港商务印书馆按需印刷本，后者更为精致，几乎是十成品相的新书。该书为民国时期王云五主编的百科小丛书之一，应是我国第一本损害赔偿法专著。该书之目的，"非在于叙述某个国家之《损害赔偿法》，乃在于以比较方法论述列国此项法律之异同。故此书之标题，亦可称为《损害赔偿法之比较研究》"。①就内容而言，全书分为三大部分，总论、契约诉讼中之损害赔偿、侵权诉讼中之损害赔偿。

第二，就中国台湾地区学者的损害赔偿法著作而言，清华大学图书馆和国家图书馆不分伯仲，清华大学图书馆藏书 7 种，国家图书馆藏书 6 种，从内容上看，作者共有三人，著作亦有三种，只是版本多寡不一。其中：（1）曾隆兴博士出版了《现代损害赔偿法论》和《详解损害赔偿法》，前者有 1984 年、1985 年、1988 年三个版本，清华大学图书馆均有收藏，国家图书馆无 1985 年版本；② 后者有 2004 年、2008 年、2011 年三个版本，国家图书馆均有收藏，清华大学图书馆无 2011 年版本。从内容上看，《现代损害赔偿法论》和《详解损害赔偿法》存在继承关系，《详解损害赔偿法》作为后出版的著作，增加了一些反映现代社会损害的新内容，如商品制造人责任、侵害信用、侵害隐私等，但也删除了部分特别侵权的内容，如学校事故、医疗事故、船舶事故等。（2）曾世雄教授出版了《损害赔偿法原理》，③ 清华大学图书馆有该书的 1986 年两种、1996 年一种和 2001 年的中国大陆版本，国家图书馆只有大陆版本一种。该书是中国大陆地区从域外引入的第一本损害赔偿法专著，也是截止到检索时唯一一本从宏观上讨论损害赔偿法的著作，该书分上、下两篇分别探讨了财产上的损害赔偿和非财产上的损害赔偿的基本问题，特别是上篇系统讨论了民事责任之基本观念、损害赔偿之基本观念、损害赔偿之主体、损害赔偿之客体、损害赔偿之构成要件、肇事事实、过失、可归责、违法、因果关系、损害、损害赔偿之方法、损害赔偿之范围、损害赔偿之计算、修补因果关系、第三人损害之赔偿、损益相抵、过失相抵以及举证责任和特殊问题之研究，引起了学界的高度重视，王泽鉴教授更是称该书为"经典巨著"。④ 截止到 2017 年 11 月 6 日下午 15：13，该书在 CNKI 上论文的引证次数达 4830 篇，

---

① 黄公觉：《损害赔偿法概论》，商务印书馆 1936 年版，自序第 2 页。
② 南开大学图书馆尚有该书的 1997 年第 8 版。
③ 曾世雄教授在德国师从损害赔偿法大师 Von Caemmerer 撰写博士论文。该书荣获台湾学术著作奖助委员会 1969 年度首奖。
④ 参见王泽鉴：《损害赔偿》，王泽鉴 2017 年自版，序言。

该书的简体本于 2001 年出版后，从 2004 年开始，每年的引证论文数均在 200 篇以上。另外，该书曾为詹森林教授所续著。

值得关注的是，王泽鉴教授的著作《损害赔偿》早在 2017 年 3 月自版发行。该书"旨在综合整理分析判例与学说，参照比较法上的发展，阐述损害赔偿法的构造原则与解释适用的基本问题"。① 该书在中国大陆出版前，即已声名远播。数月前，经补充并更新了作者对《中华人民共和国民法总则》相关条文说明的简体字版本已上市。

第三，就中国大陆地区学者的损害赔偿法著作而言，国家图书馆藏书和清华大学图书馆的藏书大体相同，重合的 6 种均属于司法适用类的著作，分别隶属"中国法律适用文库""常用法律分解适用集成系列""社会主义市场经济法律新释新解丛书"（总论·国家赔偿卷、违约损害赔偿卷、侵权损害赔偿卷、知识产权损害赔偿卷 4 种）。这些著作反映了司法实践的广泛需求，然而，学界的专门讨论却极为少见。在 80 年前，黄公觉先生曾指出，我国治法律学者，对于损害赔偿法之学，很少问津。② 就损害赔偿法的整体思考而言，这一判断，现在大体上仍可成立。国家图书馆藏书和清华大学图书馆藏书的不同之处是，清华大学图书馆拥有一本损害赔偿法的专著，即吕忠梅等所著的《环境损害赔偿法的理论与实践》，该书分为基础理论篇、实证分析篇和示范立法篇三部分，对建立健全我国环境侵权民事赔偿法律制度提出了独到的见解。

第四，就日文的损害赔偿法著作而言，清华大学图书馆藏书极为有限，只有一本，但是，该书是日本民法典的起草人富井政章的著作《损害赔偿法原理》1891 年版本，即便在日本，数据显示也仅有两个馆拥有该版本，因此，该书极具收藏价值。该书分为三个部分：总论、基于违约的损害赔偿和基于侵权的损害赔偿。基于违约的损害赔偿讨论三个问题：损害的要素、损害赔偿的要件、赔偿金额。该书最后附有别章：担保义务。尽管国家图书馆无 1891 年版本，但藏有该书的复刻版（复刻丛书，法律学篇 -8），复刻版本也是日本大学图书馆收藏该书的主要版本。此外，国家图书馆还拥有其他日文损害赔偿法藏书 12 种，

---

① 王泽鉴：《损害赔偿》，王泽鉴 2017 年自版，序言。
② 参见黄公觉：《损害赔偿法概论》，商务印书馆 1936 年版，自序第 2 页。

远超过清华大学图书馆的藏书,其中,《新·现代损害赔偿法讲座》6种,学者还历纪念、古稀纪念文集3种,损害赔偿法专论2种,交通事故损害赔偿法1种,从前表可以看出,这些日文图书在日本国内也被广为馆藏。

第五,就国外学者译作而言,清华大学图书馆和国家图书馆均有1种,即瓦格纳的《损害赔偿法的未来:商业化、惩罚性赔偿、集体性损害》,该书与其他收入"法学名篇小文丛"的著作类似,是一篇长文,是瓦格纳教授在第66届德国法学家大会上所作的主题报告。这本小册子致力于讨论一种新的损害赔偿法观念,以及实现该观念的方法论和具体制度设计。该书主要讨论了当前民法学说中的损害概念、损害赔偿法的基本原则、损害赔偿法的挑战、补偿原则之损害的商品化和货币化、补偿原则之惩罚性损害赔偿和集体损害赔偿问题。

第六,就其他著作而言,题目中并不包含"损害赔偿法"的字样,但与损害赔偿法存在关联,该类图书主要为日文图书,显示的中文图书仅有一本,即刘嗣元的《侵权·损害与法律救济》,该书为国家图书馆所藏。清华大学图书馆藏书1种;国家图书馆藏书26种,其中关于自动车损害赔偿保障法的著作10种(含法令集4种,论文集1种,法典解说5种),油浊损害赔偿保障法令集3种,石本雅男的《无过失损害赔偿责任原因论》3卷,其他著作10种(中文1种,同前书)。

四、日本国内馆藏:主题与内容

与清华大学图书馆、国家图书馆的藏书相比,日本的损害赔偿法藏书更为丰富。① 就民国时期学者著作,其同样藏有黄公觉的《损害赔偿法概论》;就中国台湾地区学者著作而言,其藏书8种,并且藏有曾世雄教授的《损害赔偿法原理》初版版本(中国学术著作奖助委员会丛书,1969),而这是清华大学图书馆和国家图书馆所没有的;就中国大陆学者著作而言,其藏有李薇所著的《日本机动车事故损害赔偿法律制度研究》一书,但该书却未出现在清华大学图书馆和国家图书馆所藏书目中;日文的损害赔偿法著作51种,显示了日本学界对此问题的

---

① 这甚至是必然的,因为此处以日本国立情报学研究所显示的所有图书馆藏书为对象,而非单一图书馆。

重视；韩文著作1种，国外学者译作3种（法国2种、英国1种），相关著作15种。具体而言，日本的损害赔偿法著作大体围绕下列主题展开：

（一）原子力损害赔偿法

该类图书共11种，其中除了一本资料集出版于1979年之外，其他原子力损害赔偿法的著作均出版于2001年之后（韩文著作），其他著作更是集中在2005年以后，可见原子力损害赔偿问题是新世纪的重大问题。这些著作以文集为主，涉及日本的原子力损害赔偿制度的成立、现状、实务问题，国内外制度的检讨、改革动向，其中为各馆藏书最多的是对福岛核泄漏事故的研究，① 而丰永晋辅在信山社2014年出版的《原子力损害赔偿法》则是这方面的专著，该书为"法律学之林"系列之一。

（二）交通事故损害赔偿法

该类图书也是11种，从1963年开始，每隔几年就有交通事故损害赔偿法的著作出版，时间较为分散，说明该主题具有较为恒久的重要性。② 这些图书既有例题解说、知识问答，也有入门读物和深度解读，特别值得注意的是交通判例研究会编的《判例交通事故损害赔偿法》系列和日本交通法学会编的《人身赔偿·补偿研究》（5卷本），而川井健等人编著的《注解交通损害赔偿法》（青林书院 1996.11—1997.9 新版）则最受重视，所藏馆为92馆。

（三）古稀、还历纪念论文集

该类图书共5种，分别纪念藤冈康宏先生古稀、山田卓生先生古稀、平井宜雄先生古稀、平沼高明先生古稀、石田喜久夫·西原道雄·高木多喜男先生还历，其中藤冈康宏先生、山田卓生先生、平井宜雄先生对损害赔偿法均有专攻，并著有损害赔偿法的专论，其相应的纪念文集也围绕损害赔偿法展开，平沼高明先生则对医疗责任较为擅长。除了《石田·西原·高木三先生还历纪念论文集》在1990年出版外，其他

---

① 参见 [日] 淡路刚久、吉村良一、除本理史编：《福岛原発事故赔偿の研究》，日本評論社2015年版，藏馆115馆。

② 参见李薇：《日本机动车事故损害赔偿法律制度研究》，法律出版社1997年版。该书是中文世界对此问题的一个较为系统的梳理和思考。

文集均在 2005 年以后，5 种图书均被重视，藏书馆均在 60 馆以上。

（四）宏大的损害赔偿法主题

该类共有 36 种，其中学者文集 2 种（山田卓生、栗田哲男），讲义录、演讲录 3 种，专题讲座 14 种，研究域外的损害赔偿法专著 6 种，其他专论 11 种。该类图书中，2 种讲义录藏书馆为 1，演讲录藏书馆为 2，另外，富井政章的《损害赔偿法原理（讲义）》（1891、1895、19？[不详]）早期版本藏书馆也非常有限，法国、英国的译作和美国法的损害赔偿法著作藏书未超过 50 馆，其他图书日本国内均有较丰富的馆藏。

这些藏书中，日本民法典的奠基人富井政章讲述的《损害赔偿法原理（讲义）》经信山社 1991 年复刻出版。谷口知平、植林弘的《损害赔偿法概说》1964 年出版，列入有斐阁双书中；而其后的损害赔偿法著作中，如下几种影响较大：平井宜雄的《损害赔偿法之理论》（东京大学出版社，1971）、石田穰的《损害赔偿法之再构成》（东京大学出版社，1977），近些年的著作则是塩崎勤的《现代损害赔偿法之诸问题》（判例タイムズ社，1999）、藤冈康宏的《损害赔偿法之构造》（成文堂，2002）和桥本恭宏的《损害赔偿法》（不磨书房，2003）。

藤冈康宏的著作围绕日本民法，主要讨论了侵权行为的整体图像、损害赔偿法的构造、权利保护的样态、停止侵害的民事救济、损害赔偿与停止侵害的关联、损害赔偿法内在的发展（从责任保险到灾害保险）并展望了损害赔偿法的未来。桥本恭宏的著作则讨论了侵权行为损害赔偿、契约不履行损害赔偿、损害赔偿的请求权人、损害赔偿的方法与范围、损害赔偿额的计算、停止侵害与损害赔偿、企业员工致害的损害赔偿责任、设备缺陷与损害赔偿、共同侵权行为、商品缺陷与制造物责任、学校事故与赔偿责任、名誉侵权与隐私侵害、损害赔偿与替代性纠纷解决机制等议题。

此外，最值得重视的是日本学界的合作作品——现代损害赔偿法讲座及其新版系列著作，其中，《现代损害赔偿法讲座》8 种、《新·现代损害赔偿法讲座》6 种。《新·现代损害赔偿法讲座》分为 6 卷，分别是总论、权利侵害与被侵害利益、制造物责任·专家责任、使用人责任等、交通事故、损害与保险，这 6 卷被日本图书馆广为收藏，藏书馆最少者也有 179 馆之多。第 1 卷总论部分讨论了侵权行为法的一般问题，就多样类型的侵权行为共通的问题加以阐释，这主要包括侵权行为法的基础、故意侵权、责任能力、不作为侵权、因果关系、救济方法、请求权竞合、安全保障义务、消灭时效、损害赔偿制度的将来构想、损害赔偿的经济学。第2卷权利侵害与被侵害利益则对侵权类型化，特别论述了权利侵害与违法性的问题和违反保护性法律的侵权行为，并就名誉侵权与表现自由及其特定的救济、家族关系与侵权行为、停止生活妨害的动向、环境权与所有理论的新发展、侵害债权、侵害担保、侵害知识产权的损害赔偿、违反独禁法的侵权责任加以专门讨论。第3卷至第5卷是各种特别侵权行为，所占比重较大的是制造物责任·专家责任和交通事故责任，这分别构成了本套丛书的第3卷和第5卷，而第4卷则包括了企业等组织体侵权行为的法理及其展开、工作物责任、国家赔偿责任、公害的损害赔偿、公务员的个人责任、学校事故、营造物责任和共同侵权行为等内容。第6卷则重点讨论了损害论的新动向、损害赔偿范围、类型、赔偿方法、精神损害赔偿、损害评价与经济损害、损益相抵、过失相抵、损害赔偿与保险的诸问题。

《现代损害赔偿法讲座》除了第1卷是总论，第8卷是损害与保险外，第2卷至第6卷是各类特别侵权：第2卷是名誉·隐私，第3卷是交通事故，第4卷是医疗事故·制造物责任，第5卷是公害·生活妨害，第6卷是使用人责任·工作物责任·国家赔偿，通过对比该套丛书的新旧版本，可以发现20余年，在民法学者的视野中特别侵权研究重心发生了一定的转移，第7卷则是损害赔偿的范围和额度的计算。

五、中国的损害赔偿法研究向何处去

综观我国清华大学图书馆、国家图书馆和日本的损害赔偿法著作的藏书情况，可以发现日本藏书的特点和重要的作品与主题，对比国内的损害赔偿法著作研究的不足，可以预见，未来至少应重视以下几个方面的损害赔偿法研究。

（一）学术性研究

我国的损害赔偿法著作，主要是实务性著作，其面向和服务的对象主要是法官和律师等实务工作者，这类著作对于法条理解和司法操作具有重要的意义。与此相反，从学术性的角度对损害赔偿法进行的专门研究，则极为有限。对此，民法学界应高度重视，有意识地对这一领域进行学术耕耘，以消除这一领域学术研究的不足。

（二）整体性研究

我国侵权责任法子法的研究，以损害赔偿法命名的著作主要有两种，即前述吕忠梅等人所著的《环境损害赔偿法的理论与实践》和李薇的《日本机动车事故损害赔偿法律制度研究》，但以损害赔偿法作为整体进行系统深入的研究尚未出现。而以此为主题的研究早在民国时期即已出现，中国台湾地区更是先后有曾世雄、曾隆兴著作的出版，最近王泽鉴的著作亦已问世。在这方面，日本则更早、著作更多。在建构中国民法学的过程中，我们实有必要从宏观上、整体上思考损害赔偿法的问题，[①] 并进行体系化的研究。

（三）团体性研究

我国在某些领域出现了合作作品，[②] 而这在日本较为常见，日本在诸多领域均有重要的团体性作品出现，典型者如注释民法、注释公司法，损害赔偿法领域则已如上述，《现代损害赔偿法讲座》（8卷本）、《新·现代损害赔偿法讲座》（6卷本）等著作因集中了相关领域的大家名宿，进行了整体的构思和写作，从而成为该领域不可错过的权威著作。这种团体性的学术研究值得推广。

（四）专题性研究

日本的损害赔偿法著作对原子力损害赔偿和交通事故损害赔偿进行了较多的研究，各类子法的深入研究有助于推进对损害赔偿法的整体研究，然而，这种较为集中的学术研究在中国大陆还可以继续提升。中国大陆学界对精神损害赔偿的研究已经较为深入，[③] 对损害赔偿法子法的集中研究还比较少，今后学者在这方面还可以作较多的研究。

（五）域外法研究

日本学界翻译了法国和英国的损害赔偿法著作，也著有美国和罗马

---

① 我国已有学者进行了初步的思考，参见程啸：《论未来我国民法典中损害赔偿法的体系建构与完善》，载《法律科学（西北政法大学学报）》2015年第5期。

② 典型者如陈甦主编：《民法总则评注》，法律出版社2017年版。

③ 代表性著作，如胡平：《精神损害赔偿制度研究》，中国法制出版社2004年版；刘春梅：《人身伤害中的非财产损害赔偿研究》，法律出版社2011年版；《精神损害赔偿数额之评算方法》课题组：《精神损害赔偿数额之评算方法》，法律出版社2013年版；刘朋：《纯粹精神损害赔偿比较研究》，对外经济贸易大学出版社2014年版。

法上的损害赔偿法著作,可见,日本民法学界对域外法的损害赔偿法研究取得了一定的成果;中国在这方面的研究还极为有限,① 真正的域外法损害赔偿法著作还没有。域外损害赔偿法的研究对于学说继受的中国民法而言具有特别重要的意义,在这一领域,我们应加大投入,借助他山之石建构、完善中国的损害赔偿法。

(责任编辑:郭明龙)

---

① 直接影印的著作,如[英]Harvey McGregor. McGregor on damages, Peking: The Commercial Press, 2013;翻译的相关著作,如[德]马格努斯主编:《侵权法的统一:损害与损害赔偿》,谢鸿飞译,法律出版社2009年版。

论产品缺陷的法律认定

朱沛智*

产品责任法律关系的权利主体是消费者，义务主体是经营者。因此，产品的生产者承担法律规定的产品责任，就是对消费者权利的保护。生产者所承担的产品责任是一种无过错责任，该责任的构成要件有三：一是产品存在缺陷，二是产品给消费者造成了损害，三是产品缺陷和损害后果之间具有因果关系。可见，生产者承担产品责任的前提条件是其所生产的产品存在缺陷，因此，产品缺陷的认定是追究生产者产品责任的基础性工作。

一、双重标准的适用

产品质量法针对缺陷产品规定了两个认定标准，即产品存在不合理的危险以及产品不符合相应的标准。[①] 一般而言，后一个标准也被称为强制性标准或法定标准。该法虽然对缺陷产品规定了两个认定标准，但是这两个标准如何适用、先后顺序如何确定，立法却并未明确，因此，这会产生下面的问题：产品缺陷的认定应该需要同时满足两个条件、同等适用，还是只满足其中一个条件就行？另外，这两个标准在实践中是否有主次之分，若有主次之分，适用的先后顺序是什么？这些问题在理论和实践中都存在争议，各地法院对案情相同的产品责任案件的判决结果也不尽相同。

实际上，基于立法规定的两个标准，实践中出现的问题有以下四种

---

* 天津师范大学副教授，从事经济法学研究。
① 我国《产品质量法》第46条规定："本法所称缺陷，是指产品存在危及人身、他人财产安全的不合理的危险；产品有保障人体健康和人身、财产安全的国家标准和行业标准的，是指不符合该标准。"

情况：第一，产品符合相应标准，① 同时也没有出现不合理的危险；第二，产品未达到相应标准；第三，产品尚无相应的执行标准，但其出现了不合理的危险；第四，产品符合相应的标准，但出现了不合理的危险。前三种情况的认定没有什么异议。第一种情况可以认定产品不存在缺陷；第二、三种情况，可以认定产品存在缺陷。没有相应的执行标准，又出现了不合理的危险，产品肯定是存在缺陷无疑，这两种情况的认定较容易理解。

存在争议的是第四种情况。目前学界主要有两种观点：

一种观点认为两个标准中，相应标准是主导性标准，不合理的危险标准是辅助性标准，二者发生冲突时，应以主导性标准为主要判断依据。即只要产品达到相应标准，就不应当认定为产品缺陷。在实践中，许多产品责任案件中的生产者也都会以产品符合法定标准进行抗辩，证明其生产的产品不存在缺陷。持该观点的法官通常会要求被告提供产品质量检验合格证明和达标的相应证据，如果经营者能够证明产品达标，法官则不会认定产品有缺陷。持该观点者强调：国家标准或行业标准较为确定，容易判断。在产品责任领域，法定标准是司法机关认定的主要依据，只有在没有法定标准时，才考虑适用不合理的危险这一次要标准。该观点貌似合理，但是，目前我国没有相应标准的产品少之又少，这将导致不合理的危险标准作为辅助性标准，甚至可能成为摆设，《产品质量法》第46条规定的两个标准无实质意义。

另一种观点则认为，在这两个认定标准中，只要符合其中任何一个，就可以认定产品存在缺陷。尤其是产品符合相应标准，却出现了不合理的危险，应该认定产品存在缺陷。该观点认为这样更符合立法本意，可以使消费者的合法权益得到有效保护。

"法律应对在一个社会当中出现的各种法律问题予以公正的解决"，② 如果仅以相应标准为主导性标准，认为产品符合相应标准就不存在产品缺陷，那么生产者就不需要承担产品责任，这对消费者是极不公平的。在认定产品缺陷时，确定产品存在缺陷的核心不是相应标准，而应是不合理的危险。从产品责任的相关理论来看，产品符合相应标准

---

① 这里的标准指的是相应的国家标准或行业标准。
② [德]齐佩利乌斯：《法学方法论》，金振豹译，法律出版社2010年版，第13页。

并不能证明其不存在不合理的危险。即使产品达标,也可能因为各种因素存在危及人身、他人财产安全的不合理的危险。2002年发生在广州市的"咬人的童车"案即是典型的例子。① 导致这种问题的原因通常有以下几种情况:

首先,相应标准通常是国家标准或者行业标准,它们一般情况下都是最低水平的标准,尤其是国家标准。一般来讲,在制定产品标准时,要衡量的因素不只是产品的安全性,还要考虑产品的性能、品质等多方面因素。由于考量因素和指标较多,并且要适用于全国或全行业,通常情况下,这样的标准在技术性能和安全指标方面都是较低而不是较高的,甚至不可能完全覆盖产品的安全性能指标。

其次,在制定相应的标准时,一般都是由在行业中有影响的生产者参与制定,生产者在制定标准时,更愿意从维护自身利益的本能角度出发,尽量将自己承担的责任降到最低。

最后,标准具有滞后性。随着科学技术水平的不断进步与发展,产品品种繁多,更新换代速度非常快,而国家标准和行业标准并不是总能跟随技术的进步及时进行更新。由于认知能力和科技水平的限制,有的产品标准已经适用了十多年甚或更长时间,这样的标准早已经滞后于客

---

① 2001年9月,妈妈给年仅4岁的韦某在某商店买了一辆"小明星"牌儿童车。次年1月20日,韦某在骑该童车玩耍中,因生产厂家未在童车上安装全封闭链罩,致使他的右手拇指被链条夹住,拇指末节基底部横断骨折,构成9级伤残。韦某随后起诉生产童车的永华玩具厂,要求赔偿。2002年11月26日,该案在广州市芳村区法院开庭。庭审中,围绕童车在达到国家标准情况下,是否存在产品缺陷,原被告律师展开了激烈辩论。被告方坚称"小明星"配置的是"F"形铁链罩,其设计原理符合 GB 14746—1993《童车安全要求》第3.11条款的要求。根据《产品质量法》第46条的规定,它不属于存在质量问题和严重缺陷的产品。况且,为保证儿童安全使用,"小明星"在出厂前均在车架中管中段贴有警示语:"要在成年人看护下使用及不准在道路上行驶。"另外,在童车使用手册上和外包装开箱等处均印有安全警示说明。若原告的父母遵照该车的使用说明和安全警示说明,在原告骑玩童车时负起在场监护之责,则肯定不至于造成原告伤害。原告方则称,被告生产的是小孩子用的童车,理应考虑到小孩子的特殊需要,被告在生产童车时未将整条链条包裹起来,存在安全隐患。产品符合国家标准,并不当然地意味着没有质量缺陷。2003年10月27日,芳村区法院对该案作出一审判决,判定涉诉童车是缺陷产品。从玩具厂提供的证据看,"小明星"无疑是符合国家标准的产品。然而,"小明星"是一款提供给3岁以上儿童使用的玩具车,在一般人看来,"F"形链罩设计存在不合理的危险。最后,法院判决玩具厂赔偿韦某约9.3万元。参见柯学东、汤新颖、芳法、左冬云:《童车张口"咬人"厂商判赔9万》,载《广州日报》2003年10月28日,第A3版。

观现实需要，存在很大的改进空间，依据此种标准生产的产品很可能就存在不合理的危险。正如芳村区法院在"咬人的童车"案的判决中所指出的，虽然"小明星"童车符合国家标准，但其仍缺乏社会普遍公认的安全性。①

可见，判断产品是否存在缺陷的重要依据应该是不合理的危险标准，而法定标准只是最基本和简单的判别方法，并不能高于不合理的危险标准。我国《产品质量法》第46条的规定较为模糊，导致产品缺陷认定标准不统一，使两种标准的主次关系在实践运用中产生混乱和冲突，难以操作。如果只注重依照法定标准来衡量产品缺陷，则与产品责任法追求的价值理念相违背，不利于保护消费者权益。因此，应当整合和统一缺陷产品的认定标准，应明确规定以不合理的危险标准作为主要依据，并对其进行较为确切的界定，以解决认定标准之间的冲突问题。

二、关于不合理的危险标准

由于我国立法中缺乏对产品缺陷的界定，导致产品缺陷的内涵、外延以及种类都不明确，应借鉴其他国家的立法经验，完善我国的产品缺陷认定标准。

（一）国外立法规定

关于产品缺陷，发达国家大都在相应立法中进行了规定。如美国在1965年的《第二次侵权法重述》第40A2条中，将产品缺陷定义为：对使用者或消费者或其财产有不合理的危险的缺陷状态。1997年的《第三次侵权法重述：产品责任》中，将产品缺陷分为三类——制造缺陷、设计缺陷、说明或警示缺陷，规定若出现以上三种情况之一，则该产品具有缺陷；并对不同的产品缺陷作了界定，规定销售者销售具有不合理的危险的缺陷产品，致使消费者遭受损害，则应对受害人承担赔偿责

---

① 1993年12月11日颁布的国家标准《童车安全要求》规定，儿童自行车既可以安装全封闭链罩，也可以安装半封闭链罩。"咬人的童车"案一审判决后，原被告服判。随后，全国玩具标准化技术委员会启动了童车质量标准的修订工作，拟定了4个童车的强制性国家标准：GB 14746—2006《儿童自行车安全要求》、GB 14747—2006《儿童三轮车安全要求》、GB 14748—2006《儿童推车安全要求》及GB 14749—2006《婴儿学步车安全要求》。这4个标准经国家标准化管理委员会批准后，从2007年1月1日起强制执行。现在，童车的链罩已改为全封闭式链罩。

任。美国立法强调的产品缺陷是产品具有不合理的危险。在实践中，美国法院在适用产品缺陷定义时作出的解释虽不尽相同，但大多数法院认为，不合理的危险的缺陷状态为责任的认定提供了标准。①

1985年的欧共体《产品责任指令》第6条规定："（1）考虑到下列所有情况，如果产品不能提供人们有权期待的安全性，即属于缺陷产品：（a）产品的说明；（b）能够投入合理期待的使用；（c）投入流通的时间。（2）不得仅以后来投入流通的产品更好为理由认为以前的产品有缺陷。"② 从该条规定可以看出，当产品未能提供大众所期待的人身或者财产上的安全时，就会被认定为存在缺陷。未能提供大众所期待的安全具体，是指如果人们考虑了产品说明、考虑了产品的合理使用，也考虑了产品流通的时间等应当考虑的因素之后，依然未能达到其所期待的安全，那么这个产品就是存在缺陷的。可见，欧盟和美国在缺陷产品的定义上有相似的地方。

英国《1987年消费者保护法》第3条（1）规定："如果产品不具有人们有权期待的安全性，该产品即存在缺陷；对于产品而言，安全性包括组合到另一产品中的产品安全性以及在造成人身伤害、死亡危险方面的安全性。"③

1994年的日本《制造物责任法》第2条第2款规定："本法所称缺陷，指考虑该制造物的特性、其通常预见的使用形态、其制造业者等交付该制造物时其他与该制造物有关的事项，该制造物欠缺通常应有的安全性。"④ 这是日本对产品缺陷认定标准作出的规定。从中也可以看出，产品缺陷的标准是以消费者的安全期待为判断依据的。

从上述国家的立法中可以发现，各国关于产品缺陷的定义基本上是相同的，大都认为产品缺陷是指产品存在不合理的危险，或不符合一般大众期待的安全要求。我国产品质量法中将产品缺陷界定为不合理的危险，也是言简意赅的表述。由于产品缺陷的定义概括性强且较为抽象，仅依据不合理的危险这一原则性规定很难认定产品是否存在缺陷，因

---

① 参见［英］埃利斯代尔·克拉克：《产品责任》，社会科学文献出版社1989年版，第32页。
② 赵相林、曹俊：《国际产品责任法》，中国政法大学出版社2000年版，第439页。
③ 赵相林、曹俊：《国际产品责任法》，中国政法大学出版社2000年版，第79页。
④ 梁慧星：《日本制造物责任法》，载《外国法译评》1994年第4期。

此，还需要有可操作性的认定标准。目前，英美法系国家关于产品缺陷的认定标准已经形成以下几种模式：

1. 消费者期待标准

美国《第二次侵权法重述》中规定的产品是否具有不合理的危险，不是通过专家，而是通过普通消费者的正常判断、正常期待来衡量的。若一个普通消费者通过常识，认为产品出现了不应该出现的危险，且该危险超出了一般人合理预期范围，那么可以判定该产品是缺陷产品。此时，若生产者还在生产该产品，或者销售者还在销售该商品，那么，当这种产品导致损害时，生产者和销售者必然要承担产品责任。

依照消费者期待标准判定产品缺陷，显然加重了经营者的义务、有利于保护消费者的权利。但在具体案件的审理中，依据消费者期待标准判定产品缺陷，主观性因素过多，有时还可能产生有失公平的结果。

2. 成本效益相平衡标准

最早将经济分析方法运用于侵权案件审理的是美国联邦法官汉德，他提出了成本效益原则，该原则也称风险收益原则，或汉德法则，是指在审理案件时要体现以最小成本获得最大效益的原则，最大限度地发展生产力。

按该原则，经营者为了消除产品缺陷而支出的费用大于该缺陷产品致害所导致的赔偿，这便是违背市场效益原则。若经营者为了消除产品缺陷而支出的费用小于该缺陷产品致害所导致的赔偿但其却不愿做这种投入，这同样是违背市场效益原则的，法律应当对这种行为进行惩罚。

采用这个标准的优点是能够体现市场效益价值，并且能给作为卖方的经营者提供合理的保护，但其不足之处也是明显的，首先是产品缺陷致害的赔偿金不易准确估算，从而很难进行恰当的成本效益分析，影响产品责任案件的公正审理；其次是在消费者权益保护方面，尤其是在涉及人身安全的产品责任案件中，不能简化到仅算经济账，还应该考虑社会效应等其他诸多因素，若采用该标准则过于偏向经营者，损害了本处于弱势地位的消费者的权益。

3. 综合认定标准

以上两个标准各有优劣。在判断产品缺陷时，这两个标准也并非绝对的相互排斥或非此即彼，通常情况下，是可以相互影响和渗透的。于是，在实践中，兼具二者优点的综合认定标准被逐渐采用，该标准既考虑了消费者期待标准，也对经营者的行为进行成本效益分析。在该标准的应用中，常表现为将举证责任适当分配给原被告双方的方式。

虽然综合认定标准在操作上更为灵活，但也不能解决所有的产品责任纠纷，假如某产品确实存在不合理的危险，但消费者并未发现，以致出现产品侵权事件时，经营者一般会采用成本效益相平衡的标准来证明自己并无过错，但作为原告的消费者一方此时则很难举证来主张并维护其权益。

（二）完善我国立法中不合理的危险认定标准的建议

我国产品质量法将不合理的危险作为认定产品缺陷的主要指标，但哪些情况属于不合理的危险，并未作详细规定，这导致司法实践中会产生不确定的结果，也容易引起产品缺陷认定标准之间的冲突。法应当提供没有矛盾的，具有导向确定性的行为规整，以实现正义且具有实益的利益分配。不合理的危险标准过于抽象、实践中难以操作，应当借鉴其他国家立法中有关不合理的危险的认定标准，以消费者消费预期为出发点，并以经营者通过技术改进能否避免不合理的危险相结合来对产品缺陷进行认定。

首先，应当考虑的因素是消费者对其购买产品安全的预期标准。通常情况下，消费者对产品一般用途的合理理解，是基于其自身的常识以及经验的积累，通过判断可以形成对某一产品的安全性预期标准。因为产品质量的最低要求是产品具有安全性和适用性。尤其是安全性，其是产品能够进入市场流通的最基本要求，也是消费者购买该产品所能接受的最低容忍度，即该产品不会给消费者或第三人的人身或财产带来危险。在考虑安全性因素时，应以消费者对产品的合理预期为标准，即消费者根据产品的特性、性能、使用期限，以及由产品标记表明的质量状况等因素对安全性的合理预期。一般来说，如果消费者获取产品的渠道正当，且使用方式合理，还是发生了受伤害的产品侵权事件，则可判定该产品不符合安全性的质量要求，存在不合理的危险，具有产品缺陷。当然，如果消费者未按正常、合理的使用方式使用产品，导致人身受到伤害、财产受到损失，则不能判定产品存在不合理的危险。也就是说，不合理的危险是指产品不具备消费者有期待权的安全性危险，换句话说，只有那些超出了产品本身使用性质的、不合理的危险才能构成缺陷。①

其次，应当考虑经营者通过技术改进能否避免危险的存在。"不合理的危险"与"合理的危险"本身就是理论意义上的概念，具有一定程度的抽象性和不确定性，所以，需要具体、明确、客观的认定标准来进行判定。辩证地看，世界上不可能存在绝对安全的产品，只要是产品，就有存在某种程度危险的可能性。要求生产者提供绝对安全的产品是不切实际也不可能的，这也不符合产品质量法的立法本意。所以，危险有合理的危险与不合理的危险之分。所谓合理的危险，是指产品本身具有一定的危险性，这种危险是一种不可避免的、无法排除的危险。区别一个产品是否具有合理与不合理的危险的依据，应该是看这个产品通过技术改进之后，能否消除或避免危险的产生。对于合理的危险而言，该危险是无法通过技术改进避免或者消除的。比如像儿童玻璃跳棋玩具，生产者不可能为了防止小孩子误吃误吞，而将其设计或制造成其他模样和形态。在这种情形之下，生产者应该尽到其应尽的警示义务。生产者作为生产产品的主体，如果预见到产品可能具有某种无法避免的危险，则应采取相应的预防措施，通过履行警示义务告知消费者和用户，在这种情形下，如果还发生类似小孩子吞食玻璃跳棋事件的话，那么就不能认为该产品存在不合理的危险，因为这是产品的合理危险。反之，如果通过技术改进后，产品能够消除或避免原来的危险，那么这个危险就是不合理的危险，如本文中的童车致伤案中，半封闭链罩完全可以通过技术改进的。

综上所述，所谓合理的危险，是指产品无法通过技术改进而避免或消除的危险，而不合理的危险则是指产品通过技术改进可以避免或消除的危险。

三、关于国家标准和行业标准

技术标准是对产品生产的规格、参数等技术方法、方案或路线的一

---

① 参见朱福娟：《论产品警示缺陷》，载《宁夏大学学报（人文社会科学版）》2017年第6期。

种约束。① 当前，产品的技术含量越来越高，相应的，对各类产品技术标准的要求也越来越高。国家标准或行业标准作为最低的技术标准，除了及时跟上产品更新的步伐之外，还应从以下几个方面进行细化与完善：

（一）标准的制定主体可以多元化

标准的制定要反映产品的生产技术水平，该项工作是国家标准化工作的重要内容，标准的水平也反映出国家的标准化工作水平。制定标准的工作程序也较为复杂、要求非常严格，制定时应当遵守国家有关法律法规和标准化工作的规定。产品技术标准的制定要从技术要求、生产加工过程、检验方法、检验规则、包装、运输、贮存等方面进行具体规范，这些规范是紧密联系的、前后呼应的，这些规范贯穿于整个生产过程的各个环节。② 传统标准组织制定的标准由于周期长、速度慢等原因，已经不能满足现有市场的需求，企业要想迅速打开市场就需要制定新的技术规范和及时更新标准。③

我国国家标准的制定、修订计划项目，由国家标准化委员会实行常年向社会征集的制度。任何单位和个人认为必要，有充分的理由和根据，均可以提出国家标准制定、修订计划项目提案。我国标准化法规定：由我国各主管部、委（局）批准发布，在该部门范围内统一使用的标准，称为行业标准。行业标准由国务院有关行政主管部门制定，并报国务院标准化行政主管部门备案，在某个行业范围内统一适用，由行业标准归口部门统一管理。行业标准的归口部门及其所管理的行业标准范围，由国务院有关行政主管部门提出申请报告，国务院标准化行政主管部门审查确定，并公布该行业的行业标准代号。

从上述规定可以看出，我国的行业标准并非由真正意义上的行业制定，而是"由国务院有关行政主管部门制定，并报国务院标准化行政主管部门备案"，在国家标准公布之后，该项行业标准即行废止。由此

---

① 参见宁立志、王少南：《技术标准中的专利权及其反垄断法规制》，载《私法研究》2017年第2期。

② 参见孙志略：《生产企业制定食品安全企业标准的重要性》，载《轻工标准与质量》2019年增刊。

③ 参见韩子燕、李键：《团体标准维度探析及其实施条件——基于〈中华人民共和国标准化法〉（修订草案）的思考》，载《标准科学》2017年第7期。

可见，行业标准本质上仍是政府制定的标准。这与行业标准应该从行业中产生是不相符的。行业标准的制定权应该交还给各行业，具体来讲，可以委托行业协会制定各类产品标准。由于标准的制定过程比较复杂、技术性要求较高，为了保证公正、公平，行业协会在制定产品标准的过程中，可以建立专家库，专家库的人员名单由在本行业中享有良好声誉的研究人员、技术人员、高校教师等组成，并由专家库里的专家组成专家组，这样可以避免当前存在的国家标准或行业标准偏袒生产者的弊病，保证制定标准的公平性。

（二）标准制定的过程要向社会公开并接受监督

为防止标准起草者的自利行为或被利益集团的政府俘获，① 公开标准的制定过程是有必要的，既满足了民众的知情权，又便于全社会的监督。"阳光是最好的消毒剂，灯光是最有效的警察"，②"掌握权力的人必须受到法律的制约，并服从于法律的强制力"，③ 标准制定活动必然会涉及权力的行使，对此必须进行有效监督，而监督的前提就是公开。在当代社会，社会公共领域的监督所起到的作用要远远大于公民个体的监督，社会公共领域是一个介于国家权力领域与私人领域之间的社会中间结构，是一个既独立于国家权力系统又超越了私人领域狭隘性的社会文化交往和社会生活领域，是一个非制度性的社会力量和非强制性的权力系统。它包括各种独立的非政府、非营利性的社会团体组织，各种讨论和维护公共利益的聚会、辩论、游行示威等社会活动，以及包括书籍、报刊、广播、电视、互联网等在内的公共传媒系统。④ 毫无疑问，公开产品标准的制定过程可以为社会公共领域的介入和监督提供便利。

（三）制定标准应当坚持消费者权益至上的原则

生产者生产的产品，最终是在消费者手中进行消费的。在消费过程

---

① 政府俘获是指利益集团通过各种手段影响政府决策，促使政府制定出有利于特定利益集团的法律、规章和政策的行为。

② ［美］路易斯·布兰代斯：《别人的钱》，胡凌斌译，法律出版社2009年版，第53页。

③ ［英］彼得·斯坦、约翰·香德：《西方社会的法律价值》，王献平译，中国人民公安大学出版社1989年版，第2页。

④ 参见杨仁忠：《社会公共领域的经济功能及社会治理价值》，载《天津师范大学学报（社会科学版）》2014年第5期。

中，消费者由于自身力量的薄弱、信息的不对称性，难以与经营者相抗衡，实际上是处于弱势主体的地位，"产品或情境的一些重要特点若隐藏于复杂性之中"，"即便它们很重要，人们也很可能会忽略它们，或许由此会产生不利于他们的后果"。[①] 产品责任立法的目标就是保护消费者的合法权益。当消费者权益保护的社会意义愈加凸显，消费者权益至上的立法思路便愈加清晰，这也是现代法制进步的标志。"谁受益谁担责"的古罗马法法谚告诉我们，利益的享有者也应该是风险的承担者，其实"谁受益谁担责"的内涵就是权利与义务相统一原则。在产品质量法领域，发生产品侵权时，是经营者获益、消费者利益受损，因此，经营者应该承担更多的责任。

一般而言，在制定国家标准和行业标准的时候，有话语权的企业往往能够对标准的制定和修改过程施加较大的影响，更有甚者，在有些产品标准制定时，相关主管部门会将国标或行标的制定权授予具体的部门或企业，部门或企业在制定标准时，往往会趋利避害，首先考虑的是自身利益的最大化，这便导致生产者利用这种影响尽量减轻自身责任，规避严格责任的承担，相对来说无形中会使消费者的风险加重，不利于保护消费者的合法权益。在制定国家标准和行业标准的时候，不应该只以某类产品技术性能为考量要素，还应该考虑该标准对消费者利益的保护问题，即应该考虑国家标准和行业标准的制定是不是能够切实地保护消费者的利益。在制定标准的过程中，应该秉承充分保护消费的理念，尤其是在涉及不确定因素时，应当最大限度地保护消费者利益。

（责任编辑：张培尧）

---

① ［美］卡斯·桑斯坦：《为什么助推》，马冬梅译，中信出版社 2015 年版，第 15 页。

仇恨言论法律规制的理论基础[*]

——基于密尔自由原则的阐释

龚 艳[**]

一、仇恨言论法律规制的困境

所谓仇恨言论，是指在仇恨意图的指引下，基于民族、种族、性别和宗教等身份特征对于个人和群体进行伤害性表达行为的一种言论类型。仇恨言论不仅会对其指向对象造成生理和心理上的伤害，对社会也具有极大危害，在本质上违背了言论自由的价值。[①] 对于仇恨言论，各国法律规制的态度并不相同，有的国家倾向于限制和禁止仇恨言论，有的国家倾向于宽容和保护仇恨言论。各国对于仇恨言论法律规制的相异态度，透露了仇恨言论法律规制在理论和实践中的困境。

此种困境主要表现为：一方面，言论须是自由的，对于仇恨言论这一言论类型进行限制和禁止，实质上就是限制了公民所应享有的言论自由的基本权利。毕竟仇恨言论也是公民个人内心思想和见解的一种表达，诸如政治言论等高阶言论往往也多以仇恨言论的形式得以表达，如"奥巴马这个黑鬼，美国经济就是他搞坏的"，此种言论属于仇恨言论无疑，但是这些言论同时也表达了个体的政治见解。另一方面，仇恨言论所表达和传递的并不是一般言论所涵括的有益信息，而是仇恨。且此种"仇恨"既有损于社会的整体利益，易引发社会中不同群体间的矛盾和冲突；同时也是对个体人性尊严的亵渎和侵犯，从而与宪法、法律

---

[*] 本文系国家社科基金项目"网络谣言依法综合治理研究"（15CFX023）的阶段性研究成果。

[**] 法学博士，中共天津市委党校、天津行政学院副教授，研究领域为宪法学、行政法学。

[①] 对于仇恨言论概念的详尽界定，参见龚艳：《论仇恨言论的法律界定》，载《人权研究》（第十卷），山东人民出版社2011年版，第153—167页。

所保护的人性尊严和群体间的平等等基本权利是相冲突的，由此就需要在宪法和法律层面上对它们予以限制甚至是禁止。对于仇恨言论法律规制的此种困境，托马斯·格雷（Thomas Grey）曾概括为，"困境主要在于公民平等权利和言论自由间的难以取舍，为了精细地权衡此种取舍，我们需要聚焦于仇恨言论是否需要法律规制，法律规制的标准何在？"[1]对于仇恨言论法律规制的标准，本文主要基于密尔所提出的自由原则进行分析和阐释。之所以选取自由原则，主要在于密尔提出自由原则所防止的对象——社会暴虐或多数人的暴虐——恰恰是仇恨言论危害性最为集中的体现。"社会暴虐比许多种类的政治压迫还可怕，因为它虽不常以极端性的刑罚为后盾，却使人们有更少的逃避办法，这是由于它透入生活细节更深得多，由于它奴役到灵魂本身。"[2]密尔认为，为了防止社会暴虐，有必要在个人独立与社会控制之间作出恰当的划分。"必须有某些行为准则，首先由法律来强加于某些事情……那些准则究竟应当是什么，乃是人类事务中首要问题。"[3]

二、作为正当基础的自由原则

对于"自由原则"，密尔概括为："人类之所以有理有权可以个别地或者集体地对其中任何分子的行动自由进行干涉，唯一的目的只是自我防卫。这就是说，对于文明群体中的任一成员，所以能够施用一种权力以反其意志而不失为正当，唯一的目的只是要防止对他人的危害。"[4]依据密尔的这一观点，防止对他人的危害不仅是限制行为和言论的理由，而且是唯一正当的理由，由此危害就构成了对行为和言论进行法律规制的一项必要条件。依据自由原则对行为进行法律规制是无可疑义的，但是对产生伤害的言论或者仇恨言论的法律规制是否也可以适用这一原则？密尔对此进行了回答："没有人会硬说行动应当像意见一样自由。相反，即使是意见，当发表意见的情况足以使意见的发表成为指向

---

[1] Thomas C. Grey, Civil Rights vs. Civil Liberties, 8 Soc. Phil. & Pol'y 81 (1991); Thomas C. Grey, Discriminatory Harassment and Free Speech, 14 Harv. J. L. & Pub. Pol'y 157 (1991).
[2] ［英］约翰·密尔：《论自由》，许宝骙译，商务印书馆1959年版，第4页。
[3] ［英］约翰·密尔：《论自由》，许宝骙译，商务印书馆1959年版，第5页。
[4] ［英］约翰·密尔：《论自由》，许宝骙译，商务印书馆1959年版，第10页。

某种祸害的积极煽动时,也要失去其特权的。"① 大卫·莱昂斯(David Lyons)也认为:"危害不会给社会和个人带来任何好处,依据自由原则,阻止危害便具有了正当性。能够允许的'取舍',即自由的丧失是以阻止或消除对他人造成更大的危害为目的的。"② 由上述观点可知,自由原则在赋予众人自由权利的同时,也预设了自由的边界,即不得伤害他人,这既包括行为,也包括言论。一旦基于意志自由的某种行为和言论伤害到了他人,那么法律就具有正当性和合法性去规制此种伤害行为和言论。"一个人的行为的任何部分一到有害地影响到他人的利益的时候,社会对它就有裁判权。"③

对于自由原则,各国已在各自的司法实践中予以承认,以对于仇恨言论较为宽容的美国为例,其典型体现在确认了某些不受宪法第一修正案所保护的言论类型。"某些言论属于明确界定和严格限制之列,对这些言论予以禁止和惩罚并不会引起违宪问题。这些不受保护的言论类型包括淫秽、亵渎、诽谤以及侮辱或挑衅言论,这些言论本身将造成危害,或容易煽动即刻发生的扰乱治安。"④ 由此,乔尔·范伯格(Joel Feinberg)认为,"密尔的自由原则可以作为对言论自由进行限制的正当性基础"。⑤ 安德鲁·奥尔特曼(Andrew Altman)也认为,自由原则可以用来对某些类型的仇恨言论进行限制和禁止,虽然在美国的司法实践中,"秉持自由主义'观点中立'的学者和法官认为,政府不应当因为某种言论表达的观点是错误的、邪恶的或者是有缺陷的,就允许对于它们进行限制和禁止"。⑥ 但如果"某些仇恨言论对于个体和群体造成

---

① 同时为了证明自己的这句话,密尔随即举了一个例子进行说明:譬如有个意见说粮商是使穷人遭受饥饿的人,或者说私有财产是一种掠夺,它们如果仅仅是通过报纸在流传,那是不应遭到妨害的,但如果是对着一大群麇聚在粮商门前的愤激的群众以口头方式宣讲或者以标语方式宣传,那就可加以惩罚而不失为正当。参见[英]约翰·密尔:《论自由》,许宝骙译,商务印书馆1959年版,第65页。
② David Lyons, Liberty and Harm to Others, in Mill's On Liberty 132 (Gerald Dworkin ed., 1997).
③ [英]约翰·密尔:《论自由》,许宝骙译,商务印书馆1959年版,第90页。
④ Chaplinsky v. New Hampshire, 315 U.S. 573 (1942).
⑤ Joel Feinberg, Limits to the Free Expression of Opinion, in Philosophy of Law 262 (Joel Feinberg & Hyman Gross eds., 5th ed. 1995).
⑥ Andrew Altman, Liberalism and Campus Hate Speech: A Philosophical Examination, 103 Ethics 304 (1993).

了极大伤害，从属于道德不正当的方式，而这种道德不正当显然是违背基本人类价值的，那么对于它们进行限制和禁止就具有道德和法律上的正当性"。①

上述主要是从伤害视角来论述自由原则，诚如我们所知任何原则皆是一体两面，从另一面即公民自由的视角阐述，那么自由原则也可以被认定为"不伤害原则"，从而其所划定的主要是公民自由的保护范围。根据密尔的理解，人类行为可分为两类，一类为涉己行为，另一类是涉他行为。由于涉己行为主要涉及和影响的是主体自身的利益，因此"在仅只涉及本人的那部分，他的独立性在权利上则是绝对的。对于本人自己，对于他自己的身和心，个人乃是最高主权者"。② 而涉他行为主要是指那些能够影响和涉及他人或社会利益的行为，"公民个体的利益和意愿，不能伤害社会共同体其他成员的感情，包括公民主体的自主性、人格尊严与利益等"，③ 在这些行为中方存在"伤害"的问题，即社会所能合法施用于个人之权力的性质和限度。由此而言，不伤害所确定的领域范围就包括全部的涉己行为和部分涉他行为。对于这部分涉他行为，公民所能确立的自由范围主要来源于"不伤害"的确定。基于"不伤害原则"，以性别、地域、种族、国籍和宗教等为议题所确立的弱势群体，就具有了保护自己免遭伤害的正当理由。若这些群体和个人的利益受到侵害，法律就具有了足够的正当性对此种行为和言论进行规制。由此也可反证，只有当个人的自由伤害到他人的利益时，法律的干预和规制方是正当和合理的，否则政府和法律就不能对个人行为和言论的自由进行干涉和规制。

三、作为法律适用的自由原则

仇恨言论的例证繁多，而集中体现为种族仇恨言论、性别仇恨言论和地域仇恨言论。以美国为例，由于历史上曾经发生的种族暴力事件，

---

① 马丁·戈尔丁（Martin Golding）指出：这些在道德上具有瑕疵的语言行为对他人造成了威胁，和其他群体相比，对这些受到威胁的人来说，好像他们的生命本身就没有什么价值，好像他们的利益本身就不重要。参见马丁·戈尔丁，Free Speech on Campus 111（Steven M. Cahn ed., 2000）。

② [英] 约翰·密尔：《论自由》，许宝骙译，商务印书馆1959年版，第11页。

③ 曼辉等：《公共生活与公民伦理》，北京师范大学出版社2007年版，第202页。

种族仇恨言论的发表往往会引发大规模的社会骚乱。性别仇恨言论往往使遭受攻击的女性群体倍感孤立和绝望，容易丧失继续生活和工作的信心，由此而阻碍自己的发展乃至社会的文明进步。地域仇恨言论也具有同样的恶果，以中国为例，无论民国时期上海的苏北人①，还是现今社会中的河南人②，皆频繁受到地域仇恨言论的攻击，造成这些受害群体的情绪不适和心理伤害。当然，仇恨言论所造成的伤害并不完全是社会和心理意义上的，现今社会科学的研究表明，某些种族、性别和地域仇恨言论所造成的伤害类型和价值损失往往超出人们的想象。

（一）伤害的确定

对于自由原则，首先需要明确的是其中的"伤害"究竟指的是什么。范伯格认为，"伤害是利益的重大损失"，这种损失主要体现为"对于正当利益的阻碍或侵害"。③ 莱昂斯也对"伤害"的概念进行了分析，他认为："关注利益的'伤害'概念已经得到大多数人的认可，并且实际上也是所有人的共识。这里的利益并不仅仅是人们作出选择的基础，它同时也是人之为人进行生活所必备的条件。这些条件包括物质需要、人身安全和社交自由及自我发展的各种机会。"④ 而人一旦被剥夺或丧失了上述利益，就会出现密尔所说的"伤害"。基于对伤害的此种理解，本文中所言及的伤害就主要体现在下述三个方面：

1. 仇恨言论往往会造成个体在生理方面和心理方面的损伤

例如，美国种族批判法学家松田真里（Mari Matsuda）和帕特里夏·威廉姆斯（Patricia J. Williams）对仇恨言论造成的这种伤害进行了总结，松田教授将言语上的暴力和身体上的暴力所造成的累积效应称为"言语暴力"，仇恨言论的受害者经历了下述生理症状和情绪困扰——恐惧、心跳加速、呼吸困难、做噩梦、受过创伤后产生的精神压力和心

---

① 参见［美］韩起澜：《苏北人在上海：1850—1980》，卢明华译，上海古籍出版社、上海远东出版社 2004 年版，第 57 页。

② 如今"防火防盗防河南人"中的河南人已不再是对生活在黄河中游这块土地上的人们的简单称谓，它已经变成了地地道道的贬义词，充满着复杂而蔑视的意味。参见马说：《河南人惹谁了》，海南出版社 2002 年版，第 1—4 页。

③ Joel Feinberg, Harm to Others: The Moral Limits of the Criminal Law 31 – 64 (1984).

④ David Lyons, Liberty and Harm to Others, in Mill's On Liberty 129 – 30 (Gerald Dworkin ed., 1997).

理紊乱、高血压、精神病、自杀；威廉姆斯教授将仇恨信息对其受害者造成的心理伤害称为"精神谋杀"。① 这些严重伤害致使有些受害者拒绝承认和认同，甚至是深深厌恶和憎恨自己的群体身份。

2. 仇恨言论会对某一个体或者群体的生命财产造成威胁

如种族仇恨言论所引发的此种威胁，主要体现为优势种族的成员对于劣势种族的成员进行言语上的威胁或者象征性行为的威胁，焚烧十字架即是一个典型的例子。若是某个黑人家里被放置了正在焚烧的十字架，那就意味着这一黑人家庭马上会遭到三 K 党的攻击，这一明白无误的信息通常就使得这一黑人家庭笼罩在生命财产受到严重威胁的境地中。由此，正是因为以威胁、恐吓为目的焚烧十字架是对于黑人的一种赤裸裸的仇恨言论，美国联邦最高法院才将其排除在宪法保护之外。②

3. 仇恨言论会给某一个体或者群体生活和工作其他方面造成影响

如由于宗教仇恨言论会严重干扰被害人的生活和工作，使其感觉到时刻处于一种充满敌意的环境，若公权力不加以介入，受害者唯一的选择只能是悄悄地离开。在校园里遭受宗教仇恨性言论的被害者只能转学，由此就会影响到他们平等受教育的机会；在社区中遭受骚扰的被害者也只能搬家，由此也就影响到他们公平居住的机会。③

还需注意的是，仇恨言论的"伤害"并不限于对其攻击目标的影响。如果针对个人的仇恨言论是基于某一身份特征的，那么受到伤害的不仅仅是这些遭到攻击的个人，还包括该群体内的其他人，甚至是整个

---

① See Mari J. Matsuda, Public Response to Racist Speech: Considering the Victim's Story, 87 MICH. L. REV. 2336 (1989); Patricia J. Williams, Spirit – Murdering the Messenger: The Discourse of Fingerpointing as the Law's Response to Racism, 42 U. MIAMI L. REV. 127, 129 (1987).

② 在弗吉尼亚州诉布莱克案（Virginia v. Black）中，奥康纳大法官执笔的多数意见书首先回溯了焚烧十字架的历史，"焚烧十字架所传递之唯一讯息就是威胁，意图激发受害者之恐惧。历史经验显示，焚烧十字架后通常伴随着伤害甚至死亡，这种威胁并非凭空想象"。参见 Virginia v. Black, 538 U. S. 388, 380 – 391 (2003) (Thomas J., dissenting)。

③ 美国影片《穿越国境》（Crossing Over）即是对于此类情形的描述：来自孟加拉的移民女孩塔斯丽玛因为在课堂讨论中发表了对"9·11"事件和其他同学不同的、激进的理解，塔斯丽玛的同学便排斥、辱骂她为"该死的沙漠中骆驼""为什么不滚出我们的国家""你身上是不是绑了炸弹想把我们都炸死"之类的话，从而使得她无法继续正常上学，后来导致塔斯丽玛被美国联邦移民局驱逐出境。

群体。"黑鬼"（Nigger）这一称呼，其贬损的不只是某一位黑人的尊严，而是整个种族的共同尊严。同样，针对某一女性的仇恨言论，不只是这一女性受到了攻击，而是整个女性都受到了仇恨言论的侮辱。"赔钱货"① 这一性别仇恨词语，其不只是侮辱了一个女性，而是千千万万个女性，是对于整个女性群体的贬损和侮辱。由此我们可以说，自由原则的基础也是公共伤害原则产生的理论基础，从而危害到健康社会环境这一公共利益的某些仇恨言论不应受到法律保护。范伯格的公共自由原则的观点具有借鉴和参考意义，范伯格认为，"公共伤害并不需要本质错误的行为造成实际的损害。相反，这种伤害只需是不利于公共利益的或形式错误的即可"。②

（二）伤害意图的确定

就仇恨言论而言，"伤害意图"意味着一种仇恨言论是否受到规制，取决于仇恨言论发表者的内心意图。本文认为，受法律规制的仇恨言论除了造成实质伤害外，仇恨言论的发表还应是故意的或者明知且自愿的。如何界定和把握发言者的内心意图在现实生活中十分复杂，这需要从贬称、特定判断和发言者的实质态度来进行分析和考察。若单纯地考察某一方面，也许对内心意图的把握可能会失之偏颇，只有把这三个方面整合起来加以考察，方能全面地得出仇恨言论表达者的伤害意图。

贬称作为判定标准的例子比比皆是，如"黑鬼""洋鬼子""东洋鬼子""高丽棒子""南蛮、北佬"等。一般而言，只要出现了上述字眼，基本可以判定发表者所欲传递的是歧视和仇恨的信息。本文试以黑鬼（Nigger）一词为例进行分析，《韦氏新国际词典》将其定义为"深肤色种族的一员，常用于攻击和侮辱他人"③；《美国传统词典》将其定义为"贬低黑人或其他深肤色种族成员的侮辱性的话语"④；在美国，"黑鬼"一词本质上往往与白人至上主义相联系，主要用于"对黑人的

---

① 旧俗重男轻女，女子在社会上不能自营生活，而遭嫁则需要资妆，因称女子曰赔钱货。参见舒新城等主编：《辞海》，中华书局1947年版，第1278页。
② Joel Feinberg, Harm to Others: The Moral Limits of the Criminal Law 230 (1984).
③ Webster's Third New International Dictionary of the English Language Unabridged 1527 (2002).
④ The American Heritage College Dictionary 922 (3d ed. 1997).

压迫并用于证明其奴隶制的正当性"①。可以说,贬称的判定方式简单方便,但同时也会出现一定的问题。如某人可能说"不要再用'赔钱货'这样的词语了,因为它是对女性的一种侮辱和歧视"。虽然在这句话中出现了"赔钱货"这样的歧视和仇恨女性的字眼,但是考虑到其目的是用来劝导人们不要再使用这样的词语,因此这句话所表达的就不是伤害意图。与之相对照的是这样的话语:"你知道吗,你就是一个赔钱货。"在这种情况下,使用该语词就表达了确切的仇恨意图。

特定判断之为伤害意图的判定,指的是整句话的意思所表达的是一种对他者的仇恨。例如,"黑鬼都应当滚回非洲去""小日本鬼子都该死"等,可以说特定判断是仇恨言论意图判定的最为基本和常见的形式。但是"人们并不认为克里斯·洛克或戴维·夏贝尔的喜剧是仇恨言论,尽管他们的喜剧涉及种族侮辱和种族偏见的内容。不仅因为这是喜剧表演,还因为他们是非裔美国人,所以人们相信这不是仇恨言论,而只是讽刺文学罢了"。② 但与此相反的是,若是相同的种族侮辱、歧视话语是由一个白人至上主义者所作出的,即便此话语是在喜剧的氛围内,也会被认为怀有伤害意图。

发言者的实质态度指的是仇恨言论的发表者在发表仇恨言论时内心的真实想法。一般而言,考察仇恨言论的心理态度时需要注意的情况是:发言者虽没有故意发表某些仇恨言论的心理,但实质上却发表了某些仇恨言论。在我们的日常生活中,第一种情况的出现最为常见的形式是口误。当发生口误时,发言者并非出于故意,而是无意中说了某些仇恨言论的话语,虽然发言者心理上并没有歧视和仇恨他人的受众,但是在言语中却附带着了针对受众的仇恨。例如,一个日照人拾到了青岛人的钱包,并交还这个青岛人,青岛人握着日照人的手激动地说:"谢谢,非常感谢,谁说你们日照人都是邪国人啊,你们都是活雷锋。"这

---

① Michele Goodwin, Nigger and the Construction of Citizenship, 76 Temp. L. Rev. 129, 154-57 (2003).

② Bastiaan Hugo Vanacker, Online Hate Speech in the United States and Europe: Accommodating Conflicting Legal Paradigms, PhD, University of Minnesota 6 (2006).

个青岛人的本意是感谢日照人的拾金不昧之举,但是"邪国人"① 这一表述却恰恰传递出了对日照人的仇恨信息。口误的另一种情形可能发生于对传统、文化和习俗等人文环境的不同理解中,如在笔者所调研的山东淄博和滨州地区,娘舅在与自己的外甥见面时,可能亲昵地招呼外甥:"你个××生的,最近都忙啥了。"在当地人的耳朵中,可能是亲昵的话语。而在当地文化习俗之外的人听来,这就是一种典型的仇恨言论:哪有这么称呼自己的姐姐或者妹妹的?但是,实际上这种特殊情形下的称呼确实存在。也许有人会有质疑,仇恨言论的口误情形是不是一种"弗洛伊德式"的口误,即发言者是在一种无意识或者潜意识的状态下发表了言论。虽然这种言论的形成可能是潜移默化的,从而在潜意识的层面对发言者产生着这样或者那样的作用,但是本文认为,发言者只要不是故意为之,其发表的仇恨话语就不应当受到法律的规制。诚如范伯格所言:"如果一个人冒风险是在明白一切有关事实和可能偶发的事件的情况下进行的,并且没有任何强制性的压力或强迫,那么,他就是完全自愿地去从事冒险;在存在神经症性强迫、误传信息、刺激和鲁莽、模糊的判断(如醉酒时那样)、推理能力不成熟、不完善的情况下,行为的选择就不能视为完全自愿的。"② 因此,在伤害意图方面,仇恨言论受规制的必要条件是,意图发表含有极度仇恨内容言论的人,清楚地了解该言论所表达的令人极度反感的内容,并且自愿发表了该言论。

(三)伤害程度的确定

上文中的伤害和伤害的故意意图,并不成为仇恨言论当然受规制的充分理由。所谓的仇恨言论所造成的伤害必须是重大的。轻微的不愉快并不足以引发对仇恨言论进行必要的法律制裁。如果某人称他人为"笨蛋""傻瓜",这些词语通常不会引起显著的伤害,它们仅仅是冒犯

---

① 地域仇恨言论不仅存在于省域之间,即便是一省之内也是存在这种现象,例如,根据笔者的调研,山东省内很多青岛人称日照人为"邪国人",认为日照人品行不好、不易交往。当然,人类对某些事物存有偏见是非常正常的事情,许多心理学家都认为"偏见可能是人天生的一种本性"。参见[美]詹姆斯·B.雅各布、吉姆伯利·波特:《仇恨犯罪:刑法与身份政治》,王秀梅译,北京大学出版社 2010 年版,第 12 页。

② [美]乔尔·范伯格:《自由、权利和社会正义——现代社会哲学》,王守昌、戴栩译,贵州人民出版社 1998 年版,第 67 页。

性的语词,在日常生活中就没有必要依靠法律对这样的词语进行限制。但是,如果仇恨言论所针对的对象在情感上是极其脆弱的,那么这些仇恨言论就可能对其造成严重的身体和精神的伤害后果。这种情形该如何处理,能否确立一个标准对这些言论的伤害程度进行检验,不同情形应如何进行具体处理?

对这一问题,我们可以借鉴民法中关于自然人行为能力的相关规定,虽然这一规定在民法学中引起了学者们不同的争辩意见,但是综合而言,它仍是一个较为恰当的理论基础。"只有那些经过自身的智力发育、对事物的理解力达到最起码的标准,并拥有一定的知识,因而被法律认定为有'行为能力'的人,才能承担合同义务。"① 因此,法律对仇恨言论伤害程度的界定,可以适用自然人行为能力的标准来进行解释。一个完全民事行为能力人并不希望该言论造成显著的伤害后果,只有当发言者的发言是明知地、故意地和自愿而为时,且对一个完全民事行为能力人来说其发言希望产生显著的、不公正的伤害,在这种情况下表达的仇恨言论应当受到法律规制。若发言者只是私下里自言自语所发表的仇恨言论,就没有必要对其进行限制。

(四) 伤害来源的确定

"伤害来源"所言及的问题是,仇恨言论发表的初衷意图是否正义。依据"伤害来源",我们可以把仇恨言论分为两类:伤害且不正当的仇恨言论和伤害但正当的仇恨言论。进行这一分类的目的,在于将那些虽具有伤害性但来源正当的仇恨言论从法律规制的范围内排除。我们的日常生活中充斥着诸多仇恨言论,这些仇恨言论有些是不正当的,即仇恨言论的发表者非基于正当理由而发表仇恨言论。但有些仇恨言论的发表却是正当的,这主要有两种情形:一是为了反击仇恨言论所发表的回应性仇恨言论,如黑人为了反击有些白人所发表的"黑鬼"这一仇恨言论,而把这部分白人称为"白色垃圾"(White Trash)。"针锋相对"在我们的道德和法律中都具有一定的位置,虽然私人惩罚在近代社会以来已被国家所禁止。但需要我们注意的是,言论和行为毕竟有着很大的区别,国家所禁止的主要是针锋相对的报复行为,至于合理限度

---

① [德]康拉德·茨威格特、海因·克茨:《行为能力比较研究》,孙宪忠译,载《外国法译评》1998年第3期。

范围内的言论则是许可的。二是有些仇恨言论的发表是对于受害者行为的"实至名归"。诚如密尔所言:"他之所以受到这些惩罚只是作为那些缺点本身的自然的和也可说自发的后果,而不是有谁为了惩罚之故有目的地施罚于他。"①

综上,我们可以说,仇恨言论有时在道德上是必要的,从而法律也应该在必要的情况下为相关仇恨言论的案件留有余地。

四、结语

根据对于自由原则各个方面的适用分析,本文认为,若是一种言论属于仇恨言论的范畴,需要加以法律规制,那么此种仇恨言论的发表须符合下述三个方面的条件:第一,该发表者意图发表含有极度仇恨内容的言论,且该人明知此言论含有极度仇恨的内容仍自愿为之。第二,作为一个完全民事行为能力人,即法律所界定的具有完全的认知能力和预见能力的行为人,该人希望其所发表的仇恨言论能够产生显著伤害的后果。此处的"显著伤害"是指仇恨言论的法律规制可能因为伤害性的不同而存在不同的程度和等级。第三,该人知道,自己发表的仇恨言论所产生的伤害是毫无根据的。此处的"毫无根据"是指在案件的审理时,法院认为该仇恨言论的发表欠缺必要的正当性,一是该言论攻击的目标是无辜的,二是该言论非基于对自己的伤害而被迫发表。

(责任编辑:晁晓军)

---

① [英] 约翰·密尔:《论自由》,许宝骙译,商务印书馆1959年版,第93页。

个人信息权益之合理使用：立法与衡平

郭明龙[*]

从信息的公共产品性质出发，信息的收集、处理和利用应被允许，但不能推论个人信息权益应赋予信息的收集、处理或利用者，因个人信息中不仅蕴含财产利益，更负载了信息主体的人格利益和人格尊严，信息主体对其个人信息权益与收集、处理、利用者权益应当是"本权"与"他权"的关系，本权派生他权。①然而，个人信息权益的行使应当受到公共利益的限制：基于社会管理、表现自由、科学研究、社会公共卫生、交易安全等必要，个人信息可以被符合目的地收集、处理、利用而无须征得信息主体之同意，此为各国个人信息保护法所明定。在个人信息权益行使上，应当借鉴同为信息权利法的知识产权法，通过制度化设计——合理使用制度，作为允许社会公益目的的收集、处理和利用并平衡私益与公益，立法和司法衡平系形塑制度的重要工具。

一、个人信息权益合理使用构建之必要性

（一）知识产权合理使用之借鉴

知识产权制度的宗旨，既要保护创造者的合法权益（正义），又要促进知识产品的广泛传播（效益）。② 现代知识产权制度确立了两个基本法律观：私权神圣与利益衡平。私权神圣要求我们确立知识产权的权

---

[*] 天津师范大学法学院副教授，法学博士。本文系 2019 年度教育部人文社会科学研究规划基金项目"数据权之确权与交易利用规则研究"（项目号：19YJA820013）的阶段性成果。

① "本权"系指原初之权，其他主体享有"他权"，他权源于本权。本文使用了一个比较模糊的词"权益"，主要是考虑到个人信息法律问题的新兴性，目前诸多价值判断和理论问题仍存较多争议，至于制度操作更是初步建立，似乎不宜称为实定法上的"权利"，而只能作为"法律上所保护的利益"，即法益存在。除非引文必要本文一般称为"权益"。

② 参见吴汉东：《著作权合理使用制度研究》，中国政法大学出版社 1996 年版，第 33 页。

利本位，而利益衡平要求当事人之间、权利与义务主体之间、个人与社会之间的利益应符合公平价值理念。

合理使用制度即为实现知识产权利益衡平的重要法律工具。根据各国著作权法，在非商业或非营利之教育目的等情形下，著作权可被合理使用。我国《著作权法》第22条规定的合理使用情形，前十种属于非商业之公益目的，最后两种虽有商业色彩（中文作品译成少数民族语言发表、作品以盲文出版），但因其主要服务于少数民族文化事业和人道主义而具公益性，属于非营利教育目的。除著作权外，合理使用还被适用于商标权和专利权。商标权所具有的排他性在知识产权中最强，我们甚至曾认为其没有合理使用的问题，但理论上认为在非商业情形，如新闻报道评论、诙谐模仿中，存在对商标权的合理使用。[1] 专利也有合理使用问题，如我国《专利法》第69条所规定的首次销售权利穷竭、在先权利继续使用、临时过境、科研实验、行政审批使用等均属之。

（二）个人信息权益行使中利益平衡之必要

"个人信息保护的目的在于维护人格尊严，而信息自由则是促进社会公正透明的重要保障。"[2] 信息自由要求个人信息可被用于基于公益的人际交往评价、社会管理、公共卫生服务、教育科研等，也可被用于商业利益的个人信用、定向销售与个性化服务、电子商务等，但商业利用主要由当事人通过使用许可解决。[3] 而公益目的的信息自由需要借助合理使用，个人信息权益行使中需要仿照知识产权法建立合理使用机制，平衡权益保护与公益目的的信息自由流通。

应当承认，二者之间的确存在某种程度的冲突。传统财产权理论的价值取向和思维模式，崇尚物的归属性，强调以所有权为中心，运用法律调整经济的方式，从起始到回归都落脚于所有权。但以此逻辑构建的个人信息权益模式，并不利于社会进步和经济发展。我们所进入的信息社会的发展需要靠大量信息的生产、收集、处理和利用，这是不可否认的客观事实。在非商业领域，国家安全、行政管理、社会服务、教育科

---

[1] 参见吴汉东主编：《知识产权法》，法律出版社2004年版，第221—222页。

[2] 齐爱民、李仪：《论利益平衡视野下的个人信息权制度——在人格利益与信息自由之间》，载《法学评论》2011年第3期。

[3] 参见孔令杰：《个人资料隐私的法律保护》，武汉大学出版社2009年版，第16—33页。

技领域个人信息不可或缺；在商业领域，个人信息往往被收集处理后作为商业秘密看待。如果仅仅专注于对个人信息私权的静态保护，不仅对社会保持与经济创造不利，而且也会使个人与社会生活脱离联系成为信息"孤岛"而无法生存。所以，我们构造的个人信息权益模式不能将支撑点架构于静态归属上，而应在确认信息主体享有本权的同时，承认对个人信息的动态利用，既包括基于公益的合理使用，也包括遵循市场规则的商业利用。比较法上，一般在确立个人信息权益的同时，也构建合理使用模式，如德国联邦宪法法院在1983年确立个人信息自决权的"人口普查案件"中一并提及对于个人信息的合理使用："个人对其资讯并无所谓绝对、无法加以限制的控制权；相反的，他是在社会团体内发展，依赖联络交往的人格。即便是个人资料亦属社会事实的写照，并不是只是归属于当事人所有。基本法，如同联邦宪法法院多次判决中指出，于个人与团体间之紧张关系，做了个人团体关系及团体制约之决定。因此，个人的资讯自决权必须忍受重大公益的限制。"①

合理使用制度可以矫正"交易不能"和"正外部性"导致的市场失灵。②"交易不能"是指使用者因交易成本过高而无法通过市场谈判获取信息主体的使用许可；"正外部性"是指个人行为给他人带来了额外的不利益，而权利人与使用者都不愿承担该外部性，进而造成交易无法实现。以上两种市场失灵中，前一种情形主要表现为"漫天要价"的钳制行为；后一种情形主要体现在社会管理、教育科研、新闻报道等领域，信息利用惠及不特定的社会公众，即公共利益，而成本负担却难以内部化。通过合理使用的制度，一方面，信息主体不能利用自己"本权"地位拒绝基于公益对其个人信息的收集利用；另一方面，对信息主体权益的限制应当保持在合理限度内，超出该限度的使用者应当对信息主体给以补偿。当然，无论是知识产权还是个人信息权益，合理使用只能作为市场运作的例外而存在，商业利用仍需借助市场谈判解决。

有学者为了回避个人信息权益合理使用制度，在范畴界定上作出特别处理，将个人信息界定为"与公共利益没有直接关系的个人信息"，

---

① 《"一九八三年人口普查案"判决》，萧文生译，载《西德联邦宪法法院裁判选集（一）》，中国台湾地区司法行政主管部门1991年印行，第288页。
② 参见熊琦：《论著作权合理使用制度的适用范围》，载《法学家》2011年第1期。

认为虽然有些信息可以直接或者间接地识别出特定人身份，但是如果这些信息直接和公共利益相关联，它就不再是个人信息。① 笔者认为，这种努力的效果并不理想：首先，"个人信息"本身价值中立，个人信息权益行使既可基于公益，也可基于私益。如肖像既可能在社会管理、新闻报道中被利用，也可被用于商业广告，前者涉及公益，后者涉及私益，那么个人肖像是否仍属个人信息范畴？其次，排除合理使用模式坚持个人信息权益绝对支配性，反而会导致公共利益受损。所以，同时承认个人信息权益及其合理使用才是正途。

二、个人信息权益合理使用之立法塑造

英国法学家梅因指出，使社会与法律相协调的手段有三，即法律拟制、衡平和立法。法律拟制是"要用以掩盖或目的在掩盖一条法律规定已经发生变化这事实的任何假定，其时法律的文字并没有被改变，但其运用则已经发生了变化"；衡平是指"同原有民法同时存在的某一些规定，它们建筑在各别原则的基础上，并且由于这些原则所固有的无上神圣性，它们竟然可以代替民法"；立法就是"由一个立法机关制定的法规"。② 通俗地讲，拟制就是将法益类推、比附为类似的权利加以保护，以保护权利之"名"，达保护另一法益之"实"。③ 在我国，隐私权曾被作为名誉权加以保护即适其例。衡平同拟制不同，它能公开地、明白地干涉法律，同立法不同之处在于其权力基础是内在的原则而非外在的立法者。前两者属于司法权宜之计，只有立法对利益的保护最为直接，也最有效。从世界个人信息保护立法的哲学基础、政治立场来看，基本上可以概括为以欧盟为代表的本体主义（deontological approaches）和以美国为代表的实用主义（utilitarian approaches）两种模式。④ 在具体制

---

① 参见刘德良：《论个人信息的财产权保护》，中国人民大学2008年博士学位论文，第26页。
② 参见［英］梅因：《古代法》，沈景一译，商务印书馆1959年版，第15—20页。
③ 参见白飞鹏：《侵权法对应然私权的确认》，载王利明主编：《民法典·侵权责任法研究》，人民法院出版社2003年版，第242页。
④ 参见 Burk, Dan L., "Privacy and Property in the Global Datasphere" (April 28, 2005). Minnesota Legal StudiesResearch Paper No. 05 – 17. Available at SSRN：http://ssrn.com/abstract = 716862。

度和规则设计上,本体主义以信息主体的权利保护为基点,立法规定个人信息自决权;实用主义以拓宽经济发展为其基本价值取向,采取衡平方式个别探求隐私权。基于我国更为鲜明的大陆法系色彩,前一模式可资借鉴。笔者认为,合理使用制度之构建应当从明确个人信息权益之范畴开始,将"合理使用"定性为对权益之限制,而这皆须通过立法来完成。

(一)个人信息权益范畴之明确

个人信息在有关国际组织或国家、地区有不同称谓,包括"个人数据""个人信息""信息隐私""个人资料"等,但诚如学者所指出的,以上称谓之间的区分并不明显,名称选用更多是出于"接轨"的考虑。① 本文除引文必要外,一律称为个人信息。

个人信息权益是个人信息保护法的核心内容,对其概念内涵和外延的明确,比较法规定差异较大:

1. 在一个条文中加以明确列举。如我国台湾地区"个人资料保护法"第3条规定了资料主体的查询或请求阅览权,请求制给复制本权,请求补充或更正权,请求停止收集、处理或利用权,请求删除权等五项权益。

2. 通过几个条文加以分散列举。相关国际组织或国家多数采取此种方式,如欧盟个人数据保护指令(95/46/EC)和取代它的《通用数据保护条例》(GDPR)②、德国《联邦数据保护法》(第三编第二章)、奥地利《联邦个人数据保护法》(第五章)、比利时关于个人数据处理的《隐私权利保护法》(第三章)等。

3. 通过规定信息收集、处理人的义务来明确信息主体的权益,如日本《个人信息保护法》、保加利亚《个人数据保护法》等。

4. 直接将信息主体的权益暗含在个人信息保护法的原则之中,如1980年经济合作与发展组织(OECD)数据保护指南所确定的信息收集处理八项原则。

---

① 参见张新宝:《中国个人数据保护立法的现状与展望》,载《中国法律》2007年第3期。

② 2016年4月14日欧盟《通用数据保护条例》取代95/46/EC,旨在协调整个欧洲的数据隐私法,以保护和授权所有欧盟公民的数据隐私,并重塑整个地区组织的方式来处理数据。正式实施日期为2018年5月25日。

我国尚无个人信息保护的专门立法，但全国人大常委会于 2012 年作出的《关于加强网络信息保护的决定》（以下简称《决定》）暂时起到了一般规定的意义。① 根据第 2 条，"收集、使用公民个人电子信息，应当遵循合法、正当、必要的原则，明示收集、使用信息的目的、方式和范围，并经被收集者同意，不得违反法律、法规的规定和双方的约定收集、使用信息"，以上内容在体例上不仅明确了信息收集处理的原则，而且在第 3 条以下通过规定信息收集、处理人的义务来明确信息主体的权益，属于第三、四种立法体例的混合。规定所明确的个人信息权益，在第一、二种立法体例中被细化为查询或请求阅览权，请求提供复制本权，请求更正、删除、封锁权等。2016 年 11 月 7 日第十二届全国人民代表大会常务委员会第二十四次会议通过的《网络安全法》第 41 条同样规定了信息收集处理的"合法、正当、必要"原则，进一步强调"经被收集者同意"具有进步意义，下一步个人信息保护的专门立法应当在此基础上进一步细化信息主体的权利。目前有关个人信息保护法的两部专家建议稿，关于信息主体的权利已有明示列举规定，未来立法应积极研究吸纳。②

（二）合理使用："信息主体同意权"之例外

个人信息权益之行使，以信息主体的同意权（控制权）为核心。同意权是指信息主体有决定个人信息是否被收集、处理、储存、更正、利用（尤其是收集目的外之利用）、删除和提供给第三人的权益。同意权在各国个人信息保护立法中均有明确规定，但为了平衡个人信息权益和公共利益、社会利益、他人利益的关系，有关国际组织、国家或地区法律中无一例外地规定了同意权行使的例外，这些例外主要体现为"合理使用"，此处的"使用"应作广义解释，包括了处理、存储、更

---

① 据工业和信息化部电子科技情报研究所副所长刘九如统计，截至 2012 年我国有近 40 部法律、30 余部法规，以及近 200 部规章涉及个人信息保护，其中包括规范互联网信息规定、医疗信息规定、个人信用管理办法等，针对个人信息的规范虽然不少，然而内容较为分散、规范层级偏低。参见郭少峰、吴鹏：《个人信息保护将出台国标　明确使用后立即删除》，载《新京报》2012 年 4 月 5 日。

② 参见周汉华：《中华人民共和国个人信息保护法（专家建议稿）及立法研究报告》，法律出版社 2006 年版，第 6 页、第 17 页；齐爱民：《中华人民共和国个人信息保护法示范法草案学者建议稿》，载《河北法学》2005 年第 6 期。

正和利用等。

第一，个人信息之处理。如欧盟《通用数据保护条例》第九章第85条规定了个人信息处理与言论自由的关系处理："会员国应依照本条例将个人信息保护权与言论自由、信息自由权进行协调一致，包括处理新闻事务和学术，艺术或文学表现的目的。"另外，该指令允许各国通过立法规定为公共利益，科学或历史研究或统计目的进行处理的加固和减损处理（第89条）。

第二，个人信息之存储、更正和利用。如欧盟《通用数据保护条例》第9条规定敏感个人信息不得处理，除非经过信息主体的同意或者为行政、司法、科研等特定非营利目的并采取适当保障措施。我国台湾地区2008年"个人资料保护法"规定，公务机关或非公务机关利用个人资料，应于收集之必要范围内为之，但以下情形可以不经资料主体同意合理使用：为增进公共利益；免除当事人之生命、身体、自由或财产上之危险；为防止他人权益之重大危害；公务机关或学术研究机构基于公共利益为统计或学术研究而有必要，且资料经过提供者处理后或收集者依其揭露方式无从识别特定之当事人（第16条、第20条）。英国1998年《数据保护法》第27条至第39条也作了如是规定。

我国对于个人信息权益合理使用，《决定》未有明确。但对于某些个人信息，在理论和司法实务中已经涉及合理使用问题。姓名和肖像是我国民事法律明确规定的人格权，一般认为在下列情形下可以无须权利人本人同意而自由使用：（1）非营利使用具有新闻价值的人物的姓名或者肖像；（2）为行使正当舆论监督而使用他人姓名或者肖像；（3）因司法活动需要而使用他人的姓名或者肖像。以上情形之合理使用属于专有领域之排除，即无须征得本人之同意，并且阻却违法性。①

个人信息作为权利保护比作为法益更加公开、直接、有力，私益与公益之紧张关系得到一定程度缓解。然而，个人信息权益在大陆法系被认为属于"一般人格权"，②而"一般人格权"在其诞生地德国被认为系

---

① 我国有学者就2000年某地鲁迅美术学院申请注册"鲁迅"商标与鲁迅后人发生的纠纷进行了评析，结论之一即是此应当属于合理使用范畴。参见姚辉：《逝者如斯夫》，载王利明主编：《判解研究》（第1辑），人民法院出版社2002年版。

② 参见洪海林：《个人信息的民法保护研究》，法律出版社2010年版，第25页、第40页。

"框架性权利"：由于其可能和其他人同样主张的"一般人格权"或其他同样受到宪法保护的价值在同一层面上发生冲突，因此无法像具体人格权那样因"权利"被侵害即推定违法，而是对于是否违法还要先与相冲突的其他法益作一番权衡后才能认定。① 所以，在对个人信息权益与合理使用制度之界限厘定上，立法实际仅完成了部分工作，大量工作尚须司法衡量。而美国法上的隐私权具有极大的开放性和不确定性，本身就是通过司法判例的逐渐探求而形塑的，塑造的过程更是拟制和衡平的过程。

三、个人信息权益合理使用之司法衡平

由于"框架性权利"并不精确，尚须司法者运用拟制或衡平方式进一步明晰其"框架"边界。由于拟制方式有些"似是而非"，会淡化被寄生的权利概念的精确性，造成"寄主"内涵与外延的不确定，在逻辑上影响概念、判断和推理的同一性，由此拟制保护乃一般人格权保护的"低级"阶段；兼之各国法律中人格法益能够拟制为其他具体人格权的情形非常罕见，拟制非一般人格权保护的主要途径。在立法明确个人信息权益内涵与外延的基础上，通过法律原则指导下的衡平方式明晰其与合理使用之界线即成为主要选择。借鉴比较法，对于边界厘定应当采用两个理论工具：权益核心原则和权益协调原则。通过两个原则的贯彻要达到的状态是：当个人信息权益与合理使用（信息自由）发生冲突时，裁判者必须权衡每一条权益的相对分量并"择优录用"，但又不能导致落选的权益失效。

（一）权益核心原则

权益核心原则，是指一种权益不能对另外一种权益的核心部分进行限制，否则会使另外权益的价值荡然无存。权益核心原则是德国法上处理基本权利冲突的一条重要原则，在处理信息自由与信息自决权之间关系时其被具体化为"领域理论"。该理论将受到保护的个人信息分为三个领域，并给以不同力度保护：（1）"隐秘领域"，在此领域中，人们可以排除来自公权力和他人的干涉或者侵入。在德国联邦宪法法院的判决中，这一领域包括了个人的性生活、证人或被告免于自我责难的权利

---

① 参见苏永钦：《民事立法者的角色——从公私法的接轨工程谈起》，载《民事立法与公私法的接轨》，北京大学出版社2005年版，第40页。

等，普遍受到认可的还包括个人有权决定对外通讯，以及个人可以支配其人格法益，特别是个人信息不得在违反其自身意愿的情况下予以公开。（2）"私人领域"，在该领域中个人享有不受公众谈论或不得违反本人意愿被公开的保障，但有些情况下，如有公开价值，即对公众具有重要信息利益时，则不受禁止公开的保障。除衡量公开价值外，也权衡信息来源是否合法。（3）"秘密领域"，与社会交往有关的个人范围，原则上也不得违反本人意愿加以公开或偷窥。①

隐秘领域构成信息自决权的"权益核心"，但是否处于核心即完全可以对抗信息自由呢？答案并不简单。在前引的1983年"人口普查案件"中，德国联邦宪法法院基于计算机和网络可以对"不重要"的个人信息进行拼合处理照样能够完成对个人的"形塑"，宣称"已经不存在不重要的个人信息"，从而不再将个人事务作阶层上的区分以使其受到不同程度的保护，而改以信息的使用或结合可能性作为判断标准进行划分。随后的1989年"日记证据案"②，涉及刑事被告人的日记能否作为刑事诉讼程序中的证据使用问题，按照领域理论其属于绝对不可侵害的"隐秘领域"，但联邦宪法法院仍以利益衡量为由判定日记可以用作定罪证据。王泽鉴教授评价道："人口普查案件"扬弃领域理论，改采综合性的判断标准；"日记证据案"则扩大解释社会关联，而使核心领域的保护实质上已经不复存在。③但笔者持不同看法，因为在整个欧盟人权法强化信息隐私权或者个人信息权益的大背景下，德国联邦宪法法院的两个案例并不一定反映发展趋势，可能仅属前进中的"曲折"。④

---

① 参见陈志忠：《个人资料保护之研究——以个人资讯自决权为中心》，中国台湾地区司法行政主管部门2001年印行，第79—80页；龙卫球：《民法总论》（第二版），中国法制出版社2002年版，第278页。

② 参见《日记证据案判决》，张懿云译，载《德国联邦宪法法院裁判选辑（八）》，中国台湾地区司法行政主管部门1999年印行，第205页。

③ 参见王泽鉴：《人格权保护的课题与展望（三）——人格权的具体化及保护范围（6）隐私权（上）》，载《台湾本土法学杂志》第96期（2007年7月）。

④ 例如"卡洛琳公主被偷拍案"（Caroline III, BGHZ 131, 332），欧洲人权法院推翻了德国联邦宪法法院的判决，认为如果"一个公众人物能够合理期待自己的私生活不受媒体的侵犯，则他对私人空间的权利就优先于他人的言论或新闻自由"。该判决被认为提升了德国对一般人格权的保护水平。参见廖福特：《个人影像隐私与新闻自由之权衡——Von Hannover及Peck判决分析与台湾借镜》，载《政大法学评论》第91期（2006年6月）。

对于个人信息权益之核心，立法不可能给出确定界限，只能通过判例逐步探求、获得共识，"权益核心"仍应考虑涉及的领域，如德国联邦宪法法院的判决中确认，个人性生活信息不得以新闻自由、言论自由等加以任何限制。

（二）权益协调原则

权益协调原则是指当两种价值发生冲突时，根据个别案例，分析比较信息的社会价值与个人信息权益的价值，当确定保护前者利益较大时，保护信息自由；如确定后者所获利益较大时，尊重个人信息权益。在德国，联邦法院为确定在个案中相互冲突的基本权或私权之各该效力范围，运用了"个案中之法益衡量"的方法，并以"比例原则"为指导。①

对个人信息权益的保护，德国坚持法律保留、目的限定和比例原则。法律保留原则是指个人信息自决权的限制应当通过法律来完成，且系为了重大公益方可限制（德国《联邦数据保护法》第13条、第14条）；目的限定原则是指个人信息之利用处理必须有目的限定，在个人信息的取用要件上必须明确规定个人信息之目的（德国《联邦数据保护法》第4条）；比例原则的核心是要求权利限制的手段与目的间合乎比例，不能超出合理限度，其又分为三个子原则，即妥当性原则、必要性原则和狭义比例原则。在个人信息权益保护及其合理使用界限司法衡平上，最为关键的当然是比例原则，该原则被视为"权利协调"原则的指导性原则。根据两大法系的实践，在个人信息权益合理使用过程中，根据比例原则以下因素应被考量：

1. 个人信息之类型：一般个人信息与敏感个人信息、公开个人信息与隐秘个人信息

敏感个人信息的外延与各国文化传统、社会普遍价值观、法律传统、风俗习惯等因素有关，虽然各国立法未尽一致，但一般包括了人种、种族、宗教信仰信息，违法、犯罪信息，个人医疗信息，性生活信息等，更攸关人格尊严。个人信息权益的"权利核心"应当在敏感个人信息中，虽然敏感个人信息不都是权益核心。敏感个人信息合理使用的范围较一般个人信息为窄，但也并非隔绝，仍需根据比例原则加以衡平。

---

① 参见陈新民：《德国公法学基础理论》（修订新版·上卷），法律出版社2010年版，第415页。

公开个人信息与隐秘个人信息划分之意义在于前者已经丧失隐私期待，更侧重合理使用与信息自由。如根据欧盟《通用数据保护条例》，一旦敏感个人数据为数据主体公开，即可被处理［第9条第2款（e）］，德国、荷兰和瑞典信息保护法与以上规定完全一致。而美国在1988年格林伍德案（California v. Greenwood）①中，最高法院通过"隐私合理期待"原则逐渐确立起一个隐私期待的领域，即哪些区域是属于隐私的范围，哪些行为能够获得宪法第四修正案（隐私权与非法证据排除）的保护。

2. 信息主体之身份：普通群体与特殊群体

特殊群体的个人信息通常是指未成年人、公众人物和一定级别官员的个人信息。由于特殊群体或属于弱势群体，或属于公众合理兴趣的对象，或属于公共权力的直接掌控人，因此对他们的个人信息的法律保护强度应高于或低于一般的社会群体。德国法"角色理论"认为，不同的社会角色会有不同的隐私期待和选择性信息传播，个人信息权益表示特定的个人在自己所扮演的角色中对自我形象塑造的支配权。②所以，社会角色不同，个人信息权益与合理使用的范围也不同。

3. 利用类型：商业利用与非商业利用

个人信息权益的合理使用应主要限于非商业利用场合。美国司法审判中一般认为：如果未经允许，在T恤、咖啡杯、餐具等上利用他人的形象等个人信息，不受美国宪法第一修正案（言论自由）的保护，因为公众通常不会以这些东西为载体发表他们的言论。但也有观点认为商业言论同样具有一定公益性，如美国联邦法院 Virginia Pharmacy 一案的判决就认为商业言论可以被纳入信息自由的保护范围，因为该言论能够使公众对自己"经济事务之明智意见形成"，进而促进市场经济的发展。③显然，商业利用与非商业利用并非那么泾渭分明，个案中比例原则指导下的裁量同样不可少。

在法学方法论上，德国法比例原则的适用原本属于概念操作，一旦

---

① California v. Greenwood, 486 U. S. 35, 39 (1988).
② 参见杨开湘：《宪法隐私权导论》，中国法制出版社2010年版，第158页。
③ Virginia State Pharmacy Board v. Virginia Citizens Consumer Council, 425 U. S. 748 (1976).

实际操作，其实也就是开始往类型化的审查标准发展。① 而美国采用类型多元化、多层次的审查标准，完全通过案例实现类型化。其实，个人信息权益与合理使用的衡平问题上，类型化方法与比例原则指导下的裁量之实践正在趋于合流，这也是我们的应然选择，即在权利核心与比例原则指导下通过个案进行利益衡平。

（责任编辑：郝　磊）

---

① 参见黄昭元：《立法裁量与司法审查——以审查标准为中心》，载《宪政时代》第26卷第2期（2000年10月）。

英美法系道歉法律化进程特点分析*

许莲丽**

一、英美法系语境下的道歉制度

道歉制度一词，容易引起误解，以为是强制要求道歉的制度。其实不然。道歉制度，是免除道歉者（无论由本人或他人代理进行）因道歉而遭受在法律上的不利影响和后果的制度，换句话说，是道歉免责制度，是鼓励道歉制度。

在实践中，人们往往认为，道歉便意味着承认过失，必然会招致法律上不利于自己的后果。因此，人们倾向于拒绝道歉、惧怕道歉。然而，从理论上来讲，司法机关是决定当事人是否应当承担法律责任的唯一及最终机构，如若道歉在法律上必然就等于承认过失或承担法律责任，则剥夺了司法机关的裁判权，严格来说，是站不住脚的。此外，从实际效果来看，道歉对于和解息讼和争议双方都具有重要的积极作用。可见，转变这一看法，明确道歉的法律后果（对法律责任的效力）十分必要。

道歉制度旨在厘清道歉者不会因为何种道歉（内容）而在哪些情形（法律程序）中承担哪些不利法律影响或后果。通过明确道歉的法律效力，消除阻碍道歉的种种疑虑，保障道歉人的正当法律权利，实现促进道歉、减少诉讼的目的。

二、英美法系国家和地区道歉制度的立法进程

起初，英美法系国家和地区在有关诽谤等方面就作出道歉可减免法

---

* 本文是黑龙江省哲学社会科学研究规划项目"黑龙江法治政府构建中的行政道歉法律规制研究"（16FXB04）的阶段性研究成果。

** 北京青年政治学院副教授，法学博士，研究方向为宪法学与行政法学、志愿服务等。

律责任进行了零星的规定。① 而今，英美法系已达成共识：道歉对于促成处于纠纷之中的双方达成和解，进而减少诉讼发挥着重大的作用。因此，为了进一步实现多元的纠纷解决机制，英美法系国家和地区纷纷制定法律，鼓励道歉。②

英美法系最早的专门道歉条文由美国的马萨诸塞州订立。1986年马萨诸塞州《基本法》证人和证据章节第23D条明确规定："对因意外而遭受疼痛、痛苦或死亡的个人或其家属作出表达同情或一般善意的陈述、文字或善意的态度，在民事诉讼中不能作为承认责任的证据使用。"③ 到2007年，美国已经有逾30个州对道歉进行了立法。④ 作为最先立法的国家，当时的道歉制度在医疗责任事故领域发挥了重要的作用。

21世纪初澳大利亚也掀起了道歉的立法浪潮。澳大利亚首都地区、新南威尔士州、昆士兰州、维多利亚州、西澳大利亚州、塔斯马尼亚州和北领地都纷纷建立了各自的道歉制度。比如说，新南威尔士州在2002年《民事法律责任法》第十部分第67条、第68条、第69条从道歉免责的适用范围、道歉的定义和道歉免除的法律责任三个方面进行了规定。⑤ 道歉制度的立法在澳大利亚得到了发展，条文数量增多，对道歉的法律保护从个别领域延伸到普通的民事程序。

紧随其后，加拿大也加入了道歉立法的浪潮。不列颠哥伦比亚省、艾尔伯塔省、萨斯喀契温省、曼尼托巴省、安大略省、新斯科舍省、爱德华王子岛、纽芬兰拉布拉多省和努纳武特自治区等都出台了道歉的法律规定。其中，不列颠哥伦比亚省是最早以独立的道歉法而不是其他法律的一部分的形式来立法的。⑥ 道歉制度的立法在加拿大已趋于完善，

---

① 比如，《香港诽谤条例》第3条规定了在诽谤诉讼中以道歉作为减低损害赔偿的证据的可接纳性。

② 需要指出，本文只在这一背景和语境下讨论道歉制度，而不包括其他。比如，美国国会就具体事项通过道歉法案来实施道歉等。2012年6月18日，美众议院通过了因排华立法向华裔美国公民表示道歉的第683号法案等。See H. Res. 683, June 18, 2012.

③ See Massachusetts General Laws, Chapter 233 Witnesses and Evidence, § 23D.

④ Leandro Zylberman, "Apology Legislation: Should it be safe to Apologize in Manitoba? An Assessment of Bill 202", Underneath the Golden Boy, vol. 6, p. 178 (2009).

⑤ See Civil Liability Act 2002 ss. 67–69 (New South Wales).

⑥ See Apology Act 2006 Chapter 19 (British Columbia).

内容日益成熟，篇幅不断扩充，已从证据法或责任法中独立出来。尤其是不列颠哥伦比亚省等地方的立法，成为后续立法积极效仿的典范。

英国同样进行了道歉的立法。英国在 2006 年《补偿法》（苏格兰适用除外）第 2 条中规定："道歉，提供待遇或其他补偿并不等于承认疏忽或违背法定职责。"① 苏格兰《道歉法》在 2016 年颁布，规定了道歉在法律程序中的法律效果、适用的法律程序、道歉的定义等方面的内容。②

此外，我国香港特区也开始了道歉制度的立法探索。2017 年《道歉条例》三读后正式颁布，成为亚洲第一部道歉法规。③《道歉条例》一共包含 13 条和一个附表，对道歉的含义、适用程序的效果、道歉证据是否可予接纳、道歉对时效、保险等其他事项的影响等进行了最为全面、详尽的规定。④

英美法系国家和地区道歉的立法时间不长，迄今共 30 年左右，但是发展较为迅速。

三、道歉制度的主要内容

（一）何谓道歉

"道歉"作为日常用语，或者不同学科的学理概念，界定的含义往往各有侧重、各不相同。道歉作为法律概念，在道歉制度立法之前，也没有形成统一的认识。以我国香港法院为例，在 HungYuen Chan Robert 诉星岛有限公司诽谤案中，法院解释称："道歉可以是衷心表达歉意，也可以是纯粹认错。"⑤ 2001 年在马碧容诉高泉残疾歧视案中，在论及法院能否以道歉令的形式强制不情愿道歉的当事人进行道歉时，法院提出，"道歉就是说对不起。道歉是当事人怀有悔意地承认做错事"。⑥

综观英美法系国家和地区的立法，对于道歉的界定，通常有以下两类：

---

① See Compensation Act 2006 s. 2（UK）.
② See Apologies（Scotland）Act 2016.
③ See http：//www. doj. gov. hk/chi/public/pdf/2016/apologyFinal_ 2016. pdf.
④ http：//www. legco. gov. hk/yr16 – 17/chinese/ord/2017ord012 – c. pdf.
⑤ Hung Yuen Chan Robert v. 星岛有限公司 [1996] 4 HKC 539.
⑥ Ma Bik Yung V Ko Chuen（FACV No. 25/2000）.

一类是仅指道歉者以口头、书面或行为的方式表达歉意、懊悔、遗憾、同情或善意等,而不包括以明示或默示的方式承认与相关事宜的过失或法律责任。比如说,澳大利亚维多利亚州《错误行为法》第14I条规定,道歉是指表达难过、歉意或同情,但不包括对过失的明确承认。对于这一类界定,因其包含的范围较窄,学者称之为"有限道歉",或者狭义的道歉。

另一类则是指道歉者以口头、书面或行为的方式表达歉意、懊悔、遗憾、同情或善意等,而且包括以明示或默示的方式承认与相关事宜的过失或法律责任。比如说,澳大利亚新南威尔士州《民事法律责任法》第68条规定,道歉是指就任何事宜表达同情、歉意或一般善意或怜悯,不论该道歉是否就相关事宜明示或默示承认过失。对于这一类界定,其包含范围较为广泛,学者称之为"全面道歉",或者广义的道歉。①

然而,对于实现和解、减少诉讼而言,全面道歉更为有效。一直以来,有大量文献论述,最有可能降低诉讼意愿的道歉方式,是在道歉时承认过失。美国伊利诺伊大学教授 Jennifer Robbennolt 关于道歉方式对道歉对象采纳和解建议意愿影响的实证研究,同样证实了这一点。

研究设计了一起简单的骑车人撞伤步行人的人身伤害争议。实验安排145名受访者站在受伤行人的立场,并将他们随机分组,分别面对不同的道歉方式,最后判断在伤害程度相同、和解建议相同的情况下,各组接纳和解建议的意愿是否相同。各组面对的不同道歉方式包括:第一,"全面道歉",即既表达歉意又承担责任(比如,"很抱歉让你受伤了,完全是我的责任"等);第二,"有限道歉",即仅表达歉意(比如,"很抱歉让你受伤了,真心希望你能很快好起来"等)。结果是:对于"全面道歉",73%的受访者倾向接纳和解建议;对于"有限道歉",35%的受访者倾向接纳和解建议。②

鉴于此,后续立法的国家和地区较多地将道歉界定为全面道歉,如加拿大各省和地区、英国(包括苏格兰)等。

---

① Prue Vine, Apologies and Civil Liability in the UK: A View from Elsewhere, Edinburgh Law Review V. 12, p. 200 (2008).

② Jennifer K. Robbennolt, "Apologies and Legal Settlement: An Empirical Examination", Michigan Law Review V. 102 (3), p. 484–486 (2003).

不仅如此，还有个别国家和地区尝试将法律保护延伸到与道歉事宜相关的事实陈述，即将事实陈述也涵盖在"道歉"定义的范围之中。因为"所有普通法司法管辖区都会保护为尝试解决争议而作出的陈述"。[①] 没有事实陈述的道歉则会显得空洞、言不由衷；包含披露事实的全面道歉，有助于各方全面了解作出道歉的根本成因或背后情况，从而促进和解及防止此类事故再次发生。况且很多情况下事实陈述和道歉难以清晰分割。比如，苏格兰 2015 年《道歉法草案》第 3 条曾规定："本法案中的道歉是指由本人或代表其本人作出的对某一作为、不作为的行为或后果表达歉意、遗憾的声明，并且包括声明中的以下内容：明示或暗示的表达承认错误；与该作为、不作为的行为或后果相关的事实；或承诺为防止再次发生进行反思。"香港《道歉条例》第 4（3）（b）条也规定，"道歉亦包括与道歉事宜相关的事实陈述"。

当然，也有些国家和地区明确反对将事实陈述作为道歉的一部分。比如在 Robinson v. Cragg 一案，加拿大艾尔伯塔省皇家法院拒绝将全面道歉以外的事实陈述也纳入法律的保护范围之中。[②] 在 Cormack v. Chalmers 案中，加拿大安大略省高等法院也作出了类似的判决。该案中，原告在靠近海港入口游泳，被一艘摩托艇撞倒，身受重伤。原告是道歉者的客人。道歉者表示难过、不能原谅自己等内容构成道歉，而提及与道歉事宜相关的"道歉者经常告诉人们不要在船坞后面游泳，也曾告诉她自己的父亲不要到该处游泳"的事实陈述，则不构成道歉。[③] 在正式颁布的苏格兰《道歉法》中，也删去了"与该作为、不作为的行为或后果相关的事实"的规定。

可见，道歉概念的界定经历了从有限道歉（表达歉意）、全面道歉（表达歉意和承认过失、错误或承担责任）到包含事实陈述的全面道歉（表达歉意、承认过失、错误或承担责任以及陈述道歉事宜的基本事实）三个发展阶段，随着立法司法实践的发展，将会越来越周延。

（二）道歉的法律后果

道歉的法律后果，其实是防止因道歉而招致的不利法律后果，或者

[①] Nina Khouri, "Sorry Seems to Be the Hardest Word: The Case for Apology Legislation in New Zealand", New Zealand Law Review, V. 4, p. 603 – 646 (2014).

[②] Robinson v. Cragg, 2010 ABQB 743.

[③] Cormack v. Chalmers, 2015 ONSC 5599.

说，道歉的法律责任豁免。英美法系国家和地区一般从以下三个层面来进行明确：道歉者不构成自认、裁决机关不得将道歉作为裁决过失或法律责任的不利相关考虑因素、不得将道歉作为证明过失或法律责任等不利于道歉者的证据使用。

首先，道歉者进行道歉不构成自认。道歉者就某事宜作出道歉，并不构成以明示或默示的方式，承认其在该事宜方面的过失或法律责任。这一层面的法律后果是英美法系所有国家和地区道歉制度都予以确认的内容，是产生其他法律后果的基础。

其次，裁决机关不得将道歉作为裁决过失或法律责任的不利相关考虑因素。对道歉者就某事宜作出的道歉，裁决机关在就该事宜裁断过失、法律责任或任何其他争议事项时，不得列为不利于道歉者的考虑因素。换句话说，道歉本身不会自动向道歉者施加不利的法律后果。在Hutchison v. Fitzparick案件中，澳大利亚首都地区最高法院法官在审判中特别指出，依据《错误行为法》第14I条的规定，道歉不是也不得理解为以明示或默示承认过失或法律责任，而且对于过失或法律责任的裁断结果并无相关关系。因此，被告并不会因为探访原告或向其道歉而自招风险。如果在这样的法律保护之下，律师依然建议当事人不要向可能起诉他们的人道歉、进行探访或致函致电，那实在可惜。① 这一层面的法律后果各国也都基本认同。

另外，道歉是否可以列为有利于道歉者的考虑因素（比如，降低赔偿数额、减轻制裁力度等），不道歉是否会列为不利的相关考虑因素等，英美法系国家和地区的道歉制度没有明确规定。

最后，裁决机关不得将道歉作为证明过失或法律责任等不利于道歉者的证据使用。英美法系国家和地区的道歉制度在道歉的证据效力问题上存在一定的分歧，而且相对复杂、不确定，需要结合个案具体分析。出现这一情况的根本原因在于，鼓励道歉虽是法律追求的价值，但并非唯一或最高的法律价值，仍须与其他法律价值进行平衡和协调。首当其冲的便是司法公正，保障当事人获得公平公正的审判。倘若完全免除道歉作为证据使用，在特殊情况下会影响接受道歉一方获得公正审判的权利。比如说，道歉内容包含重要的、真实的，甚至是唯一的事实陈述

---

① Hutchison v Fitzparick, 2009 ACTSC 43.

时，或者说道歉者滥用权利，在裁断程序中作出完全与道歉不同的表示等。

因此，英美法系国家和地区通常在法定条文中概括提出道歉在程序中不能作为证据使用，与此同时，都赋予裁决机关根据具体案情，有条件地将其作为证据使用的自由裁量权。主要包括以下两种方法：第一，通过确定哪些内容是道歉的内容（比如，加拿大、澳大利亚等）来裁量是否作为证据使用。在前述 Robinson v. Cragg 案中，针对原告和第三人提交的道歉信的证据，被告认为不能作为对其不利的证据。加拿大艾尔伯塔省皇家法院最终认定，道歉信除了过失承认和表达歉意的内容外，其他解释道歉事宜的内容都应该被认定为证据使用。第二，明确作为证据使用的特殊情形。比如，香港《道歉条例草案》第8（2）条规定，"如在个别适用程序中，出现特殊情况（例如没有其他证据，可用于裁断争议事项），有关的裁断者可行使酌情权，将道歉所包含的事实陈述，在该程序中接纳为证据，但该裁断者须信纳，行使该酌情权，在顾及公众利益或公益原则之后，属公正公平之举，方可行使该酌情权"。①

值得一提的是，加拿大和香港还将道歉的法律后果扩展到道歉不会影响诉讼时效的中断，也不会导致保险或补偿合同中对道歉者的保障无效。可见，道歉的法律后果的建构逐渐立体化。

（三）道歉制度的适用范围

在确定何为道歉和道歉的法律后果之后，需进一步明确道歉制度的适用范围，具体包括与相关在先法律规定之间的关系、在哪些法律程序中适用以及在哪些法律程序中不予适用等。

与相关在先法律规定之间的关系。首先，如果其他在先法律中有关道歉的规定与道歉制度中明确规定的内容相冲突，自然是后者优先适用。除此以外，道歉制度并不影响任何其他制度的运行。比如，当道歉所包含的事实不能成为不利于道歉者的证据时，接受道歉的一方仍可提交独立证据证明被排除适用的事实，法院所享有的证据收集和调查的法定职权也不会受到影响，甚至可以根据道歉透露的信息来获取其他证据（尽管道歉本身不能作为证据）。

---

① http://www.legco.gov.hk/yr16-17/chinese/ord/2017ord012-c.pdf.

道歉制度普遍适用于民事程序（诉讼、仲裁）。道歉制度一般不适用于刑事程序，究其原因，主要是刑事程序是由公权力机关为保护公共利益而提起的法律程序，并非仅是道歉者与受害人之间的私人程序，也不会因为二者之间的和解而终结诉讼，与道歉制度追求的息讼目标并无关系。

道歉制度是否适用于行政程序，英美法系大部分国家和地区的立法对此问题没有回应，一般推定为不适用。也有少部分国家和地区明确规定适用于行政程序，比如，加拿大安大略省2009年《道歉法》第（3）条在规定道歉不可作为证据使用时明确提及了适用于行政程序。香港《道歉条例》第6（1）（a）条规定适用于行政程序："在本条例中，以下程序属适用程序——司法、仲裁、行政、纪律处分及规管性程序（不论是否根据成文法则进行）。"

一般而言，行政程序既具有刑事程序"公共利益"的特征，也与民事程序密切相关。当事人如果作出真诚道歉，反思过失，从而避免重蹈覆辙，对维护公共利益也有积极的作用。从与民事程序密切相关的角度来看，倘若道歉的法律效果不能延伸到行政程序之中，道歉者在行政程序中会招致各种不利后果，而行政的不利后果往往比民事赔偿更为严厉，对其影响更加重大，那么，恐怕道歉者会因这种风险而不愿道歉。这样一来，鼓励道歉的宗旨就会被架空。可见，适用于行政程序，于公共利益和私人间的利益，都有裨益；不适用，则有损私人间的利益。

此外，将对道歉的保护完全延伸到行政程序之中，尤其是排除陈述事实的证据效力，还应考虑一个问题，即对行政机关、法律法规授权组织等行使职权、履行职责是否会产生不利的影响。正如上文所言，对道歉的法律保护不会影响法定的在先权利（力），即使道歉制度适用于行政程序，不会影响此类机关和组织依照行政管理法中的规定行使职权，比如，行政检查、行政调查的权力等。同时，行政程序对证据的要求和证明标准都较高，仅凭道歉作为定案的证据可能性不大。总而言之，即使排除道歉的证据效力，此类机关和组织既有必要（因为证据规则要求）又有可能（因为法定职权并没有受到其他限制）进行与之前并无二致的监管，履行法定的职权。当然，极其特殊情形可以例外。因此，从发展的角度来看，的确应当将行政程序纳入道歉制度的适用范围。

可见，道歉免责的适用范围在平衡和协调其他法律价值的基础之上不断地扩大。适用程序从某一类的民事诉讼或仲裁案件，扩大到所有民事程序，继而从民事程序扩大到行政程序；适用主体从专业医护机构和人员到所有社会公众（公民、法人和其他组织），以及行政机关及其工作人员。总之，道歉制度正处在不断上升、拓展的阶段。

（责任编辑：郭庆珠）

国有企业混合所有制改革中国有产权保护法律问题探析[*]

孙云霞[**]

党的十八届三中全会通过的《中共中央关于全面深化改革若干重大问题的决定》提出,我国要坚持和完善以公有制为主体、多种所有制共同发展的基本经济制度,保护公有经济财产权和非公有经济财产权。我们要完善现代产权保护制度,健全权属清晰、流转畅通的现代产权制度,并保证各种所有制经济依法平等使用生产要素、公开公平公正参与市场竞争、同等受到法律保护,依法监管各种所有制经济。[①] 这些基本原则是国企改革的指导方针和重要方向。国有企业混合所有制改革中,既要坚持公有制主体地位,发挥国有经济的主导作用,保护国有资产不流失;同时,通过引入民营资本参与国企经营的方式,增强国有经济的活力和竞争力,并以此推动国有企业完善现代企业制度,提高企业效率,实现国有企业保值增值。

一、混合所有制改革的含义、要求及意义

(一)混合所有制改革的含义

从所有制形式的角度来看,混合所有制经济是指财产所有权属于不同性质所有者的经济形态,即一个国家的所有制结构具有多样性,财产权既有归属于国有、集体等公有主体的公有制经济形式,也有归属于个

---

[*] 本文系天津市 2018 年度哲学社会科学规划重点项目"完善国有企业混合所有制改革法律制度的对策研究"(项目编号:TJFX18-003)的研究成果。

[**] 天津大学仁爱学院副教授,经济法学硕士,研究方向为经济法、国际经济法、国际私法。

① 参见《中共中央关于全面深化改革若干重大问题的决定》。

体、私营、外资等非公有主体的经济形式。从企业产权角度而言，指企业的出资人的身份具有不同性质，同一公司的股权分别由国家、集体和私人享有的产权归属形式，尤其指同一公司的股权由公有主体和非公有主体享有的情形。

混合所有制是我国国有企业改革的目标，其根本目的是盘活国有资产存量、促进国民经济快速增长。① 混合所有制改革既包括对现有存量国有企业进行混合所有改革，也包括对新增项目实施混合所有形式，以公私合营的方式新设项目公司。其中最重要的也是最难的部分，是对现有存量国有企业进行混合所有制改革。现有存量国有企业运营效率低下、盈利率不高，企业缺乏市场活力和经营动力，通过将国有企业出资主体多元化，引入不同类型的出资者，引入经营理念更为灵活、更具有竞争意识、更有盈利动力的民营资本及外资战略投资者，形成企业所有者主体多元化，也就是形成现有公司制度的框架下股东类型多元化的股权架构，从而提升国有企业的经营效益、优化国有企业运营机制，最终实现国有资本、集体资本、非公有资本的交叉持股模式，实现各类资本资源的有效整合和相互融合。

（二）国有企业混合所有制改革的要求

国有企业与政府关系密切，政府作为国有企业的主要出资人和国有资产管理者，对国有企业行使出资人权利和管理者职能时，往往会出现"政企不分"的现象，造成政府对国有企业经营管理干预过多，这同时也形成了国有企业内部经营管理过程中的行政化，使国有企业在市场竞争中缺乏活力和效率，经营中发生背离市场竞争规律的情形。此次的混合所有制改革的根本目的在于改变政府与国有企业之间的关系，减少政府对国有企业经营管理过程中过度的行政干预，形成政府仅以出资者的身份对国有企业行使出资人权利的模式。②

国有企业混合所有制改革的总体要求、改革原则和改革方法决定了改革必将引发企业活力，促进企业经营效率，带来经营利益。2015年发布的《国务院关于国有企业发展混合所有制经济的意见》对国有企

---

① 参见吴越：《国企"混改"中的问题与法治追问》，载《政法论坛》2015年第3期。
② 参见李维安：《深化国企改革与发展混合所有制》，载《南开管理评论》2014年第3期。

业混合所有制改革提出了改革的总体要求、改革的基本原则和改革方法。混合所有制改革的总体要求是"形成国有资本、集体资本、非公有资本等交叉持股、相互融合的混合所有制经济,进一步完善治理机制和监管体制,提高运行效率,推动完善现代企业制度,健全企业法人治理结构,提高国有资本配置和运行效率,优化国有经济布局,增强国有经济活力、控制力、影响力和抗风险能力,放大国有资本功能,实现国有资产保值增值,要坚决防止因监管不到位、改革不彻底导致国有资产流失"。改革的原则是"政府引导,市场运作;完善制度,保护产权;严格程序,规范操作;宜改则改,稳妥推进"。改革方法是"充分发挥市场机制作用,把引资本与转机制结合起来,把产权多元化与完善企业法人治理结构结合起来,着力完善现代企业制度、提高资本运行效率,分类分层探索国有企业混合所有制改革的有效途径"。①

从改革的总体要求来看,防止国有资产流失是底线,形成各类资本类型交叉持股是形式,放大国有资本功能、实现国有资产保值增值是经济目标,建立现代企业制度、健全法人治理结构、提高企业经济活力是国有企业改革的目的。这一系列要求指导着改革的方向,并必将带来我国国有企业所有制形态的转型,带来现代法人治理制度的革新。从改革的原则来看,完善制度保护产权则要求从产权理论进行革新,并从产权制度设计上进行完善和细化。从改革的方法来看,引入非公有资本只是方法,转变国有企业的经营机制,完善国有企业法人治理结构,提高企业资本运行效率才是根本目的。

(三)混合所有制改革的意义

在国有企业中引入非公有资本的目的是引入市场竞争机制,真正发挥市场在资源配置中的决定作用。国有资本与民营资本在经营中有着各自的优势,国有资本优势主要体现在企业资本雄厚、拥有优质信誉、经营渠道广阔、拥有良好的客户资源、经营体系完善、企业科研投入高等,民营资本的优势体现在企业产权界限清晰、经营管理方式灵活、经营效率高、市场化程度高、竞争意识和竞争能力强等。国有资本在经济实力、技术和资源优势恰可弥补民营资本这方面的不足,而民营资本灵

---

① 参见《国务院关于国有企业发展混合所有制经济的意见》(国发〔2015〕54号),2015年9月23日。

活的经营理念和高效竞争的经营意识又可以弥补国有资本的不足,二者的有机结合正好可以取长补短,实现优势互补。①

通过混合所有制改革,国有企业引入非公有资本,可以明晰国有资本和民营资本的边界,更加明确国有资产产权关系,使产权关系权责利的关系更加明确具体,促进治理结构和治理机制的合理化和有效化,促进国有企业国有资产管理能力和经营能力的提升,更好地实现国有资产保值和增值。

通过混合所有制改革,国有企业引入非公有资本,可以提升国有企业的市场化程度和经营决策能力,增强企业自身的市场竞争意识和竞争能力。国有企业在引入非公有资本时,将会引入非公有资本的市场经营理念和经营决策机制,并且随着民营资本的引入,也将形成国有企业高级管理人员构成的混合,从而改变国有企业传统上的行政干预及政企不分的经营决策模式,提升国有企业管理层的科学决策能力,引入市场化决策机制。

国有企业混合所有制改革的总体要求决定了改革将实现国有企业产权结构多元化、企业股权结构现代化、法人治理结构科学化,将提高国有企业提高的经济活力、增强国有企业的市场竞争力。改革的总要求同时也对国有资产监管提出了更高的要求,改革过程中要注意对国有资产的监管进行严格规范,防止国有资产的不当流失,在此基础之上再进一步实现国有资本放大功能、保值增值。

二、对国有资产保值增值的理解

国有企业混合所有制改革中,防止国有资产流失是国有企业改革应坚守的底线。只有对国有资产及其表现形式形成正确的理解与界定,才能明确哪些行为将导致国有资产流失,而哪些行为仅是国有资产形式的变更,并非国有资产流失的表现。

(一)企业国有资产的界定

《企业国有资产法》第 2 条对企业国有资产的界定为"国家对企业

---

① 参见张卓元:《积极发展混合所有制经济促进各种资本优势互补共同发展》,载《经济理论与经济管理》2014 年第 12 期。

各种形式的出资所形成的权益"。① 《企业国有资产监督管理暂行条例》(2019 修订) 第 3 条对企业国有资产的界定进一步细化："企业国有资产，指国家对企业各种形式的投资和投资所形成的权益，以及依法认定为国家所有的其他权益。"第 4 条对企业国有资产的归属和管理进行了明确，"企业国有资产属于国家所有，国家实行由国务院和地方人民政府分别代表国家履行出资人职责，享有所有者权益"。

根据公司法的规定，股东可以以货币形式出资，也可以以实物、知识产权、土地使用权等可以用货币估价并可以依法转让的非货币财产作价出资。而公司一经设立，股东就不再对其出资到公司的财产享有任何所有权，仅对公司按其出资比例享有股权。因此，企业国有资产的称谓从公司法上进行理解，应该是一个非常短暂时间的财产权，是国有企业设立过程中存在的一种财产状态，国有企业一经设立，国家对企业各种形式的投资以及投资所形成的权益实质上已经变成了国家对国有企业享有的股权，该权利与国家对国有财产之间的权利行使方式截然不同，已经不再是国家享有独立权利的物权、知识产权、土地所有权等，而仅能以行使股东权的方式来享有所有者权益。

因而，我们这里所讨论的企业国有产权以及对企业国有产权的保护，实质上是指国家对国有企业享有的股权及对国家享有的股权的特殊保护。

（二）对企业国有资产的特别保护

法律对国家对国有企业享有的股权应该进行特殊保护的原因在于国家相对于一般投资者而言处于出资人缺位的状态。② 国有资产出资人缺位的实际情况导致了国有企业经营过程中可能会发生经营管理者以权谋私、损公肥私的情况，因此现行企业国有资产法中，为了保护企业国有资产不流失，对企业国有资产的流转、管理进行了相对较为严格的规范。在国有企业混合所有制改革过程中，与其他具有强烈竞争意识和营利目的的战略性非公有主体投资者相比，国家出资者的缺位将产生更大

---

① 企业国有资产的概念，在我国现行诸多法律文件和学者研究成果中，普遍存在误读，往往模糊掉了公司独立法律人格以及财产独立的本质。从国家作为出资人出资到公司中去这个角度来分析，国家对公司财产本不应再享有股权之外的其他财产性权利，但是理论界和实务界对国家对企业各种形式的出资形成的权益往往作扩大理解，不仅局限于股权。

② 参见蒋大兴：《合宪视角下混合所有制的法律途径》，载《法学》2015 年第 5 期。

的危害。在国有企业混合所有制的改革过程中,对企业国有资产所形成的股权进行特殊的设计,并且对企业国有资产形成的股权的行使进行特殊的监管和保护十分必要。这就要求为企业国有资产指定出资人或出资人的代理人,代表国家行使出资人权利。

有鉴于此,企业国有资产法将企业国有资产出资人职责分配给了国务院和地方人民政府,并规定国务院和地方人民政府应当在政企分开、将社会公共管理者身份与国有资产出资人身份分开的前提下履行出资人职责。《企业国有资产监督管理暂行条例》也明确了企业国有资产属于国家所有,由国务院和地方人民政府分别代表国家履行出资人职责,享有所有者权益,在履行出资人职责过程中,国务院和地方人民政府应坚持权利、义务和责任相统一。

(三) 企业国有资产的保值增值

如前所述,既然将企业国有资产归结为国有资本在混合所有制企业中所占的股权,那企业国有资产的保值增值就对应地体现为国有资本股权的保值增值问题,也就是实现国有资本股权利益的最大化。

对于企业国有资产的流失和国有资产的保值增值,理论界和实务界长期以来存在一种误解,认为国有资产的不流失首先也是最重要的体现就是国有资本占企业的控股地位甚至是绝对控股地位。[①]

国有资产不流失并不意味着一定要求国有股占控股地位。理论界有些观点认为,在混合所有制改革中,公有制经济占主导地位、保证国有资产不流失,体现在国有企业改革中国有资产占股比例上,就是要求国有资本占绝对控股股权,这样才能保证公有制经济的主导地位,才能保证国有资产的不流失。[②] 这种片面的理解导致法律实践过程中,在国有企业混合所有制改革法律文件出具过程中,很多法律意见书中都会专门对于国有企业引入战略投资者之后企业的股权结构重点着墨,尤其突出引入投资者之后,国有资本仍占有绝对控股权,非公有资本占有相对较低的比例,而且根据公司章程的规定,国有资本仍对企业经营决策享有

---

① 参见段宏磊等:《混合所有制改革与市场经济法律体系的完善》,载《学习与实践》2015年第5期。

② 参见王军等:《混合所有制改革中控制股东法律规制研究》,载《河北法学》2015年第5期。

绝对控制，非公有资本对改革后的国有企业的经营决策权没有大的影响，不会影响国有资本对混合所有制企业经营决策的影响。

对国家出资企业发生变更导致国有资本失去可控股权的情形，《企业国有资产交易监督管理办法》（2016 年）第 34 条特别增加了国资监管机构审核企业增资行为的限定性条件，要由国资监管机构报本级人民政府批准。尽管实践中不排除因国有资本失去控股权而发生国有资产流失的可能性，但也不能得出国有资本失去控股权就等同于国有资产流失的结论，这种理念及表述明显是对公有制的主体地位和国有资产不流失的错误解读。公有制的主体地位并不体现在单个国有企业的股权结构上，国有资产是否流失也不能仅从国有资本占股比例上进行衡量。

国有企业改革中引入非公有资本就是要使非公有资本在企业经营决策中起到竞争性激励作用。企业国有资产的保值增值并非指国有资产在企业中占绝对控股或相对控股权，也并非指国有资产管理部门对企业的经营管理具有控制权，国有资产的保值增值其实大可单纯地从经济学角度对其进行解释，那就是增加国有资产的价值，国有股权可以分享的股权利益增加。即便国有资本在企业中占股比例降低到控股股权以下，只要对应的股权收益大于企业形态为国有独资企业时的股权收益时，也应该认为该国有资本得到了增值，改革的目的也就达到了。

三、国有股权的特殊设计

国有企业混合所有制改革过程中，对国有资产不流失以及国有资产保值增值的要求，以及国家出资者实际缺位，委托国务院和地方政府国有资产监督管理部门对国有资产进行监督和管理的现实情况，其目的是通过国资监督管理部门对国有资产所形成的股权进行监督管理。但监督管理的过程中，由于对企业国有资产的内容及表现形式的理解含糊，监管部门的尺度有时难以拿捏，往往过度干预企业的自主经营。

国有企业改革过程中，目前将国资委直接监管国有企业的监管模式改变为国资委监管国有资本投资运营公司，国有资本投资运营公司出资设立各类国有企业的模式，就是为了更好地实现政企分开，通过股权构架和现代企业治理方式来管理企业国有资产。①

在明晰了企业国有资产在混合所有制企业中股权体现的前提下,加强国有股权行使的制度设计和国有资产股权流转中的监管是保证国有资产保值增值的重要内容。

(一)国有股权特殊设计的必要性

如前所述,国有企业混合所有制改革目的就是引进非公有资本,而且非公有资本应该在混合所有制企业中拥有一定的话语权和决策权,方能实现混合所有制改革的目的。② 因此,从理论来看,每一个改制后国有企业中国有资本不占控股地位都有一半的可能性。

混合所有制的本质将非公有资本引入国有资产出资企业中,以此优化国有企业中国有资产的单一股权结构。这必然导致改革后混合所有制企业中国有股权的比例较之传统的国有企业中国有资本占股比例降低,为非公有资本取得股权让出空间。而且混合所有制企业中国有股份的控股地位的降低、非公有资本的引入,实现了国有企业股权结构的多元化,创造了决策机制的多元化的可能性。作为战略投资者进入国有企业的民营资本当然具有强烈的竞争意识、经营理念和盈利动力。与之相比,国家正出资人则处于相对弱势的地位。

相对国有资产监督管理机构以及国有企业经营管理者的个人利益与国有企业的经营效益之间并无直接的利益关系,非公有资本有明确的出资主体,出资人对个人财产的关注度、责任感和追求盈利的动力都比作为虚位出资人的国家更强,国家作为出资人不可避免地将处于相较于实际出资人更为劣势的地位。国家作为出资者缺位的现实和避免国有资产监督管理部门过度干预企业经营管理的实际需要,迫切要求国有企业混合所有制改革过程中对股权设计进行合理架构,使股权结构既能保证对国有股权的倾斜保护,又能避免行政干预企业自主经营。

(二)特殊类型股

针对国有股权的特性,我国理论界和实务界有双层股权结构的股权

---

① 参见张冰石等:《国有企业混合所有制改革理论研究》,载《经济体制改革》2017 年第 6 期。

② 参加刘俊海:《现代公司法》,法律出版社 2011 年版,第 817 页。

设计、国家特殊管理股的概念和国家优先股等理论。①

双层股权结构的设计公司发行具有不同表决权的两类股票，从而使公司创始人可以以较小的成本取得对公司更大的控制权，这类特殊股权结构是法律应对公司经营中创始人与管理者争夺公司控制权所做的适应性变革，在美国是一种较为普遍的股权结构。②

国家特殊管理股的首次提出是在国务院 2015 年发布的《国务院关于国有企业发展混合所有制经济的意见》中，该意见指出，要积极探索国家特殊管理股，在特定领域探索国家特殊管理股制度，该特殊管理股可以行使特定事项否决权，以此来保证国有资本在某些特定领域的控制力。

优先股则是相对于普通股而言享有优先权，优先股股东对公司资产、利润分配等享有优先权，其风险较小，但对公司经营管理事务无表决权。

以上双层股权结构设计、国家特殊管理股和优先股等股权类型，实质上都是对"一股一权、同股同权"原则的修正，而且早在 2013 年国务院就下发了《关于开展优先股试点的指导意见》，对优先股开展试点。优先股的制度设计已经在我国国有企业混合所有制改革中开始了实践。

（三）优先股在我国的推进

优先股的制度设计中享有的优先分红权对国有企业改革中国有资本的保值增值具有重要意义，尤其是政企分离，国家对国有资本只行使出资者权利不再参与国家出资企业的经营管理的改革要求下，优先股的优点被进一步凸显。

首先，某些营利能力强的行业和领域，国有股权转变为优先股，在享有优先分红的前提下放弃表决权，并不会降低国有资本的主导地位，也不会发生国有资产流失的情况。国有股权虽然放弃了表决权，但获得了优先分红权，而且除了表决权和优先分红权的差别之外，优先股和普

---

① 参见徐晓松：《双层股权结构在中国：市场需求与立法认可》，载《天津师范大学学报（社会科学版）》2018 年第 1 期。

② 参见缪因知：《从国企到公共企业的法律调整与所有制调整》，载《交大法学》2017 年第 3 期。

通股一样享有其他一切股东权利，国有资本监管机构同样可以通过行使股东的知情权、监督权等权利来监督企业的生产经营情况。

其次，根据优先股的制度安排，将国家对营利能力强的国有企业的投资转化为无表决权的优先股，既能保证国有资本收益的，又能实现政企分开，避免国有企业管理行政化，而且有利于激发民营资本的投资积极性。无表决权优先股的设计能够极大地鼓舞非公有资本投资国有企业的热情，我国现在国企改革的过程中一个难点就是难以引进有竞争力的战略投资者，愿意参与投资的意向投资者数量和质量都不能满足国企改革的实际需要，其中的重要因素就是国企改革后控股权仍在国有资本一方，民营资本进入国企之后其先进的经营理念和科学的管理经验没有发挥空间，打消了投资者的积极性。① 优先股的制度设计无疑会鼓励有经验的投资者参与到国有企业混合所有制改革中来。限制表决权的优先股的制度设计也与我国国有企业母公司逐步改造为资产管理公司，通过资产管理公司投资运营国有资本的理念相应和。

同样，对于某些有必要引入社会资本的行业和领域，还可以通过反向设置优先股的制度来吸引民营资本的加入，民营资本持有享有分红优先权的无表决权的优先股，国有资本持有普通股，同样可以放大国有资本的影响力，实现国有资本的主导作用。

笔者通过对银保监会（含银监会）及证监会自 2014 年《优先股试点管理办法》实施以来对申请非公开发行优先股的银行及股份有限公司所做的关于申请发行优先股的 31 个批复整理后发现，截至 2018 年 11 月 6 日，A 股市场现在并没有优先股的发行，银保监会及证监会申请非公开发行优先股的银行及股份有限公司共 23 家，其中 22 家为各类商业银行，非银行股份有限公司 1 家。② 根据数据显示，优先股制度在我国推进的进展比较慢。

---

① 参见赵万一等：《公司治理问题的法学思考——对中国公司治理法律问题研究的回顾与展望》，载《河北法学》2010 年第 9 期。
② 笔者通过威科先行数据库对银保监会（含银监会）及证监会自 2014 年《优先股试点管理办法》实施以来对申请非公开发行优先股的股份有限公司作了统计，截至 2018 年 11 月 6 日，银保监会及证监会总共作出共计 31 个批复，申请的机构共 23 家，只有一家为非银行有限责任公司，其余 22 家均为商业银行，A 股市场现在并没有优先股的发行。

四、国有股权行使和流转过程中的规范问题

（一）国有资产管理的相关法律规范现状

除了公司法、合同法等一般性法律规范，随着我国国有企业改革的进行，人大常委会、国务院等部门陆续出台企业国有资产管理和保护的法律文件。现行有效的专门规范企业国有资产并且以企业国有资产命名的法律1部、行政法规5部、司法解释1个、部委规章93个。其中，最主要的法律规范是企业国有资产法、《企业国有资产交易监督管理办法》、《企业国有资产监督管理暂行条例》、《国有资产评估管理办法》等法律文件。

这些法律对企业国有资产的评估、转让、无偿划转等流转过程进行了较为严格的规范，对于企业国有资产的产权转让、产权评估、国有企业增资等涉及国有资产的流转以及国有企业控股权等的企业经营决策行为都增加了很多限制性规定。例如，国有资产管理法对国有企业混合所有制改革过程中国有资产流转问题进行了较为严格的管理规定，如《企业国有资产监督管理暂行条例》第23条规定，转让全部国有股权或者转让的国有股份额权致使国家不再拥有控股地位的，需报本级人民政府批准。《企业国有资产交易监督管理办法》第7条规定，国家出资企业产权转让程度致使国家丧失所出资企业控股权的，国资监管机构须报本级人民政府批准。第34条规定，国家出资企业增资使国家丧失出资企业控股权的，国资监管机构须报本级人民政府批准。这些规定都是为了防止国有资产在交易或流转过程中的流失，对国有资产保护具有积极意义。然而这些规范在法务实践中遭遇了困境。

（二）相关法律规范存在的问题

为了防止国有资产的流失，国有资产管理法对国有企业混合所有制改革过程中国有资产流转问题进行了较为严格的管理规定，但对违反相关规定的是否将导致对国有资产的处置无效在司法实践中并无定论。

《民法通则》、合同法等法律规范及相关司法解释中，对违反法律强制性规定的法律行为的效力进行了原则性规定，一般可以理解为违反法律、行政法规的强制性规定的法律行为是无效的。合同法司法解释中对此则明确只有违反法律或行政法规的强制性规定的法律行为将导致合同无效的后果，对违反地方法规、部门规章、地方规章等法律的行为是

否将导致行为无效并无明确规定，实践中各地法院做法也并不一致。这导致法院在审理相关案件时，没有一致的判决标准，从而产生了判决结果不一致的现象。①

而企业国有资产流转过程中存在相当数量的"应当""批准""须"等强制性描述表述方式，这些规范中的大多数规范可以被认为强制性规范，这些规范在国有资产流转过程中无疑是要求必须遵守的，但是实践中存在相当数量的违反相应规范而签订合同进行交易的情形。有的国有资产交易未经评估即进行，有的未经国有资产监督管理部门批准，这些违反强制性规定的情形产生的效力在不同法院遭遇了不同结果，造成了实践中司法判决的不一致性。

因此，对于国有资产尤其是国有产权交易相关法律规范的条文的规范化以及对违反相关规范的效力进行明确界定，有利于彰显相关规则的法律效力，以及判决结果的一致性，最终实现国有资产交易流转过程中国有股权的保值和增值。

混合所有制改革并非一日之功，现代企业治理结构的形成需要企业管理文化积淀和企业法律意识的累积，更需要国家法律制度的进一步完善。政企分离，出资人与经营管理者相互独立、法人独立人格这些理念随着立法和司法实践的发展已经逐渐为人们所接受，并逐渐成为指导企业经营的重要理念，企业国有资产股权架构的设计及对国有股权保护相关规范的完善也将在不远的将来逐步实现。

（责任编辑：张培尧）

---

① 笔者通过对最高人民法院作出的（2013）民申字第2119号、中国华电集团财务有限公司与天津国恒铁路控股股份有限公司股权转让纠纷申请再审民事裁定书、（2015）民申字第715号、（2008）民申字第461号、（2015）民申字第1466号等司法文书，以及（2010）渝高法民终字第96号、宁民终字第128号、（2015）桂市民二初字第3号、（2015）吉民一终字第26号、（2015）鄂武汉中民商初字第00327号、（2009）沪高民二（商）终字第22号等判决书中，对未经国有资产监督管理部门批准或未经评估而进行的国有资产转让所作出的效力认定各不相同，并无一致结论。

互联网在线审批改革背景下非行政许可审批事项清理"后时代"法律规制问题研究

——以行政许可法为背景

盛 波[*]

以简政放权、加快政府职能转变为目的的行政审批改革是我国行政体制改革的关键一环,法治化是改革顺利进行的必要保证。目前,全国各地正在如火如荼地加快实现行政审批互联网"平台受理、在线办理",对保留的与投资项目相关的审批事项,通过明确标准、缩短流程、限时办结,并实现主要审批事项通过在线平台实现网上受理、办理和监管。同时加快应用统一项目代码制度,实现"平台赋码、接件验码、信息归集",项目单位通过在线平台首次办理相关审批事项时由在线平台赋码。要加快实现各部门审批系统与平台"互联互通、信息共享",持续优化平台功能。应当说,行政审批制度改革借助互联网这一翅膀,从理论上实现了资源和信息无缝对接,大大提高了审批效率。

一、我国非行政许可审批事项清理概况

推进投资项目在线审批监管平台应用,是依托互联网和大数据技术,转变投资管理职能和管理方式的重要举措,是转变行政管理理念、改进公共服务、提升服务水平的重要技术支撑。但是要实现顺利推进行政审批制度与互联网的完美结合,非行政许可审批事项清理是绕不开的"拦路虎",究其缘由,主要有以下三点:一是非行政许可审批缺乏法律依据,大多是各级各部门自行设定,不能将缺乏法律依据的审批事项

---

[*] 山东省济南市发展和改革委员会处长,法学硕士,研究方向为理论法学。

纳入互联网轨道，这不符合依法治国和依法行政的原则；二是互联网作为公开信息平台，有共享、共存、便捷、高效的特点，非行政许可审批往往增加老百姓和企业负担，背离了发展互联网的初衷；三是互联网不是法外之地，不能将违法事项纳入互联网管理，否则只会扩大负面效应，容易扰乱当前深化改革环境氛围。

非行政许可审批事项清理作为此类改革的重要组成部分引人关注，2014年4月，国务院发布了《国务院关于清理国务院部门非行政许可审批事项的通知》，要求一年内对中央部门的非行政许可审批事项予以取消或依法调整，从而拉开了全国新一轮的非行政许可审批事项清理的大幕（此前至少进行过5轮类似清理）。根据审批对象的不同，非行政许可审批事项分为两类：一类是面向公民、法人或其他组织的审批事项，另一类是面向地方政府等方面的审批事项。根据国务院的要求，前一类要于2015年年内予以取消或依法调整为行政许可，后一类则要求应取消或调整为政府内部审批事项。目前，各级各地有关清理工作已基本进入尾声。从清理过程来看，存在以下三个主要问题：

一是数量多，涵盖广，影响大。据不完全统计，非行政许可审批事项在全部审批事项中占比高达30%以上。以60个有行政审批事项的国务院部门为例，上述部门在此轮清理前实施的行政审批事项共计1235项，其中，行政许可861项，非行政许可审批374项，而地方政府这一数字可能更加庞大，更为复杂。同时非行政许可审批事项涵盖社会经济生活的方方面面，与公民日常生活和市场主体利益息息相关。

二是清理改革成效不一。尽管此轮非行政许可审批事项清理工作已推进了两年多，数量得到大幅压缩，行政许可审批得到进一步规范。但是，对于已长期存在并实实在在发挥影响的非行政许可审批事项，简单的数字减少意义不大。例如，在国家有关部门组织的简政放权督查中发现，一些部门清理非行政许可审批事项工作进度缓慢，部分非行政许可审批的内容本身应该属于政府职责，却设立审批制度进行管理，只会阻碍市场活力的释放，同时形成寻租空间。

三是缺乏长效机制进行规范。在简政放权的大潮中，回潮较为严重的主要集中在地方各级政府，而这些新添的审批项目名目主要集中在非行政许可审批领域。由于非行政许可审批没有法律依据，各级政府特别是基层政府可根据法规、政策自行设置，模糊地带较多、操作空间大、监管薄弱，边减边增、先减后增等现象十分普遍。根本原因是取消非行政许可审批涉及很多社会组织的切身利益，因此从某些角度看比取消行政审批难度还要大。面对如此难度，建立统一有效、强有力的法律规制体系迫在眉睫。

二、非行政许可审批是审批制度内在矛盾的集中体现

目前，在行政审批改革实践中，存在立法与执法、规范与事实、应然与实然之间的分野，非行政许可审批集中体现了我国行政审批制度存在的尖锐矛盾和突出问题，主要体现在以下五个方面：

一是法律概念不统一，长期模糊化。应当如何界定"行政审批"与"行政许可"之间的关系，"行政审批"与"行政许可"之间在内涵和外延上如何界定，一直是理论界所关注的焦点。这一问题始终未能厘清给实务界也带来了困惑，容易产生误导。

二是法律原则和制度措施未得到充分落实。行政许可法所确立的某些原则和具体制度在行政审批改革实践中没有得到有效落实。一些地方和部门在面对制度创新、制度更迭时仍然保有依赖传统管控思维的工作惯性致使相关法律精神和法律原则未被充分彰显。例如，行政法秉持高效、便民的原则，并设计了一系列旨在简化审批程序的制度。但在实施过程中，人情审批、低效审批的现象仍旧存在，申请人"跑断腿、磨破嘴"的事件更是不时见诸报端。同时在各地兴起的政务服务中心作为落实"'一站式'审批、一个窗口对外"的制度产物，虽然实现了审批部门在物理意义上的集中与联合，但由于缺乏明确的法律定位，往往在机构性质认定、权限划分、与原部门的协调和对接等方面受到掣肘，难以充分发挥其应有的作用。

三是非行政许可审批事项清理工作的不彻底性严重影响了改革的"成色"和"含金量"。从实施效果来看，许多清理工作仍留有很大的自由操作空间，缺乏有力监督和制约。例如，从行政许可法实施起至今，国务院先后数次开展大规模的行政审批事项清理工作，截至目前已开展了6次清理。然而量变并不等于质变，实践中行政审批改革掺杂"水分"或走过场的现象时有发生：有的地方"避重就轻"，只清理一些利益小、权重低的项目，而把那些"有利可图"的项目极力保护起来。

四是权力衔接仍存在问题。行政许可法取消了部门规章和其他行政

规范性文件的行政许可设定权。但考虑到由此会给行政管理工作所带来的影响，同时又规定国务院可以通过发布决定的方式设立临时性行政许可，以解决政府职能转变过程中的权力移转与过渡问题。在面对具体的清理工作时，由于受地方利益或部门利益的影响加上法律、行政法规规定的原则化与抽象化致使一些地方立法在重新分配行政许可权、设定许可实施机关时容易出现不统一、不规范的现象。

五是目前关于行政审批制度的法律规制主要是靠行政许可法，但是一部行政许可法不可能涵盖各级地方政府的政务情况、公共服务与供给有差异的公共产品的实际情况及动态变化。非行政许可与行政许可的特点不同，所发挥的功能和作用也不同。当然，非行政许可审批也存在一些问题，如范畴不确定、无明确的法律法规来监管等。如何建立与行政许可审批相类似的法律制度，是一个不容忽视的问题，需要更深入的研究。非行政许可审批的产生和增多，也预示着另外一个行政体制改革中的深层次问题，即纵向间政府各层级的事权配置问题。不同层级之间政府的事权关系究竟是合作关系，还是对上服从关系、事权承包关系，这将直接关系到整个行政许可法的适用问题。

三、非行政许可审批与政府工作的现实关联性

如何实现对非行政许可审批事项清理成果的巩固，进而实现行政审批法治化轨道运行的目标呢？首先，我们要准确把握非行政许可审批的内涵外延及其特性。

（一）内涵的"变异"与不稳定性

关于非行政许可审批之本源性的定义最广泛的是：非行政许可审批是政府内部审批事项。而最为理论界和实务界所使用的一个定义是：非行政许可审批就是由行政机关实施的不受行政许可法调整的行政审批。"内部性"与"不受行政许可法调整"两个特征，从实务中非行政许可审批的样态来看，它显然突破了内部行政的领域，大量的非行政许可审批事项都具有外部性，一旦有了外部性，脱离了必要的法律调整，自然缺乏稳定性。

（二）外延的"膨胀"与扩张性

非行政许可审批，具有行政许可的某些特质却披着非行政许可的外衣，因此，可以堂而皇之地突破行政许可法对行政审批权的合法性限

制。非行政许可审批在外延上具有很强的扩张性，从实施主体到设定依据，从形式多变到逐级派生，这种扩张性正在不断挑战行政许可法所控制的行政审批权的极限，并内在因应了审批制度背后根深蒂固的家长式管制思维，其中最为典型的表现是对设定依据的突破。

（三）政府工作管制裁量的要求

客观上，非行政许可审批事项高度裁量性难以法定化，尽管不在行政许可法的调整范围之内，却是政府实施管理的必要措施和手段，其中有不少审批事项涉密程度高、政治性和政策性强，关系到国家安全和社会政治稳定。因政策和裁量的灵活性要求而需要突破行政许可法对许可设定依据和程序的限制，成为大量非行政许可审批事项得以存在的原因。

（四）替代性监管的不足

行政许可法所推动的以"政府让位市场"为主旨的审批制度改革，必然要有一个政府管理方式从事前干预到事后监管的过渡，但由于长期以来的"审批依赖症"之下替代性监管手段的不足，造成政府面临复杂的社会治理任务时，审批依然是首选的管制工具。部门往往能举出一百个理由来证明审批取消以后的管制困境，由于专业性的缺乏，这些理由有时很难抗辩，这构成实践中非行政许可审批清理的最大障碍，这其中最典型的例子就是备案。

（五）行为类型化的难题

尽管从审批制度改革的视角来看行政许可法，凡是具有政府审批权行使性质的行为即"需要经过政府点头才能做的"，都应当纳入行政许可的范畴中来，但非行政许可审批事项中，确实也有部分处于行政许可与行政确认、行政奖励等其他行政行为之间的半模糊地带。一定意义上，这是我国建立在类型化基础上的行政行为法体系如何与行政活动丰富的实践样态相衔接的难题，因为立法形成的类型化过程必然意味着某些从属性概念的剥离。

四、其他国家行政审批制度改革进程和启示

（一）美国和日本行政审批制度改革进程

从20世纪70年代开始，很多国家开始了轰轰烈烈的行政审批制度改革运动，美国至今进行了5次改革，日本进行了9次改革，是行政审批制度改革较成功的国家。

美国行政审批制度改革的目的是完善市场经济，改革也是在市场经济的环境下展开的。其改革经历了两个阶段：管制审批过滥和放松管制审批。美国对经济的管制始于19世纪末，一直持续到20世纪70年代末。这一阶段美国设立的各种行政机构，束缚了企业的发展，对经济的发展造成了很大的影响。进入20世纪80年代，面对公众要求放松管制的呼声，福特总统任职期间采取了一系列的措施来放松管制，发展经济。首先是通过立法的方式为放松管制提供法律保障，什么事项需要管制、什么样的事项不需要管制，法律均有明确的规定。通过改革，行政审批项目大幅度减少，行政审批程序进一步透明简化，政府职能发生转变，市场经济得以完善。美国政府推崇市场经济，政府不再过多参与经济发展，政府的职能只是对经济进行引导和调节，而其采取的激励性管制措施有效地增加了市场的活力，为企业的发展提供了条件。

日本行政审批制度的历史发展。"二战"后的日本经济处于停滞状态，为了发展本国的经济，日本政府必须进行调控加大管制力度。20世纪60年代，日本对经济和公民个人行为的管制达到了高峰。当时日本的行政审批机构众多，审批范围越来越大，市场竞争受到严格限制，这种情况一直持续到20世纪80年代。长期的经济管制造成日本的经济处于封闭状态。为了促进经济的发展，日本决定进行行政审批制度改革，村山内阁公布了涉及领域广泛的"管制放松三年计划"，对1228项管制进行放松；桥本内阁在此基础上又追加569项，这样，到了1999年，日本决定实施管制放松的项目已达1797项。放松政府管制使市场上出现了很多新的企业和行业，在很大程度缓解了日本的就业压力，增加了国民的就业机会。放松政府管制也缓解了日本与其他国家的经贸摩擦，在解决国内外价格差过大和延缓国内产业空洞化进程等问题上发挥了积极的作用。

（二）美国和日本行政审批制度改革进程的启示

第一，正确处理政府与市场的关系。从美国和日本的行政审批制度改革历程看，两个国家都经历了从加强管制到放松管制的过程，其最终目的在于促进本国经济的发展。我国在行政审批制度改革中也应正确处理政府与市场的关系，防止政府过多干预市场。

第二，积极培育民间组织。美国和日本在加强管制的同时造成了政府的过度膨胀，妨碍了经济的发展。两国都认识到政府集权及膨胀的危险性，因而积极采取各种改革措施来分化权力，通过法律授权或行政委托的方式逐步让权于社会。

第三，政府行政审批制度的法治化趋势。美国政府通过颁布一系列法律在天然气、公路及铁路运输、消费品等方面实现了政府行为与市场调节的结合；日本在行政审批制度中更是严格地按照现有生效的法律法规进行行政审批。两国都以立法的方式对审批的事项、设定及程序进行了严格规范。

第四，规范和健全审批监督制度。无论是美国还是日本都非常重视行政审批监督制度，不仅重视事前监督也重视事后监督，不仅重视外部监督也重视内部监督。

五、建立法律制度与改革实践良性互动体系

非行政许可审批事项清理是过程，而不是目标；是阶段，而不是终点。非行政许可审批事项清理能否避免重蹈之前的覆辙，就要契合当前行政审批制度改革的价值取向。在价值导向上至少要符合两个维度：一是理顺政府与市场之间的关系，使改革符合经济社会发展的内在规律和要求；二是理顺事前与事中、事后监管之间的关系，既要保证经济社会发展的必要秩序，又要回应社会对公共服务的需求和期盼。从非行政许可审批清理的方式来看，大多数是各部门和地方政府以行政动员的方式，依照行政指示进行大规模的改革。这种有别于常态化治理的方式带有运动性特征，可在短时期内迅速见效并具有形式上的彻底性，但也极有可能疏于对行政审批属性和规律的尊重，将改革行动简单化、数字化、标签化，使改革处于风险之中并可能偏离管理实质，最终减损改革的边际效益。这种风险性首先表现为反弹性风险。以往的行政审批制度改革，由于简单化的处理方式与复杂的实际情况相脱节，再加上审批权力与审批利益之间的强关联性，曾反复出现"换汤不换药""明减暗不减""边减边增"的现象，前车之鉴在此，如何使改革效果具有可持续性，是包括非行政许可审批在内的审批制度改革面临的最大问题。

（一）通过完善协商民主制度寻求法律共识，增强法治信仰，减少行政机关在审批改革过程中的盲目性与主观随意性

探讨法律实施与改革实践的不协调问题归根结底是对行政正当性的诘问。传统的行政法研究习惯于从规则完善的角度去思考如何消解。在

行政审批改革的语境下政府立场的调整可以概括为：管制思想向服务理念的转变，以及"官本位"主义的摒弃和法治信仰的形成。当然，在当前价值与利益正日趋多元化的社会背景下，这种调整仅仅依靠政府的单方面努力是远远不够的，还必须经历一个多方博弈的过程，通过不断论辩、试错和纠偏，才能使行政活动真正获得为民众所认同的正当性。因此在行政审批改革实践中引入公众参与的力量搭建各方利益代表平等、理性协商和交流的平台，既是提高改革质量的需要，也是回应民众需求、形成法律共识、培育法治理念的需要。

（二）强化源头立法，完善实施配套细则，堵塞制度漏洞

尽管行政审批制度改革与行政许可法实施的宗旨是一致的，但在实际工作中，两者的管理体制各不相同。在国家层面，行政审批制度改革由国务院行政审批制度改革工作领导小组统一领导，监察部具体牵头，而行政许可法的实施工作具体由国务院法制办牵头；在地方则表现为，前者由监察局或行政审批中心牵头，后者由政府法制办牵头。这种体制导致改革实践中对一些问题的认识不统一，解决问题的方法不一致、不协调，导致基层对行政许可和行政审批的概念认识更加模糊不清、无所适从，甚至出现了对同一行政行为的不同解释。世界上没有一部完美的法律，立法有其不完全性，良好的立法初衷与现实的实施效果总有一定差距，行政许可法也不例外。对行政许可概念与适用范围界定的逻辑矛盾，使其在实施过程中让行政许可变行政审批的规避行为有法律空子可钻。对此，国家有关机关应出台立法解释予以明确行政许可概念与适用范围，解决存在的矛盾，或者直接启动修法程序，由法定的提案主体，经过法定的程序，将法律条文中的模糊之处、易于误解之处、过时之处、明显不合理之处等加以修正。更需要尽快推动的工作是健全与行政许可法的实施相配套的各项制度，尽快制定和完善相关法律规范，进一步细化行政许可规范，尽量弥补立法与社会现实脱节的缺陷，使后续的市场管理工作跟上行政审批制度改革的步伐，减少、弥补改革留下的真空。同时行政审批制度改革工作，也要结合行政许可法，出台统一的法律规范，尽量减少行政审批制度改革中的扯皮现象，从法律制度上尽可能地压缩假改革的空间。因此，行政审批制度改革需要一系列的相关法律、法规来落实、推进。

（三）加大政府职能转变力度，实现政府与市场的良性互动

非行政许可审批的改革不是独立存在和发展的，要将之放在政府整体职能中进行审视。政府职能转变是理论界和实务界长期研究的一个问题，但行政审批改革成功与否，其关键性的条件是政府职能的实质性转变。将政府职能转变落到实处就是真正让市场机制在资源配置中起决定性作用，并最大限度地给个人自主选择的空间，并最大限度地给行业组织和其他社会组织自律和事后监管的空间。在传统体制下，政府职能转变表面化，国家对重要的基础性资源和生产经营进行垄断性控制的领域过多，而且以事前监管为中心的行政权力体系没有从根本上作出改变。因此，行政审批改革的过程要与政府职能的转变相一致，而非只关注审批事项改革本身。事实上，行政审批作为政府干预经济社会之主要手段，将经常性地面临政府与市场边界的难题，因此在改革的制度设计上要求相当的灵活性和实效性，完善事前、事中和事后三种监管方式的权力界限与平衡的制度体系。行政审批应当仅限于在市场机制、个人选择和社会组织均失灵的情况下采用，并且限于通过事后监管手段不足以解决问题的领域。审批瘦身后的政府职能应集中在解决公共供给短缺、贫富差距加大、市场竞争失序、生态环境恶化、重大事故频发、公共安全危机等问题上。对于取消的非行政许可审批内容，相关主体部门不是彻底放松监管，而是应当加强对相应事项的事中或者事后监管，特别是监督事项是否按规定实施，执行中的新问题是否能够妥善、及时解决，事项实施结果是否达到相关标准等，并运用其他的手段方式保障事项的顺利运行。

（四）引入司法审查制度，发挥司法指引作用

长期以来，非行政许可审批治理取得了一定效果，但并不尽如人意。其中一个重要原因就是缺乏对非行政许可审批的有效监督和司法审查。因此，在进一步简政放权、深化行政审批制度改革的当下，加强对非行政许可审批司法审查意义重大。全面深化行政审批制度改革迫切需要司法跟进，让各级政府及其部门对于非行政许可审批的适用必须接受司法审查的严格监督，由此可以防止行政审批制度改革后，一些部门和地方滥用行政审批权，或继续变相使用非行政许可审批。人民法院在案件审理中如果发现非行政许可审批事项属于国务院明令取消的事项，而地方政府及其部门仍然坚持行使审批权的，可以该审批权没有法律依据为由认定其违法。当然，这就需要对规定非行政许可审批事项的法律规

范性文件及时进行修改或者废止。如果法律规范性文件的修改或者废止工作不能及时跟进，就可能出现一方面国务院已经明确取消非行政许可审批事项，另一方面相关法律规范性文件却仍然规定非行政许可审批，这就会让地方政府及其部门不知所措，容易造成执法混乱。司法审查需要注意的问题有以下几点：一是在国务院已经明令取消非行政许可审批事项的情况下，地方政府及其部门的规范性文件仍然规定非行政许可审批事项，则该规范性文件因与国务院决定相冲突而无效。二是国务院部门将非行政许可审批事项调整为行政许可事项的，地方政府部门对应的相关事项，依法定程序予以相应调整。人民法院在案件审理中需要明确依据法律、法规、国务院决定，参照地方政府规章进行审查。三是对国务院下放地方的非行政许可审批事项，地方政府及其部门要进一步梳理本部门和地方保留的行政审批事项。人民法院在案件审理中，要参照行政审批清单、权力清单等，对于清单内的审批要依法审理，对于清单外的审批，则不认可审批有依据。四是对国务院转为政府内部审批的事项，不得面向公民、法人和其他社会组织实施审批。对于政府内部审批事项，一般作为内部行政行为，不属于行政诉讼受案范围。但是也不能排除有些政府内部审批事项对外发挥作用，直接影响公民、法人或其他组织的权利和义务，此种内部审批仍然属于行政诉讼受案范围。

（五）积极发展及规范中介组织，将权力让渡与社会

积极培育和发展中介组织和行业协会。市场经济下，政府应该以市场为导向进行权力分化，将政府承担的某些社会职能放权给社会，发挥中介组织的作用，使中介机构成为市场和政府之间的"润滑剂"。应放宽中介机构的市场准入机制，按照市场竞争原则，让市场主体对中介机构自主选择。逐步建立起政府依法监管、行业协会依法自律、中介机构依法执业的配套体制；规范涉及行政审批服务的中介组织。集中清理规范与行政机关职能相关的、与经济发展相关的中介服务组织。清理中介组织也要注重放管结合的原则，加强对中介组织的事中、事后各环节的监管，消除中介机构身上政府的影子，隔断两者之间或明或暗的关系。审批部门所属事业单位、主管的社会组织及其举办的企业，不得开展与本部门行政审批相关的中介服务，需要开展的应转企改制或与主管部门脱钩。

（责任编辑：郭庆珠）

我国食品犯罪立法检视及其改进[*]

温建辉[**]

民以食为天，食以安为先，食品安全是总体国家安全的基础。习近平总书记指出："食品安全关系中华民族的未来，能不能在食品安全上给老百姓一个满意的交待，是对我们执政能力的考验。"为此，总书记提出要以"四个最严"的要求，加快建立科学完善的食品安全治理体系。[①] 笔者调研了我国食品犯罪刑事立法的现状，并对食品犯罪"罪"之改进和"刑"之完善提出自己的看法，以期抛砖引玉，资政建言。

一、我国食品犯罪刑事立法检视

立法现状是一个动态的过程，立法的动态过程体现了立法的现状。我国食品犯罪刑事立法的动态变化主要表现为《刑法修正案（八）》关于食品犯罪的修改和完善，它反映了食品犯罪刑事立法的犯罪圈和刑罚力度的变革方向。

（一）我国食品犯罪刑事立法现状检视

我国当前食品犯罪之刑事立法，按照犯罪主体身份的不同，可划分为两类罪名：第一类是危害食品安全犯罪，第二类是食品安全执法渎职犯罪。第一类危害食品安全犯罪，按照犯罪行为所危害的犯罪客体，又可分为两类，即危害食品质量安全的食品犯罪和危害食品供应安全的食品犯罪。

---

[*] 本文系天津市教育科学十三五规划项目"道德多元背景下德育路径的选择"（项目编号：CE3308）的研究成果。

[**] 法学博士后，天津科技大学文法学院教授，食品安全战略与管理研究中心研究员，硕士生导师。

[①] 参见郭文奇：《学习贯彻党的十八届四中全会精神 依法建设我国食品安全治理体系》，载 http://dangjian.people.com.cn/n/2015/0916/c117092-27592712.html。

1. 危害食品安全犯罪的立法体系

第一，危害食品质量安全犯罪包括生产、销售不符合安全标准的食品罪，生产、销售有毒、有害食品罪，以危险方法危害公共安全罪，生产、销售伪劣产品罪，虚假广告罪，逃避商检罪和不报、谎报安全事故罪等7个罪名。危害食品质量安全犯罪包括纯正的危害食品安全质量犯罪和不纯正的危害食品质量安全犯罪。前者危害的客体是纯粹的食品安全；后者危害的客体并不总是食品安全，只有当它危害的客体是食品安全的时候，才是一个危害食品安全的犯罪。

生产、销售不符合安全标准的食品罪和生产、销售有毒、有害食品罪属于纯正的危害食品质量安全犯罪。《刑法》第143条规定了生产、销售不符合安全标准的食品罪，第144条规定了生产、销售有毒、有害食品罪。纯正的危害食品质量安全犯罪也是典型的危害食品安全犯罪。其余的5个犯罪属于不纯正的危害食品质量安全犯罪。它们危害的客体通常不是食品安全，当它们的对象是食品时，也会危害食品安全，所以它们是不纯正的危害食品安全的犯罪。

第二，危害食品供应安全的食品犯罪主要包括8个罪名：非法经营罪，走私普通货物、物品罪，走私珍贵动物制品罪，走私国家禁止进出口的货物物品罪，非法捕捞水产品罪，非法狩猎罪，生产、销售伪劣农药、兽药、化肥、种子罪，损害商业信誉、商品声誉罪。危害食品供应安全犯罪也可以分为纯正的危害食品供应安全犯罪和不纯正的危害食品供应安全犯罪。其中，非法捕捞水产品罪和非法狩猎罪属于纯正的危害食品供应安全犯罪。其余几个罪名都是不纯正的危害食品安全犯罪，只有在它们的对象是食材，危害了食品供应安全的时候，才会构成危害食品供应安全犯罪。

2. 食品安全执法渎职犯罪的立法体系

食品安全执法渎职犯罪的立法体系包括纯正的食品安全执法渎职犯罪和不纯正的食品安全执法渎职犯罪。纯正的食品安全执法渎职犯罪危害的客体是纯粹的食品安全执法秩序；而不纯正的食品安全执法渎职犯罪危害的客体并不总是食品安全执法秩序，只有当它危害的客体是食品安全执法秩序的时候，它才是一个食品安全执法渎职犯罪。

食品监管渎职罪属于纯正的食品安全执法渎职犯罪，系2011年《刑法修正案（八）》第408条之一新增罪名。不纯正的食品安全执法渎职犯罪主要包括放纵制售伪劣商品犯罪行为罪、放纵走私罪、徇私舞弊不移交刑事案件罪、商检徇私舞弊罪、商检失职罪、动植物检疫徇私舞弊罪、动植物检疫失职罪、滥用职权罪、玩忽职守罪等。

（二）食品犯罪刑事立法的动态变化

1. 扩大了食品犯罪的犯罪圈

对于犯罪圈的设立，学界一般从犯罪圈的范围边界和犯罪圈的程度边界两方面加以界定。所谓范围边界主要讨论什么性质的行为应该犯罪化，所谓程度边界则讨论达到什么程度的行为应该犯罪化。①狭义的犯罪圈专指犯罪行为的范围，此处的犯罪圈即指狭义的犯罪圈。

《刑法修正案（八）》颁布之前，我国刑法规定了两个典型的危害食品安全犯罪即生产、销售有毒、有害食品罪和生产、销售不符合卫生标准的食品罪。《刑法修正案（八）》修改后，在第408条中增加了食品监管渎职罪，指负有食品安全监督管理职责的卫生行政、农业行政、质量监督、工商行政管理、食品药品监督管理等部门的国家机关工作人员，滥用职权或者玩忽职守，导致发生重大食品安全事故或者造成其他严重后果的行为。增加新罪名，扩大食品犯罪的行为类型，是典型的犯罪圈扩大。

2. 降低了食品犯罪的入罪门槛

入罪门槛指危害社会行为犯罪化的条件，如数额较大、情节严重、情节恶劣、严重后果等。入罪门槛是广义犯罪圈的重要内容，降低入罪门槛就扩大了犯罪圈，抬高了入罪门槛就缩小了犯罪圈。

为了使刑法与食品安全法相衔接，《刑法修正案（八）》将《刑法》第143条和第144条中的"不符合卫生标准的食品"修改为"不符合安全标准的食品"。按照《食品安全法》第26条的规定，食品安全标准应当包括下列内容：（1）食品、食品添加剂、食品相关产品中的致病性微生物，农药残留、兽药残留、生物毒素、重金属等污染物质以及其他危害人体健康物质的限量规定；（2）食品添加剂的品种、使用范围、用量；（3）专供婴幼儿和其他特定人群的主辅食品的营养成分要求；（4）对与卫生、营养等食品安全要求有关的标签、标志、说明书

---

① 参见熊永明：《犯罪圈的界定及其关系处理》，载《河南省政法管理干部学院学报》2007年第5期。

的要求；（5）食品生产经营过程的卫生要求；（6）与食品安全有关的质量要求；（7）与食品安全有关的食品检验方法与规程；（8）其他需要制定为食品安全标准的内容。可见，食品卫生标准只是食品安全标准之一，因此，不符合食品安全标准食品的范围明显大于不符合卫生标准的食品，这充分表明，《刑法修正案（八）》扩大了食品犯罪的犯罪圈，降低了危害食品安全行为入罪的标准。

3. 增强了食品犯罪的刑罚力度

刑罚力度指刑事处罚的强度。刑罚力度就其强弱而言，可分为绝对的刑罚力度和相对的刑罚力度。绝对的刑罚力度强弱，是就刑罚种类自身的比较，这种比较主要发生在立法领域。如死刑的刑罚力度强于无期徒刑，无期徒刑的刑罚力度强于有期徒刑，长期有期徒刑的刑罚力度强于短期有期徒刑，短期有期徒刑的刑罚力度强于拘役，而拘役的刑罚力度强于管制，主刑的刑罚力度强于罚金刑，没收财产的刑罚力度强于罚金刑。此外，对同一种犯罪的死刑存废，也反映了对该犯罪刑罚力度的变化。相对的刑罚力度强弱，是就刑罚在司法适用中的相互比较而言的。通常有对同类犯罪刑罚力度的比较，比如在不同时期，对某一种犯罪适用刑种比例的变化就反映了不同时期司法机关对某一种犯罪的不同的刑罚力度；有对不同犯罪主体刑罚力度的比较，比如对盗窃罪犯罪人与盗窃型贪污罪犯罪人刑罚力度的比较，对诈骗罪犯罪人与诈骗型贪污罪犯罪人刑罚力度的比较，对侵占罪犯罪人与侵占型贪污罪犯罪人刑罚力度的比较。

从近期刑事立法的动态来看，我国增强了对食品犯罪的刑罚力度。在法定刑配置方面，《刑法修正案（八）》加重了对食品安全犯罪的刑罚，将生产、销售有毒、有害食品罪的起刑点从拘役提高到有期徒刑；增加规定加重法定刑的情节；将食品安全犯罪"单处罚金"的规定，改为一律"并处罚金"，将罚金的数额由倍比罚金改为无限额罚金；对食品监管渎职罪配置的法定刑高于一般滥用职权罪和玩忽职守罪的刑期。

二、我国食品犯罪刑事立法"罪"之改进

(一)犯罪主体要件规定的改进

1. 种植业、养殖业存在危害食品安全行为

种植业是危害食品安全的一个重要源头。种植业过量使用农药,农药残留危害了食品安全。据统计,我国农药的年施用量已高达 132 万吨,其中高毒农药占 70%。中国在占世界 8% 的耕地上,消耗着占世界 33% 的农药。大量的农药不仅对土壤和地下水造成了严重的污染,其产生的农药残留问题更是直接危害着人类的身体健康。食用含有农药残留的食品,特别是喷洒了高毒农药的食品会引起中毒甚至急性中毒。食用含有大量高毒、剧毒农药残留的食物会导致人、畜急性中毒事故。长期食用农药残留超标的农副产品,虽然不会导致急性中毒,但可能引起人和动物的慢性中毒,长期危害的结果就是致畸、致癌、致突变及退发性神经系统中毒。据国家有关部门统计,近年来,在食物中毒事件中,由农药残留引起的中毒死亡人数占总中毒死亡人数的 20% 左右。①

养殖业是危害食品安全的另一个源头。养殖业使用有毒有害物质危害了食品安全,历数近年危害食品安全十大案件,养殖业占了三席:一是 2005 年海鲜产品体内含有"孔雀石绿"事件。2005 年 6 月,《河南商报》记者对湖北、河南等地的养鱼场和水产品批发市场进行的调查以及辽宁《华商晨报》记者对辽宁的养殖场和鱼药商店的调查都表明:在水产品的养殖过程中,很多渔民仍然用孔雀石绿来预防鱼的水霉病、鳃霉病、小瓜虫病等;在运输过程中,为了使鳞受损的鱼延长生命,鱼贩也常使用孔雀石绿。至于卖孔雀石绿的鱼药商店,由于存在市场需求,所以仍然在买卖孔雀石绿。孔雀石绿具有高残留的副作用。据专家介绍:孔雀石绿一经使用,养殖动物终身残留,进入人类或动物机体后,可以通过生物转化,还原代谢成脂溶性的无色孔雀石绿,具有高毒素、高残留和致癌、致畸、致突变作用,严重威胁人类身体健康。二是 2006 年苏丹红鸭蛋事件。石家庄市平山县、井陉县的一些养鸭户和养鸭基地,在鸭子吃的饲料里添加了一种"红药",这样生出来的鸭蛋呈

---

① 参见《食品安全问题屡见不鲜 "农药残留"问题日益严重》,载 http://www.agrichem.cn/n/2017/09/25/113910373250.shtml。

现鲜艳的红心，而且加得越多，蛋心就越红。当地人都把这种加了红药的蛋叫"药蛋"，自己从来不吃。经中国检验检疫科学研究院食品安全研究所检测，结果发现这些鸭蛋样里含有偶氮染料苏丹红Ⅳ号，含量很高，毒性很大。国际癌症研究机构将苏丹红Ⅳ号列为三类致癌物。三是 2011 年"瘦肉精"事件。2011 年 3 月 15 日，央视"3·15"特别节目曝光，双汇宣称"十八道检验、十八个放心"，但猪肉不检测"瘦肉精"。河南孟州等地添加"瘦肉精"养殖的有毒生猪，顺利卖到双汇集团旗下公司。该公司采购部业务主管承认，他们厂的确在收购添加"瘦肉精"养殖的所谓"加精"猪。国内外的相关科学研究表明：食用含有"瘦肉精"的肉会直接危害人体健康，对心脏病、高血压患者、老年人的危害更大。①

2. 种植业、养殖业从业人员应成为食品安全犯罪的主体

种植业、养殖业存在典型的危害食品质量安全的行为，而且危害后果很严重，但是因为危害食品质量安全犯罪的犯罪主体不包括种植业、养殖业从业人员，所以只能以其他罪名定罪，显得有些牵强附会。例如，被告人季某某为谋取利益，自 2009 年 3 月至 2011 年 9 月，多次向范某购买"瘦肉精"与一定的石粉混合加工成的袋装肉用动物饲料添加剂，后加价销售给利津县盐窝镇部分肉羊养殖户，截至 2011 年 9 月，被告人季某某共从范某处购进 1364900 元的上述饲料添加剂。利津县法院认为，被告人季某某违反国家规定，非法销售含有盐酸克伦特罗的动物饲料添加剂，非法经营数额特别巨大，属情节特别严重，其行为构成非法经营罪。②笔者认为，被告人季某某的行为主要危害了食品质量安全，所以应当按照危害食品安全犯罪来定罪，但囿于生产、销售有毒、有害食品罪和生产、销售不符合安全标准的食品罪这两个典型的危害食品安全犯罪的犯罪主体不包括种植业、养殖业从业人员，所以不能以危害食品安全犯罪定罪。此外，还有蔬菜种植中因过量使用农药而以危险物品肇事罪被追究刑事责任的案例。③其实种植蔬菜时过量使用农药主

---

① 参见《盘点近年来被曝光的十大食品安全事件》，载 http://www.sohu.com/a/211009220_100075870。

② 参见利津县人民法院（2016）鲁 0522 刑初 123 号刑事判决书。

③ 参见赵令蔚：《女青年误食喷药白菜中毒死亡 肇事菜农被判 2 年徒刑》，载 http://news.sina.com.cn/o/2004-12-15/11274530329s.shtml。

要涉嫌危害食品安全，而不是危害公共安全，以危害公共安全类犯罪定罪处罚，也有点儿牵强。凡此种种，都表明了不将种植业、养殖业从业人员增设为危害食品安全犯罪的主体，有损食品犯罪刑事立法的科学性。因此，应增设种植业、养殖业从业人员为危害食品安全犯罪的主体。

（二）犯罪主观要件规定的改进

食品犯罪主观要件规定的改进主要应在三个方面着手：一是应将危害食品安全犯罪的主观要件从故意拓展到过失；二是明确食品监管渎职罪的罪过形式；三是应将食品安全执法渎职犯罪的主观要件从监督过失拓展到监督故意。

1. 适当增加过失危害食品安全犯罪

我国刑法规定了四个纯正的危害食品安全犯罪，它们的主观要件都是故意。即便从纯正的危害食品安全犯罪推广到全部的危害食品安全犯罪，即 7 个危害食品质量安全犯罪和 8 种危害食品供应安全犯罪，危害食品安全犯罪的主观要件也都是故意。某地发生一起严重的幼儿园集体食物中毒事件，造成 140 余名儿童高烧不退，伴有腹痛、腹泻、呕吐等症状，甚至昏迷。最终查明是幼儿园晚餐中的炒饭感染沙门氏菌引起的食物中毒，家长强烈要求严惩事故责任人。但根据现行刑法的规定，构成危害食品安全犯罪的犯罪嫌疑人主观上只能是故意，过失不能构成此类罪。该地幼儿园食物中毒事件虽然造成了严重的后果，但是因为刑法中没有规定过失行为可以构成犯罪，故无法追究责任人的刑事责任。① 因此，为改进食品犯罪的刑事立法，应当将危害食品安全犯罪的主观要件拓展到过失。

2. 明确食品监管渎职罪的罪过形式

食品监管渎职罪是一个典型的食品安全执法渎职犯罪。关于食品监管渎职罪的犯罪性质，学界一直认为它既包括故意，也包括过失。② 例如，有学者指出，故意或过失都能构成本罪名。其中，玩忽职守是过失，而滥用职权、徇私舞弊则是故意。③ 笔者认为食品监管渎职罪的性

---

① 参见范玉才、贾玉欣：《论危害食品安全过失犯罪之刑法规制》，载《法制与社会》2015 年第 11 期。

② 参见张明楷：《刑法学》，法律出版社 2011 年版，第 1113 页。

③ 参见梅传强、刁雪云：《中国食品安全犯罪的刑事政策研究》，载《安全与检测》2017 年第 2 期。

质值得研究，需要明确。

食品监管渎职罪具有四个特点：一是在重大食品安全事故或者其他严重后果发生之前，食品监管人员的行为即便被执法机关稽查或发现，也只能定性为违法行为；二是只有在重大食品安全事故或者其他严重后果发生之时或之后才能被认定为犯罪行为，但监管人对此种严重的危害结果没有故意心理，因为事故的含义就是意料之外的灾害；三是食品监管渎职行为存续之时，重大食品安全事故或者其他严重后果的发生处于行为人的控制之外，而由他人危害食品安全违法犯罪的情况而定；四是在刑罚方面相对于直接造成他人伤害或财产损失而言，对食品监管渎职罪的处刑较轻。

从这四点来看，食品监管渎职罪符合了事故型犯罪的四个条件和形式特征，①因而，食品监管渎职罪是一个由《刑法修正案（八）》规定的事故型犯罪。食品监管渎职罪的罪过心理是对重大食品安全事故或者其他严重后果的发生持有的漠不关心的情感态度，其罪过形式也就是疏忽大意的过失。②

3. 食品安全执法渎职犯罪的主观要件向监督故意拓展

已如上述，食品监管渎职罪的罪过形式属于疏忽大意的过失，但这种罪过形式属于疏忽大意过失的监督犯罪，不能涵盖食品安全执法渎职领域主观心理属于故意情况的食品安全执法渎职监督行为。监督故意是具有监护、监督和管理责任的人员不履行或者不积极履行监督责任，放任被监督者危害社会的心理态度。

2013年4月初的一天，朱某某申请办理了"双清区宝线饲料油加工厂"，经营范围为饲料油加工销售。但朱某某的丈夫李某某等却超出经营范围，在该厂使用工业松香对猪头、猪脚进行脱毛加工并销售。2013年6月初的一天，被告人蒋某、马某和蒋某某三人一同到双清区宝线饲料油加工厂进行执法检查。在检查过程中，蒋某发现工厂最里面的厂房内正在用工业松香对猪头和猪脚进行脱毛，当场将熬工业松香的铁锅打烂，并指示马某制作现场笔录。李某某见状便去附近的茶馆买烟，途中遇见李某甲。李某甲得知此事后，表示和蒋某熟识，于是前往

---

① 参见温建辉：《事故型犯罪的罪过形式》，载《刑法论丛》2010年第3期。
② 参见温建辉：《罪过情感研究》，人民出版社2013年版，第79页。

加工厂为李某某说情,蒋某遂同意当天不对该厂进行处罚,并当场让朱某某在现场笔录上签名后离去。离开时,李某某递给蒋某、马某和蒋某某一人一包芙蓉王香烟。第二天,朱某某前往工业街工商所接受调查。因为朱某某向蒋某说情,于是蒋某决定对该案不予立案处罚。下楼后,在马某在场的情况下,蒋某向朱某某口头宣布了罚款 3000 元的决定(未立案)。2013 年端午节的前一天,为感谢蒋某的关照,朱某某送了 1000 元和几个猪肚子给蒋某。蒋某将这 1000 元钱分了 300 元给马某,几个猪肚子由工商所人员均分。2013 年端午节后至 2014 年 7 月,双清区宝线饲料油加工厂销售使用工业松香进行脱毛的猪头、猪脚共计 70 余吨。被告人马某犯放纵制售伪劣商品犯罪行为罪,免除刑事处罚;被告人蒋某犯放纵制售伪劣商品犯罪行为罪,判处有期徒刑一年,缓期两年。①放纵制售伪劣商品犯罪行为罪是一个典型的监督故意犯罪,它与一般的故意犯罪有所不同。

在食品安全执法渎职行为中,食品监管人员由于具有监管食品安全的职责,发现他人危害食品安全的犯罪行为而放任不管,是一种不作为的犯罪行为。而这种不作为相对于危害食品安全犯罪行为来讲,又是一种片面帮助的行为,所以,发现危害食品安全犯罪的食品监管人员放任这种行为危害人民群众后果发生的,可以构成危害食品安全犯罪的片面共犯。具体来讲,由于危害食品安全的犯罪活动可能触犯以危险方法危害公共安全罪、生产、销售不符合安全标准的食品罪、生产、销售有毒、有害食品罪、生产、销售伪劣产品罪等罪名,所以,当食品监管人员发现危害食品安全犯罪行为可能发生危害人民群众的后果,并且放任这种危害后果的时候,可能构成相应的故意犯罪。但这种监督故意犯罪毕竟与危害食品安全犯罪不同,刑事处罚也不应当相同,所以应当另设罪名,比如"放纵危害食品安全犯罪行为罪"。

(三)犯罪客观要件规定的改进

1. 拒不召回或拒不停止经营不符合安全标准食品行为的入罪

我国《食品安全法》第 124 条第 1 款第 9 项规定,食品生产经营者在食品安全监督管理部门责令其召回或者停止经营后,仍拒不召回或者停止经营的,由县级以上人民政府食品安全监督管理部门进行行政处

---

① 参见邵阳市双清区人民法院(2018)湘 0502 刑再 1 号刑事判决书。

罚。食品安全监督管理部门责令食品生产经营者召回或者停止经营的食品肯定是不符合安全标准的食品，甚至是有毒、有害的食品，食品生产经营者拒不召回或者拒不停止经营，其社会危害性甚大，应当定罪处罚。拒不停止经营不符合安全标准的食品的行为，即继续经营不符合安全标准的食品的行为，可以按照生产、销售不符合安全标准的食品罪定罪处罚；而拒不召回不符合安全标准的食品的行为是不作为，与生产、销售不符合安全标准的食品罪的作为相比较而言，拒不召回不符合安全标准的食品的行为主观恶性稍低，不宜与生产、销售不符合安全标准的食品罪作相同处罚，应当另行规定法定刑。这是食品犯罪客观要件扩容的内容之一。至于拒不召回或者拒不停止经营有毒、有害食品的行为，其在社会危害性方面与生产、销售有毒、有害食品罪无异，在主观恶性方面与生产、销售有毒、有害食品罪的主观恶性相当，所以，对该行为按照后一罪名定罪量刑即可。

2. 对食品经营行为全面入法规制

我国刑法规定的两个典型的危害食品质量安全的犯罪，客观方面都是"生产"和"销售"，没有覆盖从农田到餐桌的食品全流程，有遗漏犯罪环节之嫌。笔者认为，应当将危害食品质量安全犯罪中的"生产、销售"扩充为"生产、经营"，扩大食品犯罪客观要件的范围，以实现刑法上的适用刑法人人平等原则。

3. 对多次生产、经营不符合安全标准食品的行为予以规制

对于食品生产经营者多次违反食品安全法规定，生产、经营不符合安全标准的食品的行为，应当规定为犯罪，进行刑事制裁。此处的"多次"，可以按照关于盗窃罪等司法解释的规定理解，即 2 年内受到 3 次以上食品相关行政处罚，又生产经营不符合安全标准的食品的行为。这种行为属于应当犯罪化的屡教不改的违法行为，理应以刑罚手段予以规制。

4. 增设"走私食品罪"

由于有暴利可图，走私食品一直十分猖獗。新华社广州 2020 年 1 月 10 日报道，拱北海关查获"水客"团伙走私食品饮料进境系列案，打掉走私团伙 12 个，抓获犯罪嫌疑人 30 名，查获涉嫌走私进境食品、

饮料 3000 余箱，冻结涉案资金 330 余万元，初步查证该案案值 5 亿元。① 走私食品将人民群众的食品安全置于不受管控的地位，危害了食品质量安全和食品供应秩序，是悬在食品安全头上的"达摩克里斯之剑"，应当增设"走私食品罪"对其加以规制。

（四）犯罪客体要件方面的改进

1. 食品犯罪是否属于危害公共安全罪的聚讼

学界素有将食品犯罪纳入危害公共安全罪类罪名之下的观点。有学者指出，无论是生产、销售不符合安全标准的食品罪或者生产、销售有毒、有害食品罪，还是食品安全监管渎职罪，其危害的并不是特定的、有限的公众的生命健康安全，而是不特定公众的生命健康安全，亦即直接对公共安全造成了严重的威胁，实质上同《刑法》第 115 条第 1 款规定的以其他危险方法危害公共安全的行为没有任何区别。② 笔者不赞成这种观点，且不说食品犯罪包括危害食品质量安全的犯罪、危害食品供应安全的犯罪和食品安全执法渎职犯罪，即便与危害公共安全罪最相接近的危害食品质量安全的犯罪，也与危害公共安全罪在主客观两方面存在显著的不同：

第一，主观罪过有差异。放火、爆炸、投放危险物质等危害公共安全的犯罪，犯罪行为人的主观罪过通常是直接故意，是追求或者希望危害结果的发生。它的表现通常是直接的追求。而危害食品质量安全犯罪的主观方面通常是追求伪劣食品的高额利润，对于可能造成他人的人身伤害是放任的心理，也就是间接故意；危害食品质量安全犯罪为了实现稳定的高额利润，通常不希望发生致人伤亡的后果。

第二，危害结果常态的区别。放火、爆炸、投放危险物质等危害公共安全的犯罪，其不仅是致人重伤、死亡或者使公私财产遭受重大损失，而且是直接地，或者立竿见影地。而危害食品质量安全犯罪的危害结果的常态是对人身有一定伤害，但通常不会致人重伤或者死亡，而且也不是直接地或立竿见影地出现危害后果。

---

① 参见魏蒙：《拱北海关查获 5 亿元走私食品大案》，载 http：//www.xinhuanet.com//legal/2020－01/10/c_1125444955.htm。

② 参见梅传强、刁雪云：《中国食品安全犯罪的刑事政策研究》，载《安全与检测》2017 年第 2 期。

2. 加大对危害特殊食品安全犯罪的刑罚力度

特殊食品是一种食品供应方式，它是为了特定用途以较高的食品质量标准向特定人群供应的食品。例如，亚运会、奥运会运动员食品的指定供应。

《食品安全法》第74条规定，国家对保健食品、特殊医学用途配方食品和婴幼儿配方食品等特殊食品实行严格监督管理，而现行刑法对食品安全一刀切的保护模式并没有在特殊食品安全保护上予以格外关注和保护。由于特殊食品不仅承担了满足人类日常生活能量供应的需要，而且承担了为特定社会发展事业提供消费品物质保障的重要功能，所以危害特殊食品安全的后果更为严重。在危害特殊食品质量安全的情况下，它的危害更甚于生产、销售不符合安全标准的食品罪，在危害特殊食品供应安全的情况下，它的危害要大于一般的危害食品供应安全犯罪，因此，应当对危害特殊食品安全的行为单独设置罪名或者单独配置法定刑，以做到罪刑相适应，有效惩罚犯罪。

三、我国食品犯罪刑事立法"刑"之完善

(一) 食品犯罪财产刑的完善

《食品安全法》第122—125条规定了若干危害食品安全的行为，对这些接近危害食品安全犯罪行为的行政处罚之一的罚款规定为："并处货值金额十倍以上二十倍以下罚款""并处货值金额十五倍以上三十倍以下罚款""并处货值金额五倍以上十倍以下罚款"。而对于危害后果更严重的食品犯罪，最高人民法院、最高人民检察院《关于办理危害食品安全刑事案件适用法律若干问题的解释》第17条规定，犯生产、销售不符合安全标准的食品罪、生产、销售有毒、有害食品罪，一般应当依法判处生产、销售金额2倍以上的罚金。

两相比较会发现，现行刑法对食品犯罪规定的罚金刑与食品安全法规定的罚款处罚不衔接，罚金刑还没有罚款的行政处罚高。我们知道，犯罪的社会危害性是高于一般违法行为的社会危害性的，所以对犯罪的处罚应比对一般违法行为的处罚严厉一些，表现在立法上对犯罪配置的刑罚应当比对一般违法行为规定的行政处罚重一些。对牟利性质的违法犯罪的处罚而言，也应比对一般违法行为规定的罚款要重一些。

食品犯罪是一类以牟利为目的的经济犯罪，对于以牟利为目的的犯

罪，应当施以财产刑，因为刑罚是对犯罪人的惩罚，如果对牟利性质的犯罪仅仅处以自由刑或者其他非财产刑，就不能罚当其罪，难以实现特殊预防。因此，笔者建议，对食品犯罪应当加重财产刑的配置，刑法应明确规定，对生产、经营不符合安全标准的食品、有毒、有害食品犯罪配置货值10倍以上的罚金，对于应当判处7年以上有期徒刑的食品犯罪，配置并处没收财产。

（二）食品犯罪职业禁止配置

对食品犯罪人员配置"职业禁止"分刑事上的职业禁止处罚和行政上的从业禁止处罚，本文从资格刑配置的角度谈食品犯罪的职业禁止。

我国对食品犯罪实施职业禁止的法律依据包括刑法依据和行政法依据。其中，刑法依据包括第38条第2款和第72条第2款，规定判处管制和宣告缓刑的，可以根据犯罪情况，同时禁止犯罪分子在执行期间从事特定活动，进入特定区域、场所，接触特定的人；第37条之一规定，因利用职业便利实施犯罪，或者实施违背职业要求的特定义务的犯罪被判处刑罚的，人民法院可以根据犯罪情况和预防再犯罪的需要，禁止其自刑罚执行完毕之日或者假释之日起从事相关职业，期限为3—5年。行政法依据就是我国《食品安全法》第135条第2款的规定：因食品安全犯罪被判处有期徒刑以上刑罚的，终身不得从事食品生产经营管理工作，也不得担任食品生产经营企业食品安全管理人员。

可见，能够作出职业禁止的国家机关包括人民法院、市场监督管理局以及其他行政执法机关，这就造成了对食品犯罪分子职业禁止的裁决主体不一、职业禁止裁决性质不一、被施加对象不一等问题。因此，我们必须采取措施使食品犯罪职业禁止配置协调统一，统一职业禁止令的法律依据，统一职业禁止令适用范围，统一食品犯罪职业禁止令的制作机关和宣告机关，实现行刑衔接的良好局面。

（责任编辑：吴占英）

刑事诉讼中电子证据的
适用现状与实务应对

周 杨[*]

有学者认为,"从司法证明的历史演进看,神证、人证时代进入物证时代是历史的进步。那么电子数据即将成为证据之王的大趋势,很可能宣告电子数据时代的来临。这将是司法证明方法的历史飞跃"。[①] 随着互联网渗透到社会生活各方面,犯罪分子利用互联网实施犯罪呈现出作案工具科技化,作案空间远程化等特点,出现了"快播科技有限公司涉嫌传播淫秽物品牟利案""9·28"特大跨国电信诈骗案、徐玉玉案等引起广泛关注的案件,使电子证据在查明案件事实中的作用日益凸显。为规范电子证据的采集应用,从2010年《关于办理死刑案件审查判断证据若干问题的规定》到2013年《关于适用〈中华人民共和国刑事诉讼法〉的解释》,再到2016年《关于办理刑事案件收集提取和审查判断电子数据若干问题的规定》(以下简称《电子数据若干问题的规定》),相关规定不断完善。从司法实践看,如何对电子证据相关规则明确、细化,既适应当前形势下打击犯罪的社会需要,又不违背罪刑法定、证据裁判等刑事司法原则,使刑法与刑事司法相互协调,是亟待解决的问题。

一、区分与统一:电子数据与电子证据的概念辨析

所谓电子数据,是"以电子、光学、磁及类似手段生成、传播、储存的数据信息"。[②] 而电子证据的概念,按照部分学者的观点,可以表述为用以证明案件事实的电子数据。[③] 通过概念分析,电子数据是科

---

[*] 天津市北辰区人民法院研究室三级法官,法学学士,从事刑事审判及刑事诉讼应用法学研究。
[①] 戴士剑、刘品新主编:《电子证据调查指南》,中国检察出版社2014年版,第1页。
[②] 谢勇:《论电子数据的审查和判断》,载《法律适用》2014年第1期。
[③] 参见高明、翟文婷:《关于电子证据相关规定的解读》,载《环球法律评论》2015年第2期。

学意义上的界定,并非单纯的法律概念,是对相关数据物理形态的概括和描述。电子数据与电子证据并不等同,前者为证据材料,后者为证据类型,在尚未进入诉讼程序并被控辩双方用于证明案件事实前,相关数据或信息只能称为电子数据。如果使用电子证据一词,则意味着电子数据进入诉讼程序并经过诉讼法项下之相关审查。① 虽然刑事诉讼法中使用的是"电子数据"这一表达方式,但是我们可以看出"数据"与"证据"二者内涵和外延具有一致性,只是适用的阶段、表达方式不同,所以本文还是以"电子证据"这一概念作为实证研究的逻辑起点。

二、探索与分析:基于1000份刑事判决书的实证研究

2012年刑事诉讼法修改前,电子证据的性质存在理论及实践上的争议,包括"视听资料说""物证说""鉴定结论说"等,理论定位模糊不清,实践适用五花八门,随着"电子数据"证据地位明确,这一争议也终有定论。因而,2012年后的相关裁判文书更能反映审判中的实际情况。笔者以"电子数据"为关键词,时间范围为2012—2018年,在"中国裁判文书网"共搜索到40672份刑事判决书,下载后进行随机编号,按照40份一组,共分成1000组,每组中均抽取1号,共计1000份组成调研样本。经分析后,呈现出以下特点:

(一)案件数量呈逐年上升趋势,个别年份有明显波动

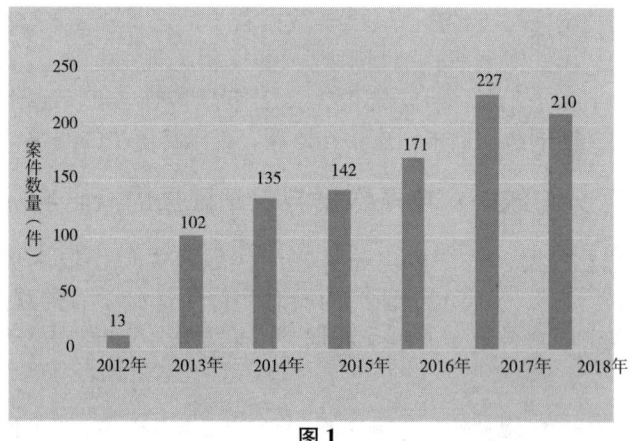

图1

---

① 参见龙卫球、裴炜:《电子证据概念与审查认定规则的构建研究》,载《北京航空航天大学学报》2016年第2期。

通过图1可以看出，随着"电子数据"在诉讼法中的明确，以及以计算机、信息网络为载体的犯罪行为不断出现，涉电子证据案件数量整体呈上升趋势。尤其是在刑事诉讼法及其司法解释出台后的2012—2013年，《电子数据若干问题的规定》出台的2016—2017年，裁判文书中出现电子证据的频率较之前有明显增加，在一定程度上体现出立法对司法实践的影响。

（二）涉及案由分布广泛，覆盖不同类型犯罪

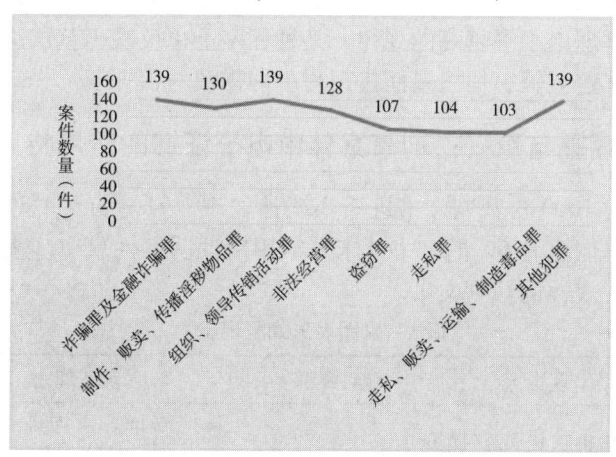

图2

通过图2可以看出，仅在本次研究所涉及的文书中，涉及数量超过100件的就有七种类型的案由，其余案由更是覆盖刑法的各个章节，由此可见电子证据在刑事诉讼中的案由分布非常广泛。

（三）涉及各个级别的法院

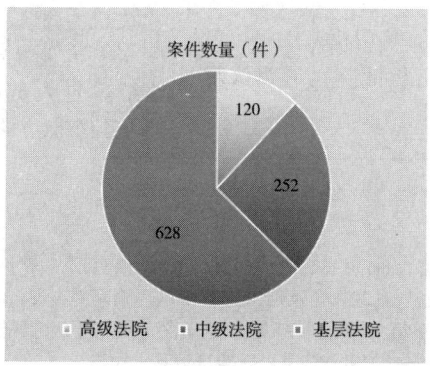

图3

从审判级别上看，各级法院文书中均涉及电子数据的采信、认证。笔者分析文书时，发现在文书说理层面，中级、高级法院在适用依据、不采纳理由等方面往往有充分论述，而基层法院在文书说理上则明显不够积极，虽然对电子证据予以采信，但绝大多数都未明确表述出采信标准，多表为："以上证据来源合法，证据间相互印证，本院予以采信"，或者"上述事实有……（列举各项证据，包括电子证据）等证据证实，足以认定"，而不作更详细的说明。上述现象也符合级别越高的法院，法官理论水平越高的规律，某种程度上也反映出基层法院法官在电子证据认定上因害怕出错而表现得更加谨慎与保守。

三、慎重与稳妥：刑事案件中电子证据的运用特点

笔者对 1000 份裁判文书进一步统计发现，94% 的文书对电子证据予以认证，但也有 6% 的文书并未采纳用以证明案件事实。表 1 中选取了部分有代表性的裁判文书。

表 1 以图表形式呈现出①

证据呈现形式	认证结果	认证理由
公安机关扣押、提取存储介质中的电子数据信息，并制作提取笔录	予以认证	与其他书证、言词证据相结合，证据充分；存储介质中恢复的原始数据信息，具有真实性、全面性
专门的电子数据鉴定中心出具的电子数据鉴定报告	予以认证	鉴定过程符合司法取证要求，取证获取的电子数据真实、有效
公安机关的技术侦查部门出具的电子数据检验分析报告，且鉴定人员出庭作证	予以认证	公安机关调取、保存的电子数据，并委托专业鉴定人员作出鉴定意见，鉴定人员出庭解释、说明，解答控辩双方的询问

---

① 依次详见浙江省台州市中级人民法院（2013）浙台刑二终字第 214 号刑事判决书，江西省南昌市中级人民法院（2012）洪刑二初字第 33 号刑事判决书，湖南省常德市中级人民法院（2014）常刑二终字第 18 号刑事判决书，广东省东莞市中级人民法院（2013）东中法刑二初字第 86 号刑事判决书，甘肃省张家川回族自治县人民法院（2013）张刑初字第 13 号刑事判决书，福建省厦门市思明区人民法院（2013）思刑初字第 517 号刑事判决书。

续表

证据呈现形式	认证结果	认证理由
公安人员主持且见证人见证，提取打印	予以认证	足以反映涉案设备记录的真实交易情况，并经证人确认
在检察人员监督下，以Word文档形式将电子证据转化为书证	不予认证	证实被告人犯罪，需将电子数据的原始证据与书证一一对应才能认定，没有原始电子证据，书证与原始电子数据无法对应的部分，不予认定
从被告人处查获的电子数据，截图形式作为呈堂证据	不予认证	仅有电子数据和截图，无其他证据佐证，该起事实证据不足；单独的电子证据不能作为认定涉案事实的依据

通过以上统计，笔者总结认为，电子证据在审判阶段有两大特点：

（一）通过"形式转化"，电子证据被转化为传统证据弱化使用

2012年刑事诉讼法明确了电子证据的法律地位，但是综合审判实践可以发现，法官对电子证据的认知并不充分，运用也不熟练。传统的证据载体所容纳的证据信息是有限度的，所以这种证据具有一定的稳定性，如果存在对证据信息的增减、修改，很容易留下痕迹，法院在审查时也易于辨别真假。① 面对电子证据时，法官会依照思维惯性，按照书证、物证的认证规则进行审核。例如，将网络（QQ、微信）聊天记录转化为书证，将IP地址转化为鉴定意见、勘验笔录，通过证据形式转化，避免了因电子证据的不稳定性、易修改性等属性而导致的待证事实认定上的困难。

（二）合理运用证据补强规则，电子证据与其他证据结合使用

《电子数据若干问题的规定》第25条规定，对于认定网络身份与现实身份的同一性和犯罪嫌疑人与储存介质的关联性的时候采用的是"综合判断"方式。通过对文书说理部分的归纳，笔者发现，电子证据不是单独采信，往往是结合被告人供述、证人证言等相互印证，即使是在该规定出台前，法官也是更倾向于将电子证据与其他证据相互印证使用，

---

① 参见王勐轩：《河南省辉县市法院电子证据认证情况的调查报告——以刑事诉讼案件为例》，载《湖北函授大学学报》2015年第6期。

形成完整的证据链条,以证明待证事实,与规定确立的规则"不谋而合"。例如,绍兴中院作出的刘某等开设赌场案判决书①:"被告人刘某等对于赌资及盈利数额的供述大体一致,且与电子数据相互印证。"上海二中院作出的徐某某信用卡诈骗、非法经营案判决书②:"根据查获的电脑中恢复的电子数据,并与相关银行对账单进行比对。"又如,在案卷中出现频率较高的网络聊天截图,虽然已在侦查阶段由公安机关依法定程序在相关载体上提取,并拍照固定,可以作为直接证据使用,但法官在裁判时仍然倾向于将其与言词证据相结合,形成完整证据链条后再使用。同时,由于法官缺乏电子信息专业知识,出于对电子证据高科技属性的忧虑,也更倾向于通过推定等方式,结合经验法则、逻辑推理认定案件事实。

(三)缺乏对电子证据关联性的审查

评价传统证据的关联性通常仅考虑信息或内容的关联性,而不用专门关注载体或形式的关联性,但是,对于电子证据而言,既要考察信息或内容的关联性,也要考虑载体或形式的关联性,即双重关联性。证明电子证据内容上的关联性,是为了证明电子数据与案件事实之间是否有联系;而证明电子证据载体上的关联性,是证明承载的电子数据的电子设备是否案件的被告人有联系,从而证明电子设备承载的电子数据是否与被告人有关系。《电子数据若干问题的规定》明确规定了要审查内容与载体之间的关联性,但在样本文书中,并没有对电子证据的内容上关联性进行论述,更没有对电子证据载体上的关联性进行论述,也反映出司法实践在这一层面的缺失。

四、片面与保守:司法实践中的主要问题

(一)电子证据收集不全面、取证不及时导致其真实性受到质疑

相较于电子证据的合法性,电子证据的真实性更容易受到质疑。样本文书中,对证据"三性"的质疑也主要集中在真实性上。仅有30余份判决书体现出中辩护人对电子证据的合法性提出了质疑,占研究样本数量的0.3%。这主要是因为在刑事案件中,除了自诉案件以外,所有证据的保存、固定都是由公安局、检察院等公权力机关进行,电子证据也不例

---

① 详见浙江省绍兴市中级人民法院(2014)浙绍刑终字第190号刑事判决书。
② 详见上海市第二中级人民法院(2013)沪二中刑终字第243号刑事判决书。

外，因此电子证据的取证过程本身就具有法定性。换言之，只要公安机关和检察机关在取证的过程中不存在程序违法，那么电子证据就具有合法性。

证据的收集、取证，是指诉讼中的证明主体，按照法律规定的方法、手段和程序，发现、采集和提取与案件有关的各种证据材料的活动。① 电子证据本质上是由 0 和 1 组成的一群二进制数据，其本身带有易篡改、不稳定等缺陷，使违法分子可以通过各种手段在犯罪行为暴露之初就破坏相关数据，尤其是一些跨境利用互联网实施的行为，对原始数据的破坏更为隐蔽、快捷。若是公安机关在侦查阶段对这些原始信息不能及时获取，一旦错失最佳取证时机，便无法保证电子数据证据的完整性。② 与物证、书证一样，刑事诉讼中电子证据的运用应当适用最佳证据规则，在前期取证中如不能对原始载体及时勘验、收集，就无法形成有效证据链条，达到排除合理怀疑的证明标准，无法全面客观还原案件事实、重现犯罪过程。

（二）电子证据保全措施不到位、保管程序不规范，削弱证明力

根据《公安机关电子数据鉴定规则》《计算机犯罪现场勘验与电子证据检查规则》等相关规定，刑事诉讼中完整的电子证据应当包括能够证明证据来源和保管情况的固定清单、提取清单、原始取得证据的当场封存及后期使用记录等，或者能够直观反映电子证据形成时间、收集地点、取证对象、笔录制作人、制作过程及设备稳定情况的案件材料。由于电子证据方便篡改、容易灭失，为了更准确证明犯罪事实，侦查过程中应当及时采取封存措施，防止重要证据被犯罪分子删除、修改。与此同时，侦查人员应当制作封存、提取、固定电子证据的相关笔录，用以清晰证明电子证据的来源、形成过程、保全时间、地点、方式及取证后的存储、使用情况。

笔者在审判实践中的直观感受是，公安机关对上述规定的要求难以全面落实，仍然采用与其他证据相同的取证程序，并没有考虑到电子证据的特殊性。以"快播案"为例，庭审中的一个争议焦点就是涉案服务器中原始电子数据是否遭到破坏。正如该案某位辩护人所言："证据被污染了，就像一瓶矿泉水，换成污水之后，怎么鉴定，它还是污

---

① 参见魏虹主编：《证据与法学教程》，中国政法大学出版社 2008 年版，第 333 页。
② 参见丁谷平、卜磊：《反贪侦查实务中电子数据取证问题研究》，载《上海政法学院学报》2013 年第 2 期。

水。"仅就取证程序来讲,其提出的观点确实值得司法机关重视。任何一份电子数据都有其独一无二的数字校验编码,编码后产生一个 MD5 值,该电子数据哪怕发生一个字节的变动,MD5 值就会改变,从而得知该数据有没有发生改变。① 以手机短信证据为例,侦查机关只是将短信内容打开并通过照相固定,将照片收入卷宗,但并未将存有短信的原始可移动存储介质随案移送,也没有制作提取笔录来证明照片与原始存储媒介之间的对应性;又如,办案中查扣的电脑、电话等设备大多没有及时采取封存措施,相关笔录材料也不完备。上述不按照电子证据本身规律采取的保管行为,增加了刑事案件的证据风险。

（三）证据理念保守,制约电子证据证明作用的发挥

证据乃诉讼之灵魂,一国证据制度的完善程度,直接影响到该国诉讼制度的文明和理性程度。② 随处存在的电子信息无形地记载着各式犯罪痕迹,在公安机关的侦查阶段、检察机关的审查起诉阶段、人民法院的审判阶段,经过收集、固定、保管、移送、辨认、出示、质证、认证八大证据运用环节,一些本身并不被重视的电子数据信息,可能成为影响定罪、量刑的关键,发挥"沉默的现场知情人"作用。虽然近年来,刑事诉讼法学界在侦查理论上一直强调刑事犯罪侦查模式的革新,力图实现"由供到证"转变为"由证到供,供证结合"。但受制于技术措施滞后及侦查手段单一,加上部分侦查人员存在"重传统证据、轻技术证据"的观念,往往在取证中更愿意收集言词类证据,且审查起诉阶段的公诉人、审判阶段的法官也往往更重视该类证据,客观上也促使侦查人员更加注重收集言词证据。实践中,经常出现侦查人员直接在电脑等证据载体上处理电子数据信息,而没有依程序保存电子数据,造成原始性遭到"污染"的情形,极大地影响了证据的证明作用。例如,在某基层检察院办理的一起职务犯罪案件中,侦查人员扣押了行贿人所有的一台笔记本电脑,电子数据信息保存着每笔行贿的时间、数额、受贿人的详细记录,对案件事实认定有着重要作用。但鉴定意见中却显示,

---

① 参见李贺:《电子证据在刑诉运用中存在的问题与对策》,载《江淮法治》2011 年第 21 期。

② 参见沈德咏、宋随军主编:《刑事证据制度与理论（上）》,人民法院出版社 2006 年版,第 5 页。

该笔记本电脑在扣押证记载的扣押时间后仍然有开关机记录,且在该电脑的系统日志中记载着侦查人员曾使用 U 盘处理相关诉讼材料。这样的行为,无疑破坏了电子证据的原始性。

五、完善与建构:发挥电子证据诉讼证明作用的合理化建议

(一)完善电子证据在庭审中的审核、认证

当前,对电子证据的收集、保全、审查的证据规则,以分散状态分布在诉讼法、实体法及司法解释中,目前仍缺乏一部统一的电子证据法,实践层面也缺乏统一的电子证据适用规则。"有立法,无规则"成了制约电子证据发挥在刑事诉讼中证明作用的最大瓶颈,也使审判人员面对电子证据时往往会产生"不会用、不敢用、不能用"的心态。电子证据是"0"和"1"的排列、组合,必要的技术审查是适用的前提和基础,而合理的认证规则则是适用的约束及保障。规则的缺失,使诸多电子证据被挡在了证据大门之外,应有作用难以发挥,这也是目前我国刑事诉讼中电子证据研究停滞不前的重要原因所在。[①] 因此,确立一套符合审判实践需要的认证规则,是改变目前电子证据使用现状的必然要求,也是推进以审判为中心的诉讼制度改革的应有之义。

1. 电子证据证据能力采纳和证明力采信规则

首先,在真实性层面,应对电子证据的生成、传送、存储、提取、保全、固定等环节,尤其是衔接过程进行审查,如上述环节的完整性能否得到展现,能否排除篡改、伪造可能性,存储介质性能是否可靠,存储环境是否安全抗干扰。同时借助司法鉴定等科学手段及推定、司法认知等认证方法,使各证据相互印证,保证证据链条的构成完整性及推出结论的排他性。

其次,关联性层面,电子证据的内容应与案件待证事实之间形成客观联系。因此,在庭审中,审判人员应当熟练运用逻辑推理、生活规则,围绕电子证据能证明案件事实的哪些部分、对案件争议焦点的证明是否有意义、对待证事实的证明力度等,从不同维度作出判断。

[①] 参见樊崇义、李思远:《论我国刑事诉讼电子证据规则》,载《证据科学》2015 年第 5 期。

最后，关于电子证据的合法性，主要从提取主体、程序是否合法，方法是否符合刑事诉讼强制性规定来审查。着重审查取证行为是否为有侦查权的机构及有侦查资质的人员实施，是否为二人以上进行，有无证实提取、复制过程的文字说明及取证人员、见证人签字，收集程序、方式是否符合程序法及相关技术规范。同时，应当严格依照《刑事诉讼法》第56条规定的非法证据排除规则，对于取证程序中的非实质性瑕疵无法进行补救，无法作出符合常理及逻辑的解释，而又可能对案件的公正性造成严重损害的，在证据采纳范围内予以排除。考虑到电子证据相较于传统证据的特殊性，对排除的标准掌握应当更严格。

除了在理论层面围绕证据三性进行审查，也可以结合一些实践中总结的具体规则辅助认定，如正常业务活动中保留的电子证据，其证明力要高于因其他目的而收集的电子证据，由指控事实不利方保存的电子证据，其证明力大于有利方提供的证据。

2. 电子证据审查的全面性

以数据所包含内容为划分标准，电子证据分为数据电文证据、附属信息证据、系统环境证据三部分。长期以来，侦查机关往往只注重对包含直接犯罪信息的数据电文的收集，而忽视对另外两类证据。《电子数据若干问题的规定》第22条第5项，明确了法官在庭审中应重点审查电子数据的完整性是否可以保证。电子证据本身的特性决定了其识别难度要大于其他形式的证据，正是这种复杂性决定了只有对证据关联信息展示的越完整，才能使各方诉讼参与人越信服。需要综合三类证据，使其证实内容与犯罪行为的发生、结果相一致，能够形成完整的证明体系和证据锁链，得到排除合理怀疑的结论时，作为定案依据。

第一，附属信息证据的审查。

涉网络犯罪均为提前预谋，呈现一定的组织性和隐蔽性，犯罪分子规避侦查能力较强，案件侦办线索不易被发觉。而以标题、备注等为代表的附属信息证据，在数据电文信息被犯罪分子销毁时，却能还原数据电文证据的生成、存储、修改过程，对于甄别数据电文的真伪、认定其关联性有关键作用。

审判中掌握的附属信息越丰富，案件证据链条的构建就越完整，据以定案的依据就越充分，也越有利于法官内心确信的形成。以常用办公软件Word文档为例，其附属信息包含标题、作者、最后一次保存信息、文件夹路径、创建日期、修改时间等。以互联网为载体的犯罪，通过对网络信息的提取、专业软件的分析，可以找到许多特定信息，如制作传播淫秽视频的计算机涉及的网络IP、域名、视频制作修改信息等。审查这些信息，可以对犯罪行为的实施主体、犯罪对象、造成后果等要素进行证明，佐证着数据电文证据的真实性，更好地指证犯罪。

第二，系统环境证据的审查。

系统环境证据，包括了网络环境信息、电子设备的自身系统配置信息等，是确定犯罪行为与实施主体间联系的关键一环。一般计算机都装有Windows、Macos等操作系统，系统运行中接收到的相关指令都会被自我记录，对这些保存在系统中的指令进行挖掘，可以完整显示出操作流程及映射信息。在某些案件中，办案机关在收集证据时往往仅对IP地址、上网时使用的账号及对应的电话号码进行收集，而对于其他环境证据没有足够重视，没有考虑遭到网络黑客攻击的情形，而在涉网络犯罪中，黑客可以采取病毒攻击、盗用账号等方式实行虚假身份操作。因此，审判阶段更应着重审查侦查阶段是否对计算机系统的安全性及相关运程控制信息的使用记录进行检查，只有在庭审中做到了对上述系统环境证据的完整审查，才能使证据链条更加完整，准确无误锁定犯罪主体。

（二）健全充分发挥电子证据证明作用的诉讼机制

1. 构建电子证据办案协作机制

正如前文分析，电子证据的高科技性和多样性，使其收集、固定具有很强专业性，又由于其具备的易篡改、无形性等特征，使得一旦在侦查阶段无法对其有效取证，电子证据的原始性、真实性会遭到极大质疑，从而动摇法官心证，削弱证据证明力。

刑事诉讼是"以审判为中心，以侦查为基础"，在突出庭审作用时，也不能忽略侦查这一前置程序对审判质量的影响。笔者长期在刑事审判一线工作，感触是虽然现行刑事诉讼法对侦查终结、移送审查起诉、审判三阶段所适用证明标准均是"案件事实清楚，证据确实、充分"。但具体层面却有所区分：公安机关、检察机关对定罪标准的掌握更加宽松，侧重发挥其打击犯罪职能；人民法院作为审判机关，公平正义的最后一道防线，为保证事实经得起历史检验，往往更充分贯彻"疑罪从无"理念，标准掌握也更加严格。三家中，公安机关具有丰富的技术侦查手段和高素质技侦人才及技侦设备，法院、检察院则长于对刑事法律的理解适用及犯罪事实的推理认定，可说是各有所长。现行体制下，三机关在互相配合的前提下又有着相互制约作用，表现在电子证据方面，由于可借鉴的经验较为缺乏，对证据证明标准的不同认知，使工作衔接中出现很多争议。《电子数据若干问题的规定》也注意到了这一点，基于不同机关的职能特点明确其工作重点，为此规定：侦查机关应当遵守法定程序，遵循有关技术标准，全面、客观、及时地收集、提取电子数据；人民检察院、人民法院应当围绕真实性、合法性、关联性审查判断电子数据。在突出各自特点的基础上，建立公检法三家的办案协作机制，将法检系统的证据理论优势和公安机关的技术侦查优势相结合，理顺各阶段间的关系，实现侦查终结标准向定罪量刑标准的靠拢，是当前需要完善的重点。

2. 加强电子证据司法鉴定机构的建设

在网络科技发展日新月异，数据信息不计其数的今天，对电子数据的去伪存真、甄别筛选，所耗费时间成本和技术难度使得单纯依赖传统侦查手段已难以满足司法实践需要。考虑到电子证据的这一特点，《电子数据若干问题的规定》第 17 条规定，对电子数据涉及的专门性问题难以确定的，由司法鉴定机构出具鉴定意见。通过对样本文书分析，笔者发现在上海等地，针对涉电子证据案件，设立了专门的电子证据司法鉴定中心，对证据专业问题开展司法鉴定工作，出具司法鉴定意见书。天津市人民检察院成立了专门的电子证据实验室，[①] 按照国家级标准建设，涉及数据恢复、分析鉴定、密码破解等具有"高、精、尖"特点的取证工作。专门鉴定机构的设立，为不同阶段的工作提供了充足的技术支持，但是，目前电子证据鉴定机构多为公安机关、检察机关为侦查工作需要而在系统内设立。若能建立独立的第三方中立机构，更能体现程序正义，既容易获得被告人、辩护方信任，也可以减轻公安机关、检察机关的办案负担。因此，笔者建议，参照民事司法鉴定的相关经验，建立独立第三方的中立电子证据司法鉴定机构，进行科学化、系统化建设，明确机构主体资格、业务范畴、责任制度，充分利用专业技术资源，保证案件审理质量。

---

① 参见高锴、张宁、杨明昱：《市检察院电子证据实验室成立》，载《天津政法报》2015 年 12 月 18 日，第 1 版。

3. 发挥专家辅助人在电子证据认证中的作用

英美法系中,将证人分为专家证人与普通证人,允许具备专业知识的人士提供意见证据,而普通证人则只能陈述他们所感知的第一手材料,并且只能就事实提供证言,不允许提供意见推论或结论。区别于英美法系中直接将专家证人规定为法定证据形式的做法,我国刑事诉讼法中有专门知识的人发表的意见是一种类似于鉴定意见的主观判断,但其不具有鉴定意见的形式要件,所以不属于鉴定意见的范畴;所发表的意见是就案件所涉及专门性问题进行评论、判断,而不是就案件的客观事实进行陈述,所以也不属于证人证言。其实际上是代表申请其出庭的一方就鉴定意见发表专业的质证意见,[1] 本质上应视为公诉意见或辩护意见的表现形式。这样的规定为法官在审判专业性较强案件中如何更好地查清专门性问题提供了制度支持,同时保障了当事人对鉴定意见的质证权,辅助法官作出判断。《电子数据若干问题规定》第26条规定,公诉人、当事人或者辩护人、诉讼代理人可以申请法庭通知有专门知识的人出庭,就鉴定意见提出意见。当面对电子证据真实性的判断时,除了选择专业司法鉴定,也可以考虑专家辅助人出庭。当案情疑难、复杂,电子证据对全案的定罪、量刑起到关键作用,而其本身的真实性、关联性又无法通过逻辑推理、证据印证等方式来确定时,应多采用鉴定程序;而在涉及相对简单的对电子证据的技术性问题解释上,法官可以采取专家辅助人出庭的方式,针对专业技术问题作出说明,加深理解,加强心证。

社会发展的崭新要求呼唤着略显保守的法律制度作出积极回应。电子证据相较于证据法学上的传统类型证据,其复杂性、专业性使诸多司法人员对其适用既"翘首以盼"又"望而却步"。但正如一句古希腊谚语所说"你愿意,时代领着你走;你不愿意,时代推着你走",伴随着证据立法的不断完善以及刑事审判实践的迫切需要,未来对电子证据的理论研判和实务探索力度必将不断加大。

(责任编辑:于增尊)

---

[1] 参见黄尔梅:《准确把握立法精神 确保法律正确实施——最高人民法院刑事诉讼法解释稿简介》,载卞建林、谭世贵主编:《新刑事诉讼法的理解与实施》,中国人民公安大学出版社2013年版,第14页。

扶起摔倒的老年人有那么难吗?
——道德与法律视域下的纠问

崔星璐 吴占英[*]

一、老年人摔倒要不要扶的困局由来

(一)"彭宇案"中道德与法律的博弈

法律与道德均系社会行为规范准则,皆为文明社会发展进步的重要保障。从学理分析,法律与道德之间存在很大关联,二者相辅相成、相互促益。但是,由于我国社会发展正处于转型阶段,人口众多,国情复杂,法律和道德在我国现实层面出现了值得深思的博弈,其最具标志性的案件是 2006 年南京的"彭宇案"。该案成为当时的舆论热点,社会上反响很大,甚至对当前社会仍存在深刻影响,以致"彭宇案"成为老年人摔倒要不要扶的最典型案件。

自 2007 年"彭宇案"曝光以来,大多数新闻媒体为了博得公众关注,对此案夸大解读,反复引用,不利于中华民族传统美德的发扬和传播。此案最受诟病的不仅仅是"要不要扶"的问题,更是在处理案件时法官表现出的利益至上的司法观念,法官在判决时依照的事件逻辑与社会公众的人情观念相悖,其表现出了"事不关己高高挂起"的利己主义,与中华民族的传统道德观念渐行渐远。尊老爱幼是中华民族的传统美德,在路上看到摔倒的老人,去帮助扶起本是再简单不过的事情,但如今相当一部分人都望而却步。从这件小事折射出当今社会道德与法律的微妙关系。毫无疑问,提倡传统美德,同时对法律保持足够的敬畏,这应当是我国公民秉持的坚定信念。单从"要不要扶"这一事件

---

[*] 崔星璐,天津师范大学法学院研究生;吴占英,天津师范大学法学院教授。

来讲，道德之所以出现问题，法律是其中一个重要影响因素。[①] 法律虽然不能规范道德问题，但良好的道德建设必须有法律作为保障。要不要扶起摔倒的老年人，不是单纯的道德问题，必须从法律上给予行为人足够的保障，这样才能打消社会公众在进行道德行为时的后顾之忧。一个人出于传统美德扶起摔倒的老人，可以不进行奖励，但也不能让其因为好心而被讹诈，这是最基本的要求。在"要不要扶"的问题上法律必须及时亮剑，这样才能保障中华民族传统美德的彰显。道德行为只有得到了法律的明确保障，才能进一步发扬，从而恢复我国社会的良好风气，提升公民的幸福感。

（二）媒体的选择性报道

在"彭宇案"发生后，各地媒体为了博取关注，接连报道了一系列"老人倒地"事件，这些新闻通常都是负面性居多，造成我国社会公众面对要不要扶起摔倒老人时产生救助恐慌，甚至出现了道德滑坡的论调。"老人倒地"的事件接连出现，与新闻媒体的选择性报道存在很大关系。媒体作为社会生活的"瞭望哨"，必须始终站在客观、公正的角度，这也是媒体的社会责任所在。但是，在竞争压力或是新闻价值取舍中，选择性报道已经成为我国相当一部分媒体的常用做法，热心帮扶老人，获得老人及其亲属感激的事件也很多，但媒体进行了选择性忽略，而扶起老人被讹诈的事件，在新闻媒体看来更吸引眼球，这就导致了舆论的失衡。

过度重视新闻价值的业务标准，坚持一切以吸引公众眼球为目的的市场标准，最终导致新闻媒体忽视了其社会责任，丧失了新闻报道的公正性和客观性，这与传统的新闻专业主义精神背道而驰。以要不要扶起摔倒老人为例，新闻媒体为了获取关注而集体陷入无意识形态，在选择新闻的过程中不自觉去侧重这类话题。在新闻总量一定的前提下，过多的类似新闻信息传播给受众，必然造成舆论的失衡和社会风气的破坏。我国正处于社会转型阶段，法律制度仍不完善，社会保障体系不健全，道德滑坡等问题容易引起公众关注。在"彭宇案"后，"许云鹤案"同样引起了轰动效应，每一次的舆论热点都反映出社会公众的普遍心理动

[①] 参见孙海波：《道德难题与立法选择——法律道德主义立场及实践检讨》，载《法律科学》2014年第4期。

向。在已经曝光的大多数"老人倒地"事件中，在事实真相并不确定的情况下，新闻媒体的审判总是先于对事实真相的探求。社会公众的围观心理作祟，道德的力量逐渐削弱，甚至"老人"成为"欺诈"的代言，在部分社会公众心中造成偏见，这显然不利于我国和谐社会的进一步发展。①

二、老年人摔倒要不要扶的困局分析

（一）"要不要扶"的道德解读

"要不要扶"的难题是由多方面因素造成的，在这种选择障碍的背后也能够发现当今社会存在的道德问题：有些人看到了老人摔倒视若无睹；有些人害怕被讹诈而敬而远之；有些人想去伸出援手，但由于对对方的不信任，最终望而却步。社会上的每个人都在呼唤道德，但在需要自己作出抉择时，却又不能积极实施道德行为，惧怕为自己的道德行为风险买单。有时，由于马路善举而最终被"讹诈"的人很难自证清白，甚至为此付出沉重代价，这就导致社会上"不敢扶""不敢帮"的道德恐慌。在笔者看来，正是下述不良因素的存在造成了当前的道德问题：

第一，利己主义凸显，阻碍道德水平的提高。我国正处于社会发展转型阶段，虽然国家积极倡导精神文明建设与经济建设齐头并进，但在具体实施时，地方政府仍然过于看重经济利益，忽视了道德建设，最终人们在追求经济利益的大环境中迷失自己，走向利己主义。随着改革的进一步推进，人与人之间的利益关系日趋复杂，与之相适应的社会道德体系仍不健全，以至于出现社会公德缺失的情况。近年来，新闻媒体不时报道扶起摔倒老人被讹诈的事件，这些事件造成了恶劣的社会影响，甚至部分家长开始教育孩子不要轻易助人为乐。不少人担心被讹诈而不愿伸出援手，甚至见死不救。2018年9月，一位六旬老人摔倒，15分钟没有人敢上去扶起老人，最终导致老人被轧身亡。短短的15分钟，我们目睹了人性的纠结，一个鲜活生命的消亡。社会公众的信仰缺失，社会流动性不断增强，人与人之间的感情交流弱化，道德失范现象的频频报道也导致了人们的情感弱化。再加上现实功利思想作祟，人们过于

---

① 参见张宏伟、李晔：《两种道德自我调节机制下的道德行为》，载《心理科学进展》2014年第7期。

看重自身利益,忽视他人和社会利益,最终阻碍了道德水平的提高。

第二,冷漠变成一种社会心态。在改革开放的进程中,经济飞速发展,人们埋头在个人世界里,似乎不再去关心他人利益,冷漠自私变成一种社会心态。人都有趋利避害的天性,每个人都是路人,每个人在实施行为之前都会计算自己的得失,对于陌生人,不少人都是抱着漠不关心的态度。人与人之间的冷漠会逐渐演变为社会的冷漠,人与人之间在面对危难时的救助行为越来越少。社会责任感在削弱,"人人为我,我为人人"的传统美德似乎成了挂在嘴边的空口号。大家都感觉好人难当,自保才最重要,面对老人摔倒,无人敢上前扶起,这是社会个体的悲哀,是整个文明社会的悲哀。由于人情淡漠,被救助者对于施救人非但没有感激,反而利欲熏心,去诬告施救人,长此以往,社会的冷漠心态日趋严重,越来越多的人丧失了最基本的道德判断。我们需要清醒意识到"冰冻三尺非一日之寒",化解社会的冷漠心态也需要一个循序渐进的过程,现在时不时可以看到媒体报道救助老人的正面案例,这就是一个积极的信号,消除冷漠,需要社会中每个成员的参与和努力,需要法律给予切实保障。

第三,社会成员之间的不信任感。我国处在社会转型阶段,法治建设仍不完善,公民道德体系的发展也不甚成熟,道德教育同样存在较大缺陷。在多元化社会不断发展的背景下,人们的观念受到多种因素的影响,由于功利化思想作祟,传统的家族式、群体式的熟人社会逐渐衰落。[①] 熟人社会倡导的道德观念已经无法满足当今社会日趋开放和日渐复杂的道德样态。从下面的事例我们可以发现端倪:杭州某七旬老人在遛弯儿回家的路上遇到醉酒男子,上前搀扶却被当作小偷,遭到暴打。本来是简单的助人为乐行为,老人却因此付出了巨大的道德成本,向陌生人伸出援手似乎不再是一件单纯的事情,附加在"助人为乐"等道德行为背后的风险成本正在侵蚀着社会公众的良心。社会成员之间不信任感的集中表现大致可以归纳为"我相信自己是好人,但我不相信别人是好人",就像在2014年中央电视台春节联欢晚会上播放的小品《扶不扶》中的一句台词:"如果你不撞人的话,你怎么会去救人呢?"这也说出了部分摔倒老人及其家属心中的潜台词。面对老人摔倒而不去

---

① 参见陈仲:《论法治文化的作用机理》,载《河北学刊》2011年第2期。

搀扶，相当一部分人也是存在这样的心理活动，最终选择袖手旁观。从上面的论述我们不难发现，人们并不是缺乏善意，而是在陌生社会的条件下，社会成员之间存在严重的不信任感。如果我们的社会丧失了人与人之间最基本的信任，那每个社会成员都将为这种信任危机买单，设身处地地思考，如果摔倒的是自己的亲人，你是否希望有人去伸出援手？答案是肯定的。总之，社会成员之间的不信任感并不是我们选择袖手旁观的理由。

（二）"要不要扶"的法律解读

从我国当前的情况来讲，公民助人为乐等行为更多的是受到道德的鼓励，却无法得到有效的法律保障，新闻媒体不时报道的"流血又流泪"的事件打击了社会公众实施助人为乐等行为的积极性，同时不利于社会个体公共安全感的培养。因此，我国必须加强法治建设，为助人为乐等好人好事提供切实法律保障，从而进一步推动社会的和谐稳定发展。在笔者看来，正是下述不良因素的存在造成了当前的法律问题：

第一，立法存在瑕疵，面对类似案件通常"无法可依"。我国是典型的成文法国家，处理各种复杂的社会问题，"照法办事"，然而面对"要不要扶"的问题，我国立法仍存在一定瑕疵，在处理搀扶老人被讹诈等案件时通常"无法可依"。① 我国的见义勇为条例面对施救人遭遇讹诈的状况，并未明确规定讹诈者的具体处罚标准，而在世界范围内的很多国家已经针对上述情况进行明确立法，保障了见义勇为人员的合法权益。从"彭宇案"至今陆续出现的搀扶摔倒老人被讹诈的案例已经凸显出我国进行相关立法的必要性和紧迫性。② 2017 年 10 月 1 日，《民法总则》实施，其第 184 条规定："因自愿实施紧急救助行为造成受助人损害的，救助人不承担民事责任。"这是提倡社会公众助人为乐、见义勇为的积极信号，但也只是进行了原则性规定，具体可行的措施仍然没有出台，缺乏司法实践的可操作性。

第二，法官在审理类似案件时存在"和稀泥"态度，并未做到有

---

① 参见陈景辉：《同案同判：法律义务还是道德要求》，载《中国法学》2013 年第 3 期。

② 参见郑根成：《社会热点事件的新媒介机制研究》，载《贵州社会科学》2018 年第 7 期。

法必依。英国文艺复兴时期的著名思想家弗朗西斯·培根曾说过："一次不公正的审判，其恶果相当于十次犯罪。"① 我国的司法体系赋予了法官一定的自由裁量权，在处理案件时法官可以发挥其主观能动性，但这样的目的是提高办案效率、提升司法公信力，法官在处理案件时绝不能抱有"大事化小小事化了"的断案思想，查明事实真相仍是法庭的中心任务。司法公正是社会制度得以延续的基本保障，针对道德行为而言，如果正确的行为没有得到奖励而错误的行为却没有被惩罚，这种司法处置方式必然影响人们对于法律的基本判断以及日后自身面对类似情况时的行为选择。正是如此，"错伤好人"对于社会的恶劣影响甚至超过"放过坏人"。面对搀扶老人被讹诈的案例，法律必须给予施救者切实保障，法官在断案时务必明确施救人的责任，并以此为基础作出正确判决，还施救者以公道，对恶意讹诈者进行必要惩罚，实现真正意义上的结案，这样才能给社会大众一个满意的交代，鼓励人心向善。

  第三，对恶意讹诈者执法不严。即使一个社会的法律体系已经相对完善，但其能否帮助实现良好的社会道德，还需要去看各项法律的执行状况。道德规范通常都是在法律的影响和规制中达到约束效果，从而实现整个社会道德水平的提升。法律的强制性和指向性特点能够加强社会公众的道德意识，促使人们在面对道德行为时作出正确选择。当今社会不时出现的搀扶摔倒老人反被讹诈的事件，其根源正是对恶意讹诈者的执法不严。讹诈既是不诚信的体现，更是"反咬一口"，见利忘义的体现。但面对类似案件，法官通常是采取调解措施，希望尽早了事，即使查明了案件真相，证明存在讹诈情况，也很少对讹诈者进行严惩，只是采取批评教育的措施，这就大大降低了违法成本，使更多的讹诈者"铤而走险"，从中获取利益。执法不严在很大程度上助长了讹诈行为，也是搀扶摔倒老人被讹诈案件频频出现的重要原因。被救助者讹诈救助者的行为明显违背了诚实守信的基本道德，更严重侵犯了救助者的合法权益，败坏了社会风气，最终造成了当今社会"要不要扶"的难题。因此，面对讹诈者，法律必须及时亮剑，不能将老人视为"弱势群体"进行区别对待，如若认定确实存在讹诈行为则必须严惩。如果每一起类似案件都能依法严格处理，那讹诈者便无生存空间，社会公众也不必再

---

① 汪文顶：《英国随笔发展概观》，载《福建师范大学学报》1991年第3期。

去面对"要不要扶"的难题，社会道德风气自然得到提升。

三、老年人摔倒要不要扶的难题破解

（一）道德调整——愿意扶起老年人

道德渗透在我们社会生活的各个领域，是规范社会行为的基本准则，是一种无形的社会控制力量。人类文明社会的每一次发展和进步，道德都起到了重要的推动作用。尤其是在 21 世纪物质文明高度发达的今天，加强公民的道德教育，强化道德的社会调节作用就更为关键。

首先，在道德教育目标的设置上，既要有最高目标的指引，又要有基本目标的言行引导。在进行道德教育时，设置的目标必须层次合理，不能过高要求，脱离实际，也不能要求过低，影响社会整体的道德水平，必须在立足道德实践的基础上，坚持实践性和方向性的协调统一。[①] 针对"摔倒老人要不要扶"的问题，在道德教育中，既要鼓励公民发扬全心全意为人民服务的精神，又要贴近实际，用助人为乐、尊老爱幼的基本道德规范来引领公民的言行，使其作出正确的道德行为。

其次，在道德教育内容的设置上，从社会的道德小案例入手，针对不同的社会群体进行不同的道德规范教育，提升道德教育成效。例如，尊老爱幼是中华民族的传统美德，这一道德原则是针对全体公民提出的，正是在这样的原则引领下，我们才会去搀扶摔倒的老年人，但也是因为搀扶老年人而被讹诈，出现这种情况的根源也是某些老年人恶意利用了尊老爱幼的道德准则。如果在道德教育内容的设置方面，设置具体针对特殊群体的道德要求，如对实施讹诈的老人进行相应道德教育，必然会减少类似讹人事件的出现。[②] 另外，道德教育的内容必须贴近现实生活，及时更新，与时俱进。随着社会的不断发展，新的道德热点问题陆续出现，及时更新道德教育的内容，可以对公民的道德行为进行引领，从而解决社会中的实际问题。道德教育的内容必须侧重培养公民的"公共理性精神"，引领公民积极参与公共事务，积极投身社会建设，

---

① 参见李谷、周晖、丁如一：《道德自我调节对亲社会行为和违规行为的影响》，载《心理学报》2013 年第 6 期。

② 参见郑丽清、俞煌霞：《被救助者讹诈行为的法律规制途径探析——以"扶老人被讹"为视角》，载《行政与法》2016 年第 9 期。

在助人为乐的同时实现自我价值。具体到"老人摔倒要不要扶"的问题上，道德教育必须明确指明公民需要扶起摔倒老人，这应当是出于自身的自愿抉择，也是社会主义道德的基本要求，而不应当在衡量利弊后，将其作为"难题"对待。

最后，加强道德教育，还必须积极推进社会道德建设。公民道德涉及多方面因素，不同的社会环境下存在不同的道德准则。针对"要不要扶起摔倒老人"的问题，其主要是发生在陌生人社会生活中，因此需要推进社会道德建设。笔者认为可以从以下方面采取相关措施：第一，创设遵守社会公德的良好氛围。通过建立社会公德的监督和测评体系，对于遵守或者违反社会公德的行为进行及时曝光，作出对应的奖励或者处罚措施，从而为社会公德树立"权威"形象，引领公民自觉遵守社会公德。这个监督和测评体系的实现，需要借助新闻媒体和社会舆论的力量，一旦社会中出现不道德行为，就会受到来自新闻媒体和社会舆论的反馈，从而让失德人意识到其行为需要承担的后果，以此实现对不道德行为的约束。第二，将社会公德和相关制度有机结合，在制度中体现出道德的内涵和引领方向。通过加强制度建设，引导公民实施道德行为，作出正确道德选择，从而推进社会公德的进一步形成和发展。第三，提升以德治国的强度。以德治国是社会公德发展的重要推力，通过树立典型，加强宣传等举措，引导公民把道德要求转化为实际道德行为，严格遵守社会公德。

（二）法律调整——敢于扶起老年人

一直以来，助人为乐等行为都会受到道德的鼓励，但无法得到法律的切实保障，接连出现的"流血又流泪"的事件让整个社会缺乏安全感，在需要人们作出积极的道德行为时，大家开始变得冷漠。[①] 道德滑坡的出现，有法律方面的原因。当道德自身无法实现调节时，法律必须及时介入，利用其强制性帮助解决社会的道德困境，用法律去引领公平和正义。通过明确赏罚机制，让道德行为的收益提升，让失德行为付出巨大代价，从而引导民众遵守社会公德。

首先，健全相关法律法规，规范类似案件的司法标准。另外，在审

---

① 参见李学尧：《转型社会与道德真空：司法改革中的法律职业蓝图》，载《中国法学》2012年第3期。

判过程中必须严查案件事实,最大程度减少法官个人的情感因素对于案件审理的影响。

其次,提升恶意讹诈者的违法成本。正所谓"法严则人思善,法弛则心生恶",要从根本上减少搀扶老人事件中的讹诈行为,就必须加大惩罚力度,提高诬陷者的违法成本,没有惩恶扬善的机制就难以实现惩恶扬善的成效。对于恶意讹诈者进行严厉处罚,可以督促人心向善,弘扬正义,就如同在经济社会中利益杠杆的作用一样,如果讹诈行为需要付出比收益高出很多的成本时,必然会促使人们将道德要求内化为自身行动。如果恶意讹诈事件造成了较大社会影响,必须令讹诈者实名在公开场合或者通过媒体进行道歉,从而减轻恶劣的社会影响,恢复被讹诈人的名誉,同时让讹诈者承担一定舆论压力,向其他有类似讹诈想法的人敲响警钟。① 如果恶意讹诈事件情节严重,需要承担行政责任甚至刑事责任的,应当予以坚决追究,这样才能对讹诈者起到较强的震慑力,从而督促社会公众发扬善意,彰显社会的公平公正,提升社会道德水平。

(三) 道德与法律的双重调整——解决后顾之忧

人们愿意去扶起摔倒老人,敢去扶起摔倒老人,还应当解决扶起摔倒老人以后的善后工作,这就需要道德和法律同时发挥作用,进行双向调整。

在道德层面,见义勇为的人应当受到社会的认同和褒奖。"搀扶老人委屈奖"虽然有些苦涩和无奈,但毕竟是恢复受害人名誉的良好对策,同时也是对施救人的行为进行积极的肯定。西方有句谚语:"迟到的正义为非正义",虽然说明了正义的时效性特点,但我们也要对迟到的正义给予肯定,毕竟正义到来了,总比始终没有得到公正的评断好得多。正如美国大法官休尼特所言:"正义只会迟到,从不会缺席。"另外,被救者对于施救人心怀感激,这是社会公众最基本的道德良知,不该允许以怨报德。

在法律层面,见义勇为者的合法权益必须得到切实保障,具体可以从以下内容着手:第一,在司法审判中严格贯彻我国民事诉讼法"谁主张谁举证"的证据原则,如果受助老人主张其摔倒是由于施救人造

---

① 参见江川:《"扶老人险"能否扶起失落的良心》,载《检察风云》2016 年第 11 期。

成,则受助老人需要承担举证责任,向法庭提供证据。在缺乏证据或证据不充分的条件下,不能认定施救人就是侵权行为人。第二,规定见义勇为责任豁免原则。只要施救人尽到通常义务,则不对救助不成功的后果承担法律责任。① 在这方面,卫生部 2011 年发布的《老年人跌倒干预技术指南》是一个反面典型,其用专业医学标准要求普通民众的施救行为,明显与上述原则相悖,因此应当及时修正。第三,受助老人诬陷施救人必须承担相应的民事责任和行政责任,严重的可以追究其刑事责任。比如,受助老人的讹诈行为造成了施救人损失的,必须承担相应的民事赔偿责任。如果受助老人的讹诈行为情节较重,必须追究其行政责任甚至刑事责任。第四,设立搀扶摔倒老年人的风险保障基金,如果由于好心人搀扶摔倒老人造成经济损失的,其损失可以由保障基金承担,从而最大程度地降低施救人的经济风险和法律风险。第五,进一步完善社会救助和社会保障制度。我国已经迈入老龄化社会,与发达国家相比,我国经济发展的平均水平仍然处于相对落后状态,针对老年人的基本社会保障还存在漏洞。受助老人的经济状况不佳也是其实施讹诈行为的重要因素。因此,面对这一棘手问题,就必须完善社会救助和社会保障制度,增大社会养老保险金制度和医疗保险制度的覆盖范围,对于老年人参保社会商业保险给予适当补贴,提升老年人参保率。

总而言之,老年人摔倒要不要扶的问题,既是一个法律问题,又是一个道德问题,想要完美解决这一"难题",既要发挥道德的调节作用,又要发挥法律的调节作用,二者如同车之双轮、鸟之双翼,相辅相成,缺一不可。只有通过全民道德水平的提升、法律法规的进一步完善,才能最终构建充满和谐和关爱的美好社会,这也是社会成员的共同愿景。

(责任编辑:郭庆珠)

---

① 参见陈景辉:《忠诚于法律的职业伦理——破解法律人道德困境的基本方案》,载《法制与社会发展》2016 年第 4 期。

习近平关于全面依法治国的重要论述融入法理学课程的路径*

尚海涛　张怡纯**

习近平关于全面依法治国的重要论述，是习近平新时代中国特色社会主义思想的有机组成部分，是马克思主义法理学中国化的最新理论成果，是以习近平总书记为核心的党中央治国理政的重要战略思想。对于法理学课程的改革，国内学界已有一定研究①。本文主要以"融入"为着眼点，搭建习近平关于全面依法治国的重要论述和法理学课程之间的桥梁，并分析融入的具体安排，以期将二者有机结合并融会贯通。

一、习近平关于全面依法治国重要论述的理论要义

党的十八大以来，全面依法治国有了新的内涵，习近平总书记的一系列新理念新思想新战略，对全面依法治国理论作出了全方位的阐述。习近平关于全面依法治国的重要论述是一个内涵丰富的思想体系，是以习近平总书记为核心的党中央的集体智慧成果，是中国特色社会主义思想的重要一部分，也是我国推进法治国家建设的总遵循。

---

*　本文系天津师范大学教学改革项目"习近平全面依法治国思想融入《法理学》课程研究（JGYB01218022）"和天津师范大学课程思政系列优质课程法理学建设项目阶段性研究成果。

**　尚海涛，天津师范大学法学院副教授，法学博士，研究方向为法理学；张怡纯，天津师范大学法学院2018级硕士研究生。

①　具体参见李林：《中国法理学的时代使命》，载《中国法律评论》2019年第3期；童之伟：《中国实践法理学的话语体系构想》，载《法律科学》2019年第4期；王夏昊：《从法教义学到法理学——兼论法理学的特性、作用与功能局限》，载《华东政法大学学报》2019年第3期；陈金钊：《法理学对中国哲学社会科学体系构建的意义》，载《学术月刊》2019年第4期；徐显明：《中国法理学进步的阶梯》，载《中国社会科学》2018年第11期；付子堂、王勇：《1978—2018：走向实践的中国法理学》，载《山东大学学报（哲学社会科学版）》2018年第5期等。

（一）党的十八大开启了全面依法治国的新时代

自党的十一届三中全会提出"加强社会主义法制"以来，我国致力于法治建设已有40多年。在这40多年的时间里，我国的法治建设逐步完善，越发彰显出中国特色社会主义的鲜明特征。尤其在党的十八大召开以后，中国的法治迈上新台阶，进入了全面依法治国的新时代，这些特色和特征主要体现在下述几个方面：

一是提出了法治新十六字方针。党的十八大报告提出，"加快建设社会主义法治国家，必须全面推进科学立法、严格执法、公正司法、全民守法进程"。我们习惯将"科学立法、严格执法、公正司法、全民守法"称为新十六字方针，这是为了有别于十一届三中全会提出的"有法可依、有法必依、执法必严、违法必究"十六字方针。过去的十六字方针以立法为导向，强调法律的创制。而新十六字方针的提出表明，单纯以立法为导向的法治建设思路已经被时代摒弃，当下法治建设的重点是科学立法，创制高质量的法律体系，并强调法律实施的程序严格化、守法全民化。"这十六个字看起来很简单，但对法治的内容进行了根本性改造，每个环节都提出了价值要求。"① 其中，科学立法是推进法治的前提，包含立法内容上的科学和立法程序上的科学；严格执法是关键，不仅指严格追究违法行为，也指对待行政执法活动本身应当严格要求；公正司法是法治的重点内容，是对司法本身提出的要求，实现公平正义也是司法的价值所在；全民守法是依法治国的一项基础性工作，是法治中国对我们每个人提出的要求，也是我们每个人的义务。

二是建设法治中国。"在中共十八大特别是十八届四中全会后，我党关于法治中国的战略设计越来越清晰。"② 十八届三中全会提出要推进法治中国建设，建设法治中国，必须坚持依法治国、依法执政、依法行政共同推进，坚持法治国家、法治政府、法治社会一体建设。十八届四中全会进一步强调"向着建设法治中国不断前进""为建设法治中国而奋斗"。"法治中国"这一概念有着深刻的理论内涵和巨大的包容性，

---

① 刘作翔：《关于社会治理法治化的几点思考——"新法治十六字方针"对社会治理法治化的意义》，载《河北法学》2016年第5期。

② 陈金钊：《以法治中国战略为目标的法学话语体系构建》，载《求是学刊》2019年第5期。

相较于"法治国家"的概念，其内涵更为丰富：我们的法治建设，不仅仅指法治国家的建设，还指法治政府、法治社会的建设。"法治中国"这一概念的提出，为我国法治建设指明了新的时代方位，彰显了社会主义法治精神，表达了中国建设法治强国的理想。

三是全面依法治国。"党的十八大以来，在推进国家治理现代化语境下，依法治国进入了新的历史方位，被时代赋予更大使命。"① 所谓全面依法治国，也即将法治的理念贯穿到党中央治国理政的各个方面，贯穿于中国特色社会主义社会发展的各个方面。全面依法治国，是我们党为了国家的长治久安提出的重大战略任务，是为了兴邦安国采取的全局性举措。全面依法治国作为治国理政的重要一步，已经被纳入"四个全面"中来，党中央将全面依法治国提高到战略布局的高度，并且对全面依法治国进行了战略部署，为法治建设地全面推进指引了方向，即坚持走中国特色社会主义道路，建设中国特色社会主义法治体系，建设社会主义法治国家。

四是建设中国特色社会主义法治体系。建设中国特色社会主义法治体系，建设社会主义法治国家，是党的十八届四中全会上提出的全面依法治国的总目标。其中，建设中国特色社会主义法治体系既是总目标，又是总抓手。② 习近平总书记阐述了"中国特色社会主义法治体系"的科学内涵，即"在中国共产党领导下，坚持中国特色社会主义制度，贯彻中国特色社会主义法治理论，形成完备的法律规范体系、高效的法治实施体系、严密的法治监督体系、有力的法治保障体系，形成完善的党内法规体系"。③ "法治体系"的内涵不同于"法律体系"。法律体系，指的是法律规范体系，是一国现行有效的各部门法律规范形成的一个有机联系的整体，是法治体系的前提和基础。而法治体系，是一个统领性的概念，指的是法律的运行体系，包括立法、执法、司法、守法在内的各个法律实施环节。从法律体系到法治体系的转变，是我们党对法治建设不断努力、不断探索学习的结果，体现了党对我国法治建设认识

---

① 孙志香：《全面依法治国助推国家治理现代化》，载《理论视野》2019 年第 6 期。
② 参见张文显：《中国法治 40 年：历程、轨迹和经验》，载《吉林大学社会科学学报》2018 年第 5 期。
③ 《中共中央关于全面推进依法治国若干重大问题的决定》编委会编：《中共中央关于全面推进依法治国若干重大问题的决定》，人民出版社 2014 年版，第 4 页。

的不断深化。"法治体系"概念的提出,把法律从静态的规范、字面的规则,变为动态的运行、现实的应用,是我国法治建设理论上的一项重大创新。

(二) 全面依法治国的新理念新思想新战略

十八大以来,党中央对法治的重视不断提高,为此组建了中央全面依法治国委员会,统筹推进全面依法治国工作。随着法治工作的推进,全面依法治国的内涵也不断得到丰富,在中央全面依法治国委员会第一次全体会议上,习近平总书记正式提出了"全面依法治国新理念新思想新战略"的科学命题,其理论要义主要包括:

一是党全面领导法治。中国特色社会主义社会的不断发展离不开党的领导,依法治国的全面推进更是离不开中国共产党的引领,党的领导在中国的法治建设中具有统领性地位。正如习近平总书记所说,党的领导是中国特色社会主义的法治之魂,是我们的法治与西方资本主义法治最大的区别。"党是社会主义制度的领导者,也是法治建设的领导者。"[①] 改革开放以来,我国法治建设取得了一系列重大成果,也充分证明了党的领导和社会主义法治是一致的。同时,党全面领导法治的理念要求,把党的领导贯彻到依法治国的各个方面,具体体现在党领导立法、保证执法、支持司法、带头守法,确保依法治国在党的领导下有序推进。

二是奉法强国。一个国家选择什么样的道路,决定了这个国家的命运走向。"道路问题既是理论问题,也是实践课题。"[②] 在中国,一代代的中国人对法治道路的探索,与中华五千年文明是一脉相承且历久弥新的。历史的经验告诉我们,"奉法者强则国强,奉法者弱则国弱",法治兴则国家兴,法治衰则国家乱,法治是国家强盛的保证,是治国理政不可或缺的重要手段,法治道路是我们国家不断发展强大的必经之路。坚定不移地走奉法强国之路,是推进全面依法治国的根本实践,坚持全面依法治国,才能更好地发挥法治对经济发展、社会公正、文化昌明的规范作用。

---

① 闫少华、谭韩:《习近平法治思想研究》,载《理论学刊》2017年第6期。
② 戴小明:《谱写中国特色社会主义法治理论的新篇章——习近平全面依法治国新理念新思想新战略论要》,载《法学评论》2019年第6期。

三是良法善治。"不是什么法都能治国，不是什么法都能治好国。"① "现代法治的内涵集中表现为以体现多数人意志和利益的'众人之治'，其核心要义是良法善治。"② 良法善治理念的提出和实践，打破了根深蒂固的法律工具主义和法律形式主义理念的局限，是我国法治理论的又一重大创新。良法善治，是依法治国的本质内容，它包含两层意思：良法和善治。一方面，只有那些真正体现最广大人民群众利益的，体现社会公平正义的，符合历史发展规律的法律才是"良法"；另一方面，只有良法被遵守才能保证公平正义价值的实现，只有通过法治切实保障法律赋予人民的权利，才能真正发挥良法的效果，即实现"善治"。"以良法促进发展、保障善治"，这是新时代党对我国法治建设提出的新要求。

四是人民主体。坚持人民主体地位的理念，以马克思主义唯物史观作为理论基础，以中国传统民本思想为其文化渊源。马克思主义唯物史观强调人民群众是历史的主人，中国自古以来的社会治理更是重视顺应民心、政得其民。在马克思主义中国化的过程中，党中央将人民主体地位的理念贯穿于治国理政的始终，结合唯物史观和中华优秀传统文化，提出了一系列与时俱进的理论。"全心全意为人民服务""代表最广大人民的根本利益""以人为本"等，共同构成了一脉相承又与时俱进的人民主体理念。在法治时代背景下，坚持人民主体地位，更是推进法治建设所要遵循的重要理念。法治建设，说到底是为了更好地保护人民的权利，最大限度地实现社会的公平正义。正如习近平总书记强调的，必须牢牢把握社会公平正义这一法治价值追求，努力让人民群众在每一项法律制度、每一个执法决定、每一宗司法案件中都感受到公平正义。

二、我国法理学课程所应肩负的法治担当

"中国法学的命运与中国法治的历史息息相关，与新中国的成立、

---

① 中共中央文献研究室编：《习近平关于全面依法治国论述摘编》，中央文献出版社2015年版，第43页。

② 张华民：《现代法治视域下良法善治的基本要求及其在我国的实现》，载《南京社会科学》2018年第5期。

建设、发展紧紧相连。"① 正是在我国法治背景的衬托下,我国当前法理学知识体系和理论体系的滞后、陈旧,远没有承担起法理学所应有的法治担当。笔者认为,我国法理学所应肩负的法治担当主要有下述三个方面:

(一) 激发学生对法理学的探索精神

"法理学知识的特性决定了既有的法理学知识绝对不能被视为绝对真理的体现,它永远处于探索之中,而这种探索精神的存在才是法理学知识存在和发展的动力。"② 法理学不能忽视对这种探索精神的培养,因为只有对法理学理论有探索能力,才有可能成为有法治中国需要的、不因循守旧、脱离实际的、有创造力的法理学人才。问题意识是创造力的来源,教材是学生启蒙的关键。因此,法理学课程应有的法治担当,首先就是在法理学教材中强化问题意识,通过教材引导学生对法理学相关问题的思考。法理学的问题不仅存在于学术理论中,也存在于法律现实中。从法理学40年来的发展可见,其越来越注重法治实践和法律现实。因此从法理学课堂开始,抓住教材这个人才培养的核心,引导学生关注全面依法治国的实践,启发学生积极思考现实问题,这是当下法理学课程应有的法治培养职责。

(二) 课堂教学助力我国依法治国的实践

课堂是教育的主阵地,中国特色社会主义接班人法治意识的培育,有赖于法理学课堂教育作用的充分发挥,应立场坚定地将习近平新时代中国特色社会主义思想融入课堂。全面依法治国在习近平新时代中国特色社会主义思想中有着重要的支撑作用,全面依法治国的实施离不开社会主义法治理论的推进,社会主义法治理论的推进需要法理学教育的助力和发展。中国法学的发展史是一部与时代潮流同频共振史,是一部与法治中国建设同步共进史。③ 因此,教师在法理学课堂上应摒弃过去僵化的教学模式,结合热点教学案例,培养学生理论结合实践的能力,带

---

① 张文显:《在新的历史起点上推进中国特色法学体系构建》,载《中国社会科学》2019年第10期。

② 郭忠:《法理学知识的"死"与"活"——一个被中国法理学教材长期忽视的问题》,载《河北法学》2012年第9期。

③ 参见黄文艺:《迈向法学的中国时代——中国法学70年回顾与前瞻》,载《法制与社会发展》2019年第6期。

领学生诠释好新时代全面依法治国的内涵。这既是时代对法理学教育的要求，也是法理学课程应有的重要担当。

(三) 引导学生确立当代法律人的立场

通过教材和课堂教学的结合，法理学课程首先完成的是对学生知识的传授和思维的培养，但这还不完整。法理学课程教学的第三个维度，也是最为重要的一个层面，是对学生立场的引导，即引导学生确立一种解决实际问题的当代法律人立场，并从这种立场出发不断深入研究法理学理论，推进中国法治的发展。站在全面依法治国的时代背景下，在清楚现代社会的法治需求、法律在现代国家的功能等问题的基础上，当代法律人应以解决中国法治实践问题为己任，以推进新时代全面依法治国为应有的担当。培养适格的法律人，是推进全面依法治国的必要条件，而课堂教学则是其中重要的一环。法理学课程教学的实质在于引导学生进行法律修身，不断锤炼学生的法律人格。① 因此，只有完成了对学生这种解决实际问题的立场的培养，法理学课程才算是完成了自己应有的使命。

三、习近平关于全面依法治国的重要论述融入法理学的教学目标

全面依法治国重要论述融入法理学课程，是一个教育主客体相互吸收、相互交流的过程。在此前提下，教育主体明确教学目标，设立正确的教学指引方向是充分调动教育客体积极性的保证。

(一) 学习、理解全面依法治国重要论述的核心理念

全面依法治国是中国特色社会主义的本质要旨和重要保障。习近平关于全面依法治国的重要论述，明晰了全面依法治国的指导思维、发展道路、工作架构、重点职责。"一是坚持加强党对依法治国的领导。二是坚持人民主体地位。三是坚持中国特色社会主义法治道路。四是坚持建设中国特色社会主义法治体系。五是坚持依法治国、依法执政、依法行政共同推进，法治国家、法治政府、法治社会一体建设。六是坚持依宪治国、依宪执政。七是坚持全面推进科学立法、严格执法、公正司

---

① 参见姚建宗：《"法理学"课程教学的基本理念与教材分析思路》，载《中国大学教学》2015 年第 10 期。

法、全民守法。八是坚持处理好全面依法治国的辩证关系。九是坚持建设德才兼备的高素质法治工作队伍。十是坚持抓住领导干部这个'关键少数'。"① 全面依法治国的重要论述从制度、政策、人员多角度进行了论证，需要加大力度全方位贯彻这些重要论述。

（二）引导学生自觉内化全面依法治国重要论述与法理学课程之间的关联

教导学生自发内化全面依法治国的重要论述，需要先将全面依法治国的重要论述与法理学教材中对应的"依法治国，构建社会主义法治国家"篇章相结合。全面依法治国的重要论述，是对传统依法治国思想的新发展，是在传统依法治国思想的基础上，对依法治国提出了更精准、更可行、更全面的新要求。在坚持党的领导的前提下，从人民主体地位、国家法治体系，到微观立法、执法、司法、守法，共同建构法治国家、法治政府、法治社会的点、线、面立体环绕架构。将全面依法治国重要论述的内容与法理学课本中传统依法治国内容进行比较学习，不只是形而上的知识梳理，更要引导学生自主思考、主动发问、共同探讨，在持续输入与输出的互换中，内化"吸收"全面依法治国重要论述与法理学课程的关联之处。此外，法理学作为学习法律的入门课程、基础课程，是培养学生法律思维，树立法治精神的必修课。全面依法治国重要论述融入法理学课程，不仅要有内容的契合，更要有精神的镶嵌，这就要教育法科学生树立问题意识，将依法治国重要论述紧随时代需求，在学习法理学知识的过程中不断探索时代新内容，注入新"血液"。

（三）引导学生确立法治见解，切实奉行法治理念

实践对认识具有重要的指导作用，实践是检验认识正确与否的唯一标准。法学本身是经世致用的专业，② 全面依法治国的重要论述作为理论认识，法理学课程作为理论认识的输出渠道，检验其成效的唯一标准便是实践。实践是过程性的累积，不是一朝一夕促成的，实践结果的优劣取决于实践主体的配合。一方面，高校要创建法治环境，开设相关课程的同时提供课下普法实践活动的组织条件；另一方面，要提升教师团

---

① 习近平：《加强党对全面依法治国的领导》，载《求是》2019 年第 4 期。
② 参见李喆：《法学专业学生实践教学的困境与出路研究》，载《法学杂志》2014 年第 9 期。

队集体理论素养,大力支持年轻骨干专业教师带头进行法治思想进课堂进校园进头脑的示范性实践教学活动。此外,大学生作为践行法治的实践主体,在充分学习法理学基础知识和全面依法治国的重要论述之后,要充分发挥主观能动性,勤学多思,要更有时代担当和责任感,将所学所思能够切实运用到现实生活,这是检验课程学习成效的量尺。当前,中国特色社会主义法治建设迈入重要时期,严把高校培养法治人才环节是决胜法治建设的关节点,法理学课程作为法理学生的"敲门砖",全面依法治国的重要论述融入该课程,不仅是内容的结合,更需要法治精神的汇入,这样既能提升教学水平,有利于创造高校法治环境,又能更好地寓教于学、教学相长,有利于提高学生素质。

四、习近平关于全面依法治国的重要论述融入法理学的教学设计

全面依法治国重要论述融入法理学课程的教学设计,是一个不断发掘、不断改良的过程,需要紧跟时代要求,将全面依法治国重要论述对应扩充法理学教材内容,考量教材客体内容的政治性、时代性和适当的扩充性等因素进行因材施教,才能更好地达到事半功倍的效用。

2018年5月2日,习近平总书记在北京大学考察时指出,形成高水平人才培养体系,是发展社会主义教育事业,办出中国特色世界一流大学的一项基础性工作,教材体系是形成高水平人才培养体系的重要一环。"以独到的风格创制高水平的法理学教材,以'法理'为中心,梳理教学内容,将全面依法治国重要论述中保障权利,增进福祉的核心价值融入教材内容,既要有框架结构,又要有实质内容,注重法言法语的精修,思考法谚和法律格言背后更深刻的思想和道理,培养学生分析、反思和创新的能力。"[1] 立足时代背景,紧密结合党的十九大以来全面依法治国重要论述的新论断,替换教材中过时的理论观点,提出新的思考问题,编选更有时代价值的参考文献,便于学生课下学习交流。全国高校广泛使用的马工程《法理学》教材第十五章"依法治国,建设社会主义法治国家"的内容在全书占幅较少,易造成内容粗放,相应知

---

[1] 姚建宗:《"法理学"课程教学的基本理念与教材分析思路》,载《中国大学教学》2015年第10期。

识点连接不到位，学生学习有断层的困境。因此，要求将全面依法治国的重要论述对应贯穿于该章内容中的第三节"建设社会主义法治国家的历史任务"中，以法理学教材为基础，以教材讲学为手段，共同缔造重要论述融入法理学课程的有利平台。

一是现行教材中对"建立完备的中国特色社会主义法律体系"的内容较为简略，只是简单描述了建立中国特色社会主义法律体系的标准和基本要求，并未对如何建设的问题作详尽解答。这就要求在不断探索社会主义法治建设过程中，将重要论述中的"依法治国是坚持和发展中国特色社会主义的本质要求和重要保障""坚持中国特色社会主义法治道路，最根本的是坚持中国共产党的领导""推进科学立法，完备以宪法为统帅的中国特色社会主义法律体系""建设一支德才兼备的高素质法队伍"中有关立法队伍建设的内容，以及党的十八届四中全会和十九大报告中有关全面依法治国的内容，融入马工程《法理学》教材的"建立完备的中国特色社会主义法律体系"部分。明晰全面推动依法治国总目标，是建设中国特色社会主义法治体系、建设社会主义法治国家的必要基础。将建立法律体系上升到建设法治体系的过程，需要高度重视依法治国的重要意义，务必把党的领导贯彻落实到依法治国全过程和各方面，坚定不移地走中国特色社会主义法治道路；完备以宪法为主旨的中国特色社会主义法律体系，构建中国特色社会主义法治体系，建设社会主义法治国家；推动科学立法，关键是完备立法体制，深入推进科学立法、民主立法，抓住提升立法质量这个关键，加强重点领域立法。

二是现行教材从依法行政的法律制度以及行政理念角度，对"依法行政，建设法治政府"的内容进行了补充解释，这些基础内容虽是建设法治政府的重要内容，但仅停留在制度和思想层面的理解，仍不足以完全承担起目前法理学课程教义，这就需要融合时代需求，将重要论述中的"严格依法行政，加快建设法治政府"内容中善于运用制度和法律治理国家的具体细则，作为此部分的方法论。一方面，政府要依法全面推行职能，健全依法决策机制，深化行政执法体制革新，保持严格表率，文明执法决心，深化对行政权力的约束和监察，全方位推进政务公开。另一方面，"建设一支德才兼备的高素质法治队伍"中，有关执法队伍人员要按照减少层次，整合队伍，提升效率的原则，合理设置执法力量。推进综合执法；完备市县两级政府行政执法管理，强化联合领导和协作；严谨执行行政执法人员持证上岗和资格管理制度；完善行政执法和刑事司法衔接机制，完备移送规范和程序，实行无缝对接。

三是现行教材从司法制度的历史沿革和司法公正的原则，简单论述了"建设保障社会公正的司法制度"，内容少且未触及司法公正的具体执行。培根在《论司法》中曾指出：一次不公的裁判比多次不平的举动为祸尤烈。因为这些不平的举动不过弄脏了水流，而不公的裁判则把水源败坏了，这足以证明推行司法公正的必要性。这就要求我们，一方面在"坚持公正司法，努力让人民群众在每一个司法案件中感受到公平正义"模块中，将完善确保依法独立行使审判权和检察权制度、改进司法职权配置、推动司法公正、保障人民群众参加司法、加强人权司法保障以及加强对司法活动的监督等内容扩充进来。另一方面，从司法队伍构建人才着手，将各类司法人员工作使命、工作流程、工作标准等内容融入教材"建设保障社会公正的司法制度"部分。

四是现行教材以法律意识和法律思想体系两个概念的关系为着力点，论证了"增强法律意识提高法律素质"的举措。对于教材该部分内容理论性较强、实践性缺乏的问题，需要将重要论述中的以下内容纳入，包括：推进多层次、多领域依法治理，坚持统筹治理、依法治理、综合治理、源头治理、提高社会治理法治化水平；建设完备的法律服务体系，发展律师、公证等法律服务业，统筹城乡、区域法律服务资源；完备依法维权和化解纠纷机制，改善调解、仲裁、行政裁决、行政复议、诉讼等有效衔接、相互调节的多元化纠纷解决机制。将"增强全民法治观念，使尊法守法成为全体人民共同追求和自觉行动"内容，充分融入教材"增强全社会的法律意识和法律素质"部分。

五是现行教材"完善权力制约与监督机制"部分，仅以其重要性进行了论述，缺乏可操作性的政策制度，这就要把重要论述中领导干部具体行使党的执政权和国家立法权、行政权、监察权、司法权纳入其中。领导干部务必带头尊崇法治、敬畏法律，了解法律、掌握法律，遵纪守法、捍卫法治，厉行法治、依法办事，不断提升行使法治思维和法治方式深化改革、推动发展、化解矛盾、维护稳定的能力，做尊法、学法、守法、用法的模范，用实际动作带动全社会尊法、学法、守法、用法。将抓住领导干部这个"关键少数"的内容，融入教材"完善权力制约与监督机制"部分更有指引力和说服力。

结语

  习近平总书记指出:"法律是治国之重器,法治是国家治理体系和治理能力的依托。"[①]新时代中国法治理论,以全面依法治国新理念新思想新战略的"十个坚持"为核心要义,是在中国改革开放和现代化建设的背景下,以推进全面依法治国实践为重要基础的法治理论。[②] 全面依法治国的重要论述不仅对于推动法治实践具有重大的理论指导意义,对于高校法学教学也有着重要的引导作用。法理学作为法学专业的基础课程,是开展法律理论教育的重要平台,是法律人学习法治理念、培养法律思维的起点。因此将习近平关于全面依法治国的重要论述融入高校法理学课程,是贯彻习近平新时代中国特色社会主义思想、落实国家教育方针的必然要求,也是提高当代大学生法治素养,培育和践行社会主义核心价值观、实现中国梦的现实需要。党中央强调依法治国的全面协调推进,这标志着今后一个时期内,法治任务将以制度化、体系化形式不断深入进行。我们坚信,融入全面依法治国重要论述后的高校法理学课程,将会在法治进程中进一步发挥推力作用。

(责任编辑:晁晓军)

  [①] 习近平:《关于〈中共中央关于全面推进依法治国若干重大问题的决定〉的说明》,载《求是》2014年第21期。
  [②] 参见李林:《新时代中国法治理论创新发展的六个向度》,载《法学研究》2019年第4期。

【名家演讲】

论司法推理的大前提与制度修辞

谢 晖*

今天我要讲的这个话题是漫谈司法推理的大前提与制度修辞。既然是漫谈,我们就采取漫谈的方式。尽管涉及逻辑问题,但我主要讲修辞问题。在大家的学习过程当中,尤其在学习法学的过程当中,所有的法科学生,都有一个基本的理念。法律是什么?法律是理性的。法律是怎样构造的呢?怎样的法律才是一个完美的逻辑结构?没有人说法律未必是合乎逻辑的。在法科学生看来,法学、法律和逻辑,天然存在一定的联系。所以一个学法学的不掌握逻辑,他就没学到位。尤其是,宪法学家吴家明先生大声疾呼在法律专业必须开设法律逻辑学,他的《法律逻辑学》尽管是在形式逻辑法学上的一般应用,但是影响非常大。他的书出来后,不仅仅在中国大陆,对中国法科学生的逻辑学训练有很大的帮助,而且在中国台湾地区,有一个著名的图书出版公司——五南图书出版公司,专门跟吴先生签订了协议在台湾出版,并且在台湾的印刷次数要比大陆的印刷次数多得多。在大陆,很多人都将这本书遗忘了。然而在中国台湾,这本书依然在不断加印。这就说明逻辑学在整个法科中、在法学中是极其重要的。

法律一定要讲逻辑,不讲逻辑,等于说不讲道理。你只要讲道理,就一定要讲逻辑。逻辑就是用来讲道理的,逻辑就是用来说理的。在一场辩论中要说理,在法庭辩论中要说理,在司法裁判中要说理。靠什么来说理?就是逻辑。但是,今天我在这里提出一个新的话题。法律也罢,法学也罢,关系到逻辑就必须关注修辞。

---

* 中南大学法学院特聘教授,博士生导师,研究方向为法哲学和法律方法。

大家知道，对于修辞，很多人有不同的看法。有些人特别反感修辞。在人类历史上，最烦修辞的是一位大学者，亚里士多德的老师——柏拉图。在他看来，修辞这个东西就是蛊惑人心的。在他看来，一个真正理性的人，应该逻辑至上，而不应该随时把修辞拿来使用。但尽管这样，我们知道，亚里士多德也罢，他的老师柏拉图也罢，对于修辞有很多的研究，尤其是亚里士多德。亚里士多德全集中，有一本书就叫作《论修辞术》。他对修辞有着精深的研究。

在中国，大家也知道，人们在谈文章的时候，都反对华而不实。比如，我们古人有一种文质之说。如果一篇文章，文胜于质，这篇文章尽管看起来很好看，但是没有价值。如果一篇文章质胜于文，尽管这篇文章不吸引人，但这样的文章才是好文章。我在这里讲到的文是什么意思呢？文就是修辞。最近，我们国内比较知名的一位学者写了一本书，书的名字我就不说了，学者的名字我也不说了。文笔非常棒。我有一个学生在河北工作，他对这本书下了一个评语：尽管书写得非常美、非常动人、非常好看，但是这本书，文胜于质。文胜于质等于说，对这本书的思想理念进行了否定性的评价，或者说是负面性的评价。

逻辑和修辞不是对立的。逻辑和修辞是作为人类认识世界的两种工具，或者人类表达事物的两种工具，它们之间往往是相辅相成的。

今天，我和大家交流的第一个话题就是"司法推理的大前提究竟是什么"。大家知道，司法推理一般遵循的是三段论。三段论这样的推理模式，大家知道是谁创立的吗？大家答得非常好：亚里士多德。他在人类历史上，最早系统地创造了三段论这样的推理模式。他的《工具篇》就专门探讨人类思维的逻辑问题。逻辑三段论，大家非常清楚，大前提，小前提，还有结论。那么司法活动，作为一个非常重要的推理活动、理性活动，它的大前提是什么？第一点，我们经常讲，司法必须要以事实为根据、以法律为准绳。所以法律是司法推理最重要的大前提。一个国家的立法，涉及的调整对象、调整内容是方方面面的。我们的日常生活，本身就是一个法律调整体系。比如，此刻我们尽管在这个课堂上，但是我们在课堂上享受着法律调整的秩序。在座的各位同学都有法律上的生命，我们都是鲜活的生命主体。在这个课堂上，我们每个人都享受着我们自己的生命权。在课堂上，我们享有财产权。所以，你看我们的日常生活代入了法律秩序。一部法律制定好，它的作用范围是非常广泛的。它直接作用于我们最日常的生活中。尽管如此，法律最重要的是当社会主体因为权利问题而出现纠纷时，以法律作为根据作出裁断。很多同学认为，我们日常生活和法律没有什么关系。这是一种错觉。其实我们的法律和我们的日常生活有着密切的关系。正因为有了这种关系，因为有了这种预设性的前提，一旦我们因为财产问题、健康问题出现了纠纷，就要通过司法的方式来解决。所以，在一定意义上，立法就是为司法推理、司法逻辑而准备的大前提。所有司法活动，最重要的逻辑大前提，一定是以法律作为根据、以法律作为准绳来进行推论的。

法律能不能是完美无缺的呢？有没有完美无缺的法律呢？有些人企图追求完美无缺的法律。比如，大名鼎鼎的凯尔森，他创立了一种法学，叫作"纯粹法学"。纯粹法学寻求什么呢？寻求法律的逻辑自足。他认为法律是一个逻辑自足的体系，法律不需要其他外在的力量来左右，法律自身逻辑的魅力就构成了对社会秩序的调整。我们知道，他的逻辑上有一个重大的瑕疵。他提出的一个著名的规范：所有的法律必须建立在基础规范之上。有人追问凯尔森：您的基础规范是什么，能不能给我们解释一下呢？最后凯尔森回答不上来。基础规范究竟是什么，只可意会，无法言传。凯尔森在基础规范和其他规范的论述过程中，犯了一个错误。这意味着凯尔森的逻辑自足的纯粹法学体系是不切实际的。再比如，当年边沁提出了一个命题，认为所有的学科都应该划一个专业槽，在这个专业槽里面，法律的归法学，伦理的、道德的归伦理学。法学不要去研究伦理学的问题，伦理学也不要去研究法学的问题。边沁的一个弟子奥斯汀，后来成为规范分析法学的创始人，他在《法理学的范围》中就明确提出，法理学、法学仅仅研究法律问题，所谓道德问题、习惯问题，法学一概不研究。但是事实上，这样一种对法学纯粹化的追求，最后是不是实现了法学的纯粹化？没有实现。第二次世界大战以后，他们的后继者，大名鼎鼎的哈特，提出了一个著名的命题：包容性法律实证主义。什么是包容性法律实证主义？法律要包容最低限度的道德。这就和排他性的法律实证主义产生了明显的区别。拉兹仍然是排他性法律实证主义者。他强调应当在法律中排除道德，应当在法学研究中，坚决排除道德。纯粹法学特别强调法学研究应该研究纯粹的法律，应当研究逻辑自足的法律。但问题是：法律可能是逻辑自足的吗？不是，法律总会有冲突，法律总会有漏洞，法律总会有模糊。法律毕竟是人的理性，只要是人的理性，我们都熟悉一句话：人类一思考，上帝就发笑。现实生活中没有完美无缺的法律。那怎么办呢？

我们知道，有些国家采取了授权的做法。当我们的司法机关没有或不能有完整的法律的时候，法律有缺陷的时候，法律有空缺、有冲突的时候，要么司法主体进行自由裁量，要么司法主体在法律主体之外寻求支援。这样的支援，我们称之为支援规范。比如，瑞士民法典就明确提出了支援原理：有法律依法律，无法律依习惯，无法律也无习惯，那么依照法理。我们民国时期的民法典，学习了瑞士民法典，也有这样非常开放的规定。当司法机关不能通过法律作为司法推理的大前提时，支援它的资源是习惯，我把它称为民间规范，在司法活动中，民间规范起着越来越重要的作用。这一点在当下中国尤其如此。在司法裁判过程中，有时物权的标准、合同交易的标准不是按照物权法，也不是按照合同法的规定，而是根据习惯。

有一年，我参加英国召开的一个国际学术会议，我主要谈了民间法在中国司法中的影响。没想到葡萄牙的学者、日本的学者、韩国的学者、加拿大的学者以及坦桑尼亚的学者，都围过来专门追问我问题，而且闭幕式安排我发言。在这样的大型会议上把我讲的一个中国的地方性经验，作闭幕式发言。我想这是有道理的：尽管是地方性知识，但是能在某种程度上引起大家的共鸣。这就说明什么？在立法上也罢，在司法中也罢，在一定意义上尊重地方性知识，本身是人类一般心理的反应和表达。这个问题比较复杂。我专门有一篇文章《地方性的普适性》。这是第二个方面。

第三个方面，如果说习惯、民间规则、法律都没有，那怎么办呢？在特定国情下，还有一个非常重要的逻辑推理大前提，那就是国家政策。在这方面，彭州里教授在博士后期间专门写了一篇文章《国家政策的司法化》。这是以最高人民法院公布的各个地方的案例为基础写的一篇文章，充满了判例的实证精神。在我国司法中，政策仍然是一个特别值得我们关注的话题。政策不仅仅可以作为一个事实推断的小前提，而且在很多情况下，它可以作为对法律补缺的大前提。那么既没有法律，也没有民间规则，也没有政策，怎么办呢？

在司法裁判中，我们讲情、理、法。这个理所讲的是公理，是常理。重庆大学法学院前任院长陈忠林教授就经常讲：常情、常理、常识。尽管"三常"理论没有经过系统的学理总结和学理提升，但他讲的有一定的道理：当国家法律不能表达人们生活常识、常情、常理的时候，那么在司法活动中，毫无疑问应当尊重常识、常情和常理。从最近几年发生的两个案例来看，这两个裁判都引用了常识、常理和常情。一个裁判最近在网络上讨论得沸沸扬扬。有一个地方的法官，在裁判的时候，在说理的时候，运用《圣经》来说理。他用《圣经》来说理，我认为是一个常理性的说理。他引用的那段《圣经》，无论是在公理中、《圣经》中，或是在《古兰经》中，都可以找出类似的思想、观念，以及我们的日常情感。还有一个是前几年影响比这个案件还要大的一个案件。那就是南京彭宇案。一个老太太倒在地上，老太太的家属说，是彭宇把她撞倒的。而彭宇说，我是把她扶起来，我是在做好事，没想到是好心成了驴肝肺。然后，法官根据常情判断——不是常理：你既然没有撞倒她，那老太太去医院了，你为什么要跟她去医院？为什么其他人没去医院你去医院了？根据常情，这是说不过去的。当然，还有其他一些因素。结果，这个案件进行裁判后引起了轩然大波。甚至有一些伦理学家强调：我们宁可承认彭宇说的是真的。即便他说的是假的，我们也宁可接受彭宇说的是真的。因为我们社会的道德已经败坏到极点了。在这种情况下，彭宇说自己做了好事，法官非要说彭宇没有做好事。法官当时的压力非常大。最后，江苏某法院，采取一个非常智慧的做法，以调解的方式结案。在调解过程中，彭宇承认，是他把老太太撞倒的。下车的时候比较拥挤，他下车时不小心把老太太撞倒了。一个法官能不能根据自己的生活经验和常识，根据人类的公理，根据著名法学家的学说，在法律根据不足的时候进行判断，或者进行裁判呢？这在世界上绝大多数国家是允许的。但是在中国，到今天为止，政策上没说允许，法律上没说允许，我们公民还接受不了。原因何在？其中一个关键的原因就是，目前而言，我们法官的素质还参差不齐。但即使如此，我仍然要说，如果你翻开中国古代的判例，比如《名公书判清明集》，这些判例中，中国古代社会根据常识、常理、常情，根据公理进行裁判，非常常见。并且公理最能打动人心，最能说服人心。从这个意义上讲，如果我作为法官，当时的案件既没有法律，也没有现成的民间规范，也没有国家政策作凭据，那运用公理、法理裁判当然是可以的。但是除了法律之外，无论运用公理裁判、政策裁判，还是民间规范裁判，我个人认为应当有几个条件：第一个条件，法律没有规定或者法律规定本身是矛盾冲突的。我在《法律哲学》第三卷专门写的就是这个问题。第二个条件，法律授权。法律授权已经把公理纳入了法律调整的轨道。我强调法律一元论，道德宗教、其他民间规范，还有公理都应当在广义的法律调整之下，而不应当游离于法律规定之外。它和法律不能构成一个二元治理体系，它构成的是法律一元秩序体系。司法推理的大前提是多元的。但是这个大前提，最终要归结于法律或者法的精神，或法的理念上来。

跟大家交流的第二个话题是"司法推理大前提的修辞属性"。推理是个逻辑问题。但是司法推理的大前提，又是一个具有修辞属性的问题。现实生活中，修辞和逻辑往往具有对立性。修辞强调感性，逻辑强调理性；修辞强调艺术，逻辑强调科学；修辞强调诠释，逻辑强调推论。正因为这样，修辞和逻辑具有明显的背面性。但我在这儿仍然要说，司法推理的大前提本身是一个修辞。

我们先要了解一个问题：法律为什么让人变得单面化？我不知道在座的诸位看过一本书没有，这本书的名字有两个译名，一个叫《单面人》，另一个叫《单向度的人》。这是法兰克福学派、新马克思主义者马尔库塞写的。在这本书里面，他认为资本主义生产方式牺牲了人的价值多样性，舍弃了多样性的追求，使我们在机器的操作下，变成了一个机械的单面人。如果进入了马尔库塞"单面人"的说法，我们完全可以说，法律恰恰是最典型的把人变成了机器，把人变成了机械的而不是有机的。人生活在法律预设的规则之下，不能有更多的灵活性、自主性、多样性。尽管法律权利赋予了人们多元性的可能，但是多元性只能在法律规范的范围内。我们可以这样说，在所有的社会规范体系中法律更加使我们变成了一个单面人。原来我们中国的方言多少？仅仅在我的老家，一条山梁上的三个地方的口音，尤其是音调，都不相同。尽管他说的话我能听懂，但音调完全不同。现在这个情况大为减少，为什么呢？很多年轻人都在全国各地打工、上学，都被一种语言统一了，那就是我们现在说的普通话。普通话是中国的什么语言呢？法定语言。所以要当老师，你必须普通话过关。从法律上来讲，统一是有必要的。秦始皇统一了度量衡是有必要的，车同轨、书同文，是有必要的。这样的统一是法律的追求。但对我们每个个体而言，对每一种地方文化而言，它导致社会越来越一元化，而不是多元化、多样化。法律不是使我们的世界变得丰富多彩，而是至少在形式上使我们的生活变得更加单面。不仅仅是我们的交往行为变得单面化，而且使我们本身变得单面化。怎么变得单面化了呢？《论美国的民主》这本书里面就讲，美国人民深受法官的影响，深受法学院的影响，最普通的民众在日常的思考中，在日常的言语中，充满了这种司法的行迹。什么意思？司法语言把美国人民洗脑了，单面化了。那么我们要进一步问：为什么法律在制定的过程中往往只选择其一？大家都知道按照马克思主义的说法，法律必须是明确的规范、普遍的规范、统一的规范。明确、普遍、肯定，再加上统一，构成了我们日常理解的法律的最基本的特征。世界上这么多人，有完全不同的性格，有完全不同的需求，有完全不同的交往方式，人和人太不相同了。为什么要用一个统一的规范，让这么多不相同的人把不相同的事情统一起来？

立法必须要有取舍。立法选择了什么？舍弃了什么？为什么这样选择？为什么要那样舍弃？这是我们必须要特别思考的问题。比如，环境质量问题。我们的空气质量越来越差，但是这个空气质量差或者好的标准是什么？一级空气质量标准，二级空气质量标准，究竟是以什么为标准？为什么我们在法律上规定这种水可以饮用，那种水不可以饮用？法律在用"可以""不可以"的时候选择了什么，舍弃了什么？本来可以饮用的水和不可以饮用的水是客观存在的，但是法律在制定的时候只选择了可以饮用的水，而排除不能饮用的水。法律在保障人民权利的时候，只保证人们可以饮用的水，要排除不能饮用的水。法律面对多元的、多样的社会关系，乃至人和自然的关系，它只能选择其中一种，不能面面俱到。不能通过一种实验的方式把所有实验的东西都摆在大家的面前，让大家都可以进行观察。不行的，只能选择其中之一，选择其中最有利于人的，来给人提供保障。由此我们可以看出，当法律选择其一，不及其他的时候，法律选择了一个标准——人的标准。进一步讲，难道人的标准就一定是真正的标准吗？面对多元的世界，我们不仅仅有人和人的关系，而且还有人和对象的关系。为什么法律不选取对象的生存为标准作为法律规定的根据？现在有人主张动物权利，甚至还有人主张生物权利、植物权利。既然大家这样关心对象问题，关心对象和人的和谐相处问题，那么我们在立法的时候，为什么仍然以人作为既定标准，而不是以对象的生存作为既定标准？自人类有文明史以来，只要把人当作人看待，只要他是自由民的身份，这个自由民受到了对象的侵犯，我们不会优先保护对象，而是保护人。

　　第三个话题我要讲的是"法律究竟是作为价值的修辞还是作为事实的逻辑"。法律究竟是一个以价值为标准的修辞，还是一个以事实为评判标准的逻辑体系，这个话题极其重要。这是我们今天讲的最关键、最核心的内容。我们前面讲过，在很多人看来，法律是一个逻辑体系，并且还是一个逻辑自足体系。为什么立法者要以人类生存得更好这样的标准作为立法根据？这说明法律在诸多的事实选择中选择了一个更有利于人生存的价值理念。古今中外，所有的法律必须要利及于人。法律必须以人作为主体，以人作为前提，以人作为立足点。所以从这个意义上讲，法律是一个逻辑体系。这个逻辑体系是建立在什么假设之上的？建立在满足人的价值需要之上。当然，在人的价值里面还有很多多元的价值，法律并不能让所有的价值都满足。它只能满足人具有普遍意义的、一般意义的、肯定意义的价值。这就更进一步地说明了法律的价值预设性。法律的价值预设是什么呢？它是逻辑的大前提。但是预设本身又是修辞。我选择这个，放弃另一个。选择就是我接受的修辞，选择了一种可接受性。作为逻辑大前提的法律，作为司法推理逻辑大前提的法律，它是修辞。

　　第四个话题是"为什么少数服从多数"。我们现在是一个民主社会。民主社会，有一个非常重要的原则，那就是少数服从多数。在政治活动中、司法活动中都是如此。最近，英国发生了一个让全世界都震动的、直接影响到我们生活的事件——脱欧公投。脱欧，但还有48%的人想留在欧盟。为什么52%的人就绑架了48%的人？为什么法律不能两者兼顾？综观世界各国的政治活动，无论是议会的决策，还是公民公投的决策，都是少数服从多数的价值选择。多数决定意味着什么呢，意味着多数绑架了少数。所以，这次英国公投完了以后，许多民众极不满意，很多人主张重新公投。当天晚上就有80万人签名，等到第二天的时候，有300万人签名。英国法律规定，只要有10万人签名，议会就必须为此重新动议。议会这次怎么做，我们还不得而知，但是公投当时规定的就是少数服从多数，并且是简单的少数服从多数。简单多数代表的是一种无可奈何的选择，我们只能这样选择。多数人的法律仅仅反映了多数人的价值追求，它一定牺牲了少数人的价值追求。在这样一种情况下，我们之所以把法律当作法律，我们是信法，而不是法律为真。"信法为真"，我一提到这句话大家应该想起的是秦始皇的大谋士，他的丞相李斯。李斯当时就向秦始皇不断地强调：皇帝，你一定要以法为教，以吏为师，要以法律作为教化的根据。这句话说得非常好。到今天为止，我们谈法律信仰，怎么才能有法律信仰？那必须要以法为教，一方面是讨论法律多么重要，另一方面谈论的是高深道德的教化。不是说道德不好，而是说道德不是和法律完全吻合的一个体系，它最多仅仅是法律权利当中的一点。我要不要高尚，要不要毫不利己专门为人，这是我的权利。我可以毫不利己专门为人，我也可以铁公鸡一毛不拔。在我看来，多数决定制不是一个真理决定制，而是一个机会决定制。有一个法学流派叫现实主义法学。现实主义法学可以说横扫了现在的美国法学界，影响非常巨大，尤其在司法中影响非常巨大。现实主义法学的所有头号人物都具有司法官的背景。现实主义法学的司法观点，跟刚才我讲的立法观点是非常接近的。在现实主义法学看来，法律在应然层面上，是法官、律师对这个案件如何宣判的一种预测。就像卡梅伦，对于公民应怎么样投票有一个预测，这是应然的。那实然的法律是什么呢？不是白纸黑字的法律，而是白纸黑字的判决。为什么说现实主义法学不行呢？它没像黑格尔那样，甚至也没有像萨维尼那样形成世界观体系，尽管他们有很多著作。但是在我看起来，尤其是作为学习法理学的人看起来，他们的这一套观点非常实用。因为不这样，你无法裁判。同样的，如果少数不服从多数，如果不采取摇签的方式解决问题，这个问题将无法解决。我们仅仅是为了解决当下的问题，而不是追求终极的真理。逻辑大前提不是真的，但是我们信它为真，我们视它为真，这就是一个修辞概念，就不是一个逻辑概念了。

第五个话题，"法律究竟是科学的还是可接受的"。我写了一篇4万多字的文章，当中特别强调，无论是司法视角的法律，还是立法视角的法律，从根本上来讲，法律追求的是可接受性而不是科学性。司法要寻求两者的可接受性，立法要寻求的是全民的可接受性。既然是可接受性的，那意味着它未必是科学的。我们刚才讲，科学强调的是什么呢？一是一，二是二。科学不能强调什么呢？以此及彼。科学不能在两个相对的命题之间，说这个命题也对，另一个命题也对，但是法律可以，法律可能，司法裁判也可能。尽管如此，司法裁判也罢，一个国家的法律也罢，根本上追求的不是科学的、逻辑的，而是阐释的、可接受的。大家知道，尤其在个案中，双方当事人的主张是不同的，是对立的。双方当事人的举证是对立的、相反的，双方代理人的举证也是相反的。在这样一种情况之下，法官必须裁判。我们的裁判要基于事实，这是毫无疑问的，但是所有的事实都只能基于证据事实，而不是客观事实。证据事实和客观事实具有包容性，但并不是完全一致。证据事实和证据事实是两码事，它可能是证据事实，但未必是客观事实。但是大家知道法官在司法裁判过程中，他只能尊重证据事实。他不可能说你们两个人的证据都是真的，我把你们两个人的证据都采纳上，那样只能导致一案多判。一案两判的事情在中国多次发生，最典型的案例发生在陕西。法官为了让双方满意，给了原告一个胜诉判决书，给了被告另一个胜诉判决书。后来，他们申请法院执行，原告拿着胜诉判决书，被告也拿着胜诉判决书，这个时候事情败露了。结果网上就出现了对法院的一片声讨。人们把这样的判决称为阴阳判决。调解可以和稀泥，但是判决是不行的。法官采信的证据是真的吗？可能是真的，绝大多数是真的。在小前提的选择下采取的不是真正的逻辑理念，而是修辞理念，因为仅仅是法官这样认为。这一点在美国大名鼎鼎的橄榄球明星辛普森的案件中体现得最明显。大家明知道他就是犯罪人，但是法官只能尊重证据事实，不能在证据事实之外假设一个客观事实，所以他只能根据证据事实裁判其无罪。我们经常强调科学立法，但是只能说在立法方法上具有一定的科学性，本身它不是科学的，立法只能是一种可接受的选择。科学这个词是有特定的含义的。有一个新兴的著名的哲学流派——哲学解释学，或者叫解释学哲学。其从罗塞尔开始，由海德格尔作了进一步更深的论述，由加达默尔做了集大成的工作，现在包括商谈理论，包括公共选择理论，包括国际理论。这些理论追求的原则是什么呢？不是科学原则，而是诠释原则，是可接受性原则。在人文社会，需要更多的商谈。商谈的结果是什么呢？就是我们非常熟悉的那句名言——"我不赞同你的观点，但我誓死捍卫你发表观点的权利。"商谈结果并不是寻求东风压倒西风或者西风压倒东风，而是选择我们共同的观点，能尽可能多的共存。即便如此，也有可能完全共存。在西方的裁判文书中，尤其是美国的裁判文书中，一定要把法庭中合议庭少数人的意见写在判决书中。那是为了尊重少数人，但是决定案件的还是多数人。多数人的决定更具有可接受性。为什么我们的法庭组成人员必须是单数？就是为了形成有效决议，就是为了更容易形成大家可接受的决议。

　　毫无疑问，法律应当是真理。但这种真理，它是一种约定的真理，不是一种推定的真理；它是一种选择的真理，不是一种铁定的真理。这种真理观，在西方哲学家那里，叫作诠释，而不是科学的真理。大家一定要在将来的学习中，分清楚诠释的真理和科学的真理。如果立法活动不关注真，就不可能有所谓的真理，就像中国古人所强调的知出乎真。同样的，司法活动，也是种真。为什么我们有法庭论辩阶段？为什么法庭论辩阶段是最精彩的阶段？这是一个真正的司法独立活动阶段，也是最能决定司法取舍的一个阶段。原来我们都是对立的，也是冲突的，只有通过越辩越明这样的方式让双方或多方都表明主张"我的对，对方不对"。作为法官，归根结底必须要作抉择，他不能各打五十大板。不能和稀泥，他必须做是非判断。要在这样的冲突和论辩中作出抉择。那么这个抉择，大家想一想是不是完全是逻辑的？可能是逻辑的，但是绝对不会排除修辞。

　　在司法推理的过程中，所有演绎推理的大前提全是修辞。为什么？因为法律是修辞。归纳推理涉不涉及修辞问题？大家知道，归纳推理主要来自英国一位非常伟大的经验主义哲学家——弗兰西斯·培根。培根一生从事法律工作，当过律师，当过法学教师，当过法律顾问，当过法官，甚至曾是罪犯。培根有一个非常著名的文集，这个文集最权威的版本是由甘肃人水天同先生翻译的，这就是《培根论说文集》。培根是经验逻辑或称归纳逻辑的奠基人。培根还有一本名著《新工具》。演绎推理的大前提往往是修辞，那我们可以得出这样一个结论：归纳推理的结论往往是修辞。因为归纳推理不可能穷尽所归纳的事实，只要不能穷尽所归纳的事实，就有可能有意外发生，那么一个貌似斩钉截铁的结论，就仅仅是一种假设，而不是一个一定符合真理的结论。最典型的，大家都知道天下乌鸦一般黑，我们见过的乌鸦都是黑的，结果有人发现了一只白色的乌鸦，就把天下乌鸦一般黑这样一种归纳的结论推翻了，这就是著名的波普尔所讲的证伪学说。归纳逻辑一旦被证伪，那么这个归纳的结论就动摇了，但是要使一种归纳的结论不被证伪，又难乎其难。科学研究最重要的就是要证伪。只要把一个科学定论的东西证伪了，这非常伟大。在现实生活中，不能进行证伪的定理或结论存不存在？只能限定在某个前提下才有，一旦跨越了这个前提就没有。

最近，科学界在说相对论是在一定意义上穷尽了真理，穷尽了物理学界对这些问题的一些结论，霍金在广义相对论的基础上，打破了广义相对论。这样的事情有很多。所以，归纳逻辑应当是一种更符合科学真理的逻辑，但只要归纳的前提不是周全的，归纳的事就不是完全周全的，结论就不一定是完全正确的。在终极意义上讲，归纳逻辑的结论往往是修辞，这也意味着在司法过程中所谓的事实，不论是客观事实还是证据事实，这样的事实归纳，包括法官采信，包括法官内心的确认，都是修辞性的结论。尽管我们赞同制度在附条件的情况下，法律在附条件的情况下，司法推理在附条件的情况下，要遵循逻辑，但如果完全抛弃修辞，那么制度将不成为制度，司法也不可能真正展开。我们既要关注逻辑，也要关注逻辑根本性的支撑点是什么，这样，我们对法学尤其是法哲学的理解才会更深入。

（责任编辑：晁晓军）

刑事诉讼法修改的若干问题

陈卫东[*]

刑事诉讼法是一部非常重要的部门法,其主要规范的是刑事诉讼的程序、制度。近年来,随着我国法治建设的不断推进,刑事诉讼法已经成为一部越来越受欢迎的部门法。重视法治、重视程序、重视人权保障是我国法治发展的重要趋势。与之相对应,我国司法改革的内容主要涉及的是司法权的优化配置、司法权的独立、司法权功能的行使等,而这些内容也是我国刑事诉讼法所亟须跟进的内容。所以,根据可靠的统计,我国每一轮司法改革都有超过 60% 的内容涉及刑事诉讼法的修改。而此次刑事诉讼法的修改虽然不是一次大规模的、全方位的修改,但是其修改的背景、修改的契机、修改的内容却非同寻常。

一、刑事诉讼法修改的背景

(一)适应国家监察体制的改革,使监察法和刑事诉讼法更好地衔接

2018 年 3 月,十三届全国人民代表大会第一次会议通过了监察法。这是一部全新的法律,是监察机关办理违法违纪和涉嫌犯罪案件的一种实体规范和程序规范。由于国家监察委员会是一个崭新的国家机关,其所行使的权力,是通过人大制定法的形式来赋予的。而监察机关所处理的涉及职务犯罪的案件,又必须移交给司法机关来处理,这就产生了监察法和刑事诉讼法衔接的问题。监察法一共有 69 个条文,其所规范的内容相当广泛,既涉及实体法方面又有程序法方面、组织法方面的内容。但是,其中的很多规定不是很具体,这就为二者的衔接带来了一些问题。基于此,监察法与刑事诉讼法衔接的问题就寄希望于刑事诉讼法

---

[*] 中国人民大学法学院教授,博士生导师,研究方向为刑事诉讼法。

修正案来加以解决，所以刑事诉讼法的修改便提到日程上来。自监察法颁布实施以来，监察委员会大量的监察案件涌入检察机关，监察法与刑事诉讼法衔接过程中存在的问题也日益暴露出来。通过这几个月的司法实践，我们针对暴露出来的问题提出解决方案，并将有关的方案集中规定在刑事诉讼法以及其他相关的法律中，从而使监察体制的改革、监察案件的办理能够顺利推进。

（二）为进一步加大反腐、追逃的力度，研究设立新的审判制度

近年来，在我国反腐斗争过程中，贪官外逃现象十分严重。许多贪官在贪的过程中就已经想好了退路，有的将赃款转移出境，也有的在外逃时将赃款携带出境。为了解决上述问题，我国刑事诉讼法专门规定了一个特别程序——针对贪污贿赂犯罪、恐怖活动犯罪的财产没收程序。但是，这个特别程序自规定以来，在司法实践中却很少使用，原因在于这个程序存在一个很大的障碍——必须以有罪为前提才能没收财产，倘若犯罪嫌疑人尚未捉拿归案，则无法定罪，进而无法适用财产没收程序。基于此，从2014年开始，习近平总书记和时任中央纪委书记王岐山同志先后作出批示，指示有关部门要着手研究缺席审判制度。此次修正案规定的缺席审判制度，是该制度研究成果的规范化和法律化。

（三）新一轮司法改革试点工作取得成功进展

自2013年以来，我国开启了新一轮的司法改革。此次司法改革规模之大、范围之广、力度之强，前所未有。这次司法改革的一个非常凸显的特点就是试点先行。先行先试，取得成功经验，然后按照试点经验来推广的这样一种原则加以推开。全国人大在这次改革中先后对刑事速裁程序、认罪认罚从宽制度、巡回法庭、人民陪审员制度等做了相关的试点。其中，刑事速裁程序从2014年6月到2016年6月进行了为期两年的试点，认罪认罚从宽制度从2016年10月到2018年10月进行了为期两年的试点。另外，为了使刑事速裁程序能够更好地配合认罪认罚从宽制度的试点，全国人大决定刑事速裁程序的试点再延期两年，和认罪认罚从宽制度一起到2018年10月结束试点。至今，有关试点工作已经全部结束。各地区的试点工作都取得了成功的进展，为了将试点地区的成功经验在全国范围内推行，2018年10月26日，第十三届全国人民代表大会常务委员会第六次会议审议通过了《关于修改〈中华人民共和国刑事诉讼法〉的决定》（以下简称修正案）。

二、重点新修条文及所涉制度的解读

（一）第 1 条

增加一条，作为第 15 条：犯罪嫌疑人、被告人自愿如实供述自己的罪行，承认指控的犯罪事实愿意接受处罚的，可以依法从宽处理。

第 1 条是针对认罪认罚从宽制度入法以后，规定的一条原则性、纲领性的条文，为后文认罪认罚从宽制度具体条款的规定作铺垫。

1. 认罪认罚从宽制度入法的意义

认罪认罚从宽制度是当下刑事诉讼制度改革三大主要任务之一，直接连通以审判为中心的诉讼制度改革。认罪认罚从宽制度改革是宽严相济刑事政策的法治路径，高度契合当前我国刑事司法稳健运行的迫切需要，对于缓解司法资源的有限性和日渐增长的案件数量之间的紧张关系有特殊意义。推进认罪认罚从宽制度试点，能够通过调动犯罪嫌疑人、被告人主动认罪认罚的积极性，使其获得宽大处理的司法判决后果，既体现对犯罪嫌疑人、被告人权益的充分尊重，也有利于探索形成非对抗的诉讼格局，实现司法资源的优化配置。

2. 认罪认罚从宽制度中的"从宽"

什么叫"从宽"？这是整个认罪认罚从宽制度的核心和焦点。认罪认罚从宽制度的"从宽"是该制度能不能推行下去的一个核心问题。如果"从宽"仅限于从轻处罚，那么该制度的规定就没有任何意义。因为我们党的政策从新中国成立开始就一直强调坦白从宽，现在无须再搞一个专门的制度。所以，如果"从宽"只是从轻处罚这样一种力度，则不足以鼓励犯罪嫌疑人去认罪。所以，这个"从宽"涉及的范围应当是广泛的，涉及从轻、减轻、免除处罚、不追溯、不起诉等，不能仅局限于从轻处罚。

3. 认罪认罚从宽制度是不是辩诉交易制度

有人说，认罪认罚从宽制度是中国化的辩诉交易制度。但从认罪认罚从宽制度设计的初衷和运作的方式来看，该制度和美国刑事诉讼法规定的辩诉交易制度相去甚远，甚至根本不是一回事。因为认罪认罚从宽制度中缺少辩诉交易制度的两个根本要素，即罪名、罪数的交易。在实行辩诉交易的国家，特别是美国，控辩双方可以对罪数和涉及的罪名进行交易。在司法实践中，只要犯罪嫌疑人认罪，一级谋杀可以按照三级谋杀来起诉。辩诉交易制度既涉及罪名的改变，也涉及罪数的改变，我们可以说罪名和罪数的交易是辩诉交易的核心点。而我们刑事诉讼法修正案所规定的认罪认罚从宽制度是犯罪嫌疑人、被告人自愿如实供述自己的罪行，承认指控的犯罪事实，愿意接受处罚的，可以依法从宽处理。这里面没有一个讨价还价的余地。

4. 认罪认罚从宽案件证明标准是否发生变化

稍微注意一下刑事诉讼法学界最近一个时期的研究动向就会发现，认罪认罚从宽案件证明标准是否要有变化，不同于普通刑事案件规定的"案件事实清楚，证据确实、充分"，这个争论现在非常激烈。有些人认为，认罪认罚的案件，3年刑期以下就要走速裁程序，这个证明标准应该宽于普通刑事案件的证明标准。我认为，持此种观点的人没有从根本上理解认罪认罚从宽制度设置的初衷。设计认罪认罚从宽制度不是用来进行辩诉交易的，而是为了让犯罪嫌疑人、被告人认罪的。司法机关在定罪时丝毫不会在证明标准上放宽条件，所以证明标准是一样的。

（二）第2条

将《刑事诉讼法》原第18条改为第19条，第2款修改为：人民检察院在对诉讼活动实行法律监督中发现的司法工作人员利用职权实施的非法拘禁、刑讯逼供、非法搜查等侵犯公民权利、损害司法公正的犯罪，可以由人民检察院立案侦查。对于公安机关管辖的国家机关工作人员利用职权实施的重大犯罪案件，需要由人民检察院直接受理的时候，经省级以上人民检察院决定，可以由人民检察院立案侦查。

1. 第2条的立法背景

在我国监察体制改革的过程中，人民检察院将反贪权力转移给监察机关。目前，人民检察院在转隶和转隶后案件的移送方面都和监察机关密切关联。我们在修改刑事诉讼法的过程中首先遇到的问题是：人民检察院的自侦案件是不是全部转给监察委员会？根据中纪委发布的有关通知，明确规定了14种需要由人民检察院行使自侦权力的案件。这14种案件，怎么体现在法律中呢？这就出现了修正案的第2条。

2. 人民检察院现行自侦案件的范围

根据修正案的规定，目前保留给人民检察院的自侦案件，犯罪主体只能是司法工作人员，包括监狱、法院、监狱、看守所的工作人员。而且，只能是司法工作人员利用职权实施的两种犯罪：一种是侵权犯罪案件，如刑讯逼供、非法拘禁、非法搜查等；另一种是损害司法公正的犯罪，不包括行贿罪、受贿罪。如果上述主体在办理案件的过程中收受贿赂，则案件依旧由监察委来查办，监察委对贪污贿赂犯罪实行全覆盖。

（三）第9条

将《刑事诉讼法》原第118条改为第120条，第2款修改为：侦查人员在讯问犯罪嫌疑人的时候，应当告知犯罪嫌疑人享有的诉讼权利，如实供述自己罪行可以从宽处理和认罪认罚的法律规定。

这一条规定了公安机关在侦办案件的过程中对犯罪嫌疑人实施认罪认罚从宽制度所应当履行的法定义务。

理论界在研究认罪认罚从宽制度时，存在许多疑问，包括：在侦查阶段，在案件还处于不明朗、证据尚未收集齐全情况下实施认罪认罚从宽会不会导致侦查人员采用强制、胁迫等非法手段迫使犯罪嫌疑人认罪？倘若在侦查阶段犯罪嫌疑人认罪，会不会继而导致侦查人员停止侦查活动？侦查人员因犯罪嫌疑人认罪而停止侦查活动后，在审查起诉和审判过程中犯罪嫌疑人又不认罪了，这个时候检方又没有证据，案子该如何进行下去？

上述问题也一直是我所纠结的。在《中国法学》所刊登的《认罪认罚从宽制度研究》一文中，我明确主张侦查阶段犯罪嫌疑人是不能认罪的。但是经过认真的梳理后就会发现，不让犯罪嫌疑人在侦查阶段认罪是不符合实际的。所以，我在后来所撰写的文章中放弃了原来的观点，认为在侦查期间可以允许存在犯罪嫌疑人认罪认罚。在侦查阶段，侦查人员必须告知犯罪嫌疑人享有的诉讼权利、如实供述自己罪行可以从宽处理和认罪认罚的法律规定。这实际上是提供给犯罪嫌疑人一种选择，让他清楚自己有这样一种权利，明晰行使这种权利的后果。

（四）第8条、第10条和第12条

修正案第8条将《刑事诉讼法》原第106条改为第108条，第1项修改为：侦查是指公安机关、人民检察院对于刑事案件，依照法律进行的收集证据、查明案情的工作和有关的强制性措施。

修正案第10条将《刑事诉讼法》原第148条改为第150条，第2款修改为：人民检察院在立案后，对于利用职权实施的严重侵犯公民人身权利的重大犯罪案件，根据侦查犯罪的需要，经过严格的批准手续，可以采取技术侦查措施，按照规定交有关机关执行。

修正案第 12 条增加一条，作为《刑事诉讼法》第 170 条："人民检察院对于监察机关移送起诉的案件，依照本法和监察法的有关规定进行审查。人民检察院经审查，认为需要补充核实的，应当退回监察机关补充调查，必要时可以自行补充侦查。对于监察机关移送起诉的已采取留置措施的案件，人民检察院应当对犯罪嫌疑人先行拘留，留置措施自动解除。人民检察院应当在拘留后的十日以内作出是否逮捕、取保候审或者监视居住的决定。在特殊情况下，决定的时间可以延长一日至四日。人民检察院决定采取强制措施的期间不计入审查起诉期限。"

上述三个条文主要涉及的是监察案件和其转换为刑事案件后的衔接问题。

1. 调查与侦查

监察机关在办理职务犯罪案件、违法犯罪案件时要进行调查，调查需要必要的手段，所以监察法规定了 15 项具体的调查手段，包括：询问、讯问、扣押、搜查、鉴定、通缉、留置、技术调查等。这些手段主要是从刑事诉讼法关于侦查的措施中移植过来的。换句话说，监察委的调查手段就是公安机关和检察机关的侦查手段。原来，我国刑事诉讼法对"侦查"有一个专门的立法解释：侦查是公安机关和人民检察院在办理刑事案件过程中依照法律所进行的专门调查工作和有关的强制性措施。此次修正案将"侦查"的概念进行了修正：侦查是公安机关、人民检察院对刑事案件依照法律进行的收集证据、查明案情的工作和有关的强制性措施。修正案将过去的"专门调查"置换成了"收集证据、查明案情的工作"，由此使"调查"成为监察机关行动的专门术语。

2. 关于留置

若行为人涉嫌职务犯罪，案情已经查明，但依然有重要问题需要进一步调查，而被调查人具备逃跑自杀、干扰作证，或者隐匿证据等情形的，监察机关可以采取留置措施。留置实质上就是过去的"双规"，是"双规"的法制化。监察机关的留置期限最长不得超过 6 个月。6 个月期间内，监察机关调查完毕，认为被调查人符合起诉条件的，应当提出起诉建议书，连同案件材料一并移交给人民检察院。

3. 监察机关与检察机关的工作衔接

监察机关将案件移交给检察机关后，就涉及监察机关和检察机关的工作衔接问题。这种衔接按照监察法的有关规定，应当先由人民检察院的案件管理部门收案并登记,如果登记以后没有需要补充的材料,那么案件管理部门会将案件直接移送给公诉部门,进入审查起诉环节。案件移送公诉部门以后,对于已经采取留置措施的案件,人民检察院应当对犯罪嫌疑人先行拘留,留置措施自动解除。人民检察院应当在拘留后的10日以内作出是否逮捕、取保候审或者监视居住的决定。在特殊情况下,决定的时间可以延长1日至4日。人民检察院决定采取强制措施的期间不计入审查起诉期限。这是一个非常重要的衔接的过程。

4. 审查起诉期间,人民检察院经审查认为案件需要补充核实的,是否可以自行补充侦查

人民检察院经过认真审查认为,本案定罪量刑的犯罪事实已经查清,在具有下列情形之一的情况下可以自行补充侦查:证人证言、犯罪嫌疑人的供述和辩解、被害人陈述的内容中主要情节一致,个别情节不一致,且不影响定罪量刑的;书证、物证等证据材料需要补充鉴定的。其他由被指定的人民检察院查证更为便利、更有效率,更有利于查清案件事实的情形。

(五)第 14 条

将《刑事诉讼法》原第 170 条改为第 173 条,第 1 款修改为:人民检察院审查案件,应当讯问犯罪嫌疑人,听取辩护人或者值班律师、被害人及其诉讼代理人的意见,并记录在案。辩护人或者值班律师、被害人及其诉讼代理人提出书面意见的,应当附卷。

本条规定了一个十分重要的制度:值班律师制度。这是全国人大常委会审议刑诉法修正草案过程中,委员们所高度关注的问题之一。

本条规定要求,侦查机关在实施认罪认罚制度过程中,要有律师在场提供法律帮助。认罪认罚从宽的案件不允许检察机关跟犯罪嫌疑人单独签署有关于惩罚的协议,在认罪认罚过程中必须有律师在场。根据有关的数据显示,中国的刑事辩护率为 30%。张军同志在司法部当部长期间力推刑事辩护全覆盖,同时司法部与最高人民法院联合发布了一项关于刑事辩护的规定,但发挥的作用甚微。较低的刑事辩护率是我们推进认罪认罚从宽制度和速裁程序的一个很大的障碍。所以,我们现在正在着手推进值班律师制度。本条就是关于值班律师制度的原则性、概括性规定,在该规定的指导下,期待值班律师制度进一步完善。

（六）第 16 条

将《刑事诉讼法》原第 172 条改为第 176 条，增加一款作为第 2 款：犯罪嫌疑人认罪认罚的，人民检察院应当就主刑、附加刑、是否适用缓刑等提出量刑建议，并随案移送认罪认罚具结书等材料。

法院对量刑建议书在判决中应当是一种什么样的立场？全国人大常委会组织有关专家进行讨论时，沿用了认罪认罚从宽制度的试点方案，即：对于认罪认罚案件人民法院在依法作出判决时，应当采纳人民检察院指控的罪名和量刑建议。"应当"是有问题的，在司法实践中遭到了法院的抵制。如果说，以审判为中心的司法改革是强化了法院的刑事案件处理权，那么认罪认罚从宽制度是把法院的大量案件的处理权移交给了检察机关，检察机关对认罪认罚从宽制度享有很大的决定权。在最近的一次常委会审议中，很多委员就这个问题提出了异议，他们认为，人民法院应当拥有改变量刑建议的裁判权。详细而言：人民法院经过审理认为人民检察院的量刑建议明显不当或者被告人、辩护人对量刑建议提出异议时，检察机关可以调整量刑建议，如果检察机关不调整或者不满意，或者调整后被告人不满意、辩护人不认可，法院也认为有问题的，人民法院可以改变量刑建议。

（七）第 18 条

在《刑事诉讼法》第二编第三章增加一条，作为第 182 条："犯罪嫌疑人自愿如实供述涉嫌犯罪的事实，有重大立功或者案件涉及国家重大利益的，经最高人民检察院核准，公安机关可以撤销案件，人民检察院可以作出不起诉决定，也可以对涉嫌数罪中的一项或者多项不起诉。根据前款规定不起诉或者撤销案件的，人民检察院、公安机关应当及时对查封、扣押、冻结的财物及其孳息作出处理。"

全国人大常委会在此次修正案讨论的过程中，对该条规定（监察法也有类似规定）争议非常大。

该条规定突破了刑法和刑事诉讼法的规定，即对于行为构成犯罪，应当追究刑事责任的案件，公安机关没有权力处理，必须移交给检察机关。根据《刑事诉讼法》第 15 条的规定，行为虽然构成犯罪，但是符合不追诉情形的，公安机关可以撤销案件。公安机关之所以能够撤销案件是因为它不需要追究刑事责任，如果行为构成犯罪又需要追究刑事责任的，公安机关没有权力撤销，必须移交人民检察院，由检察院作出起诉或不起诉决定。而修改后的第182条显然突破了前述规定。

（八）第25条

在《刑事诉讼法》第五编增加一章，作为第三章——缺席审判程序，共7条①。

修正案规定了刑事缺席审判制度，试图创设针对特定情形下不到场被告人的审判程序，从而构建与完善具有中国特色的刑事审判制度体系。作为现代刑事审判制度的重要组成部分，刑事缺席审判在世界各主要国家刑事诉讼中皆有规定，是对席审判的重要补充。在"以审判为中心"的诉讼制度改革的背景下，构建中国特色的刑事缺席审判制度，对于完善我国刑事诉讼体系，构建精细化、科学化的刑事诉讼制度有着重要意义。

修正案中规定了四类适用刑事缺席审判的情形，包括"对于贪污贿

---

① 第291条：对于贪污贿赂犯罪案件，以及需要及时进行审判，经最高人民检察院核准的严重危害国家安全犯罪、恐怖活动犯罪案件，犯罪嫌疑人、被告人在境外，监察机关、公安机关移送起诉，人民检察院认为犯罪事实已经查清、证据确实、充分，依法应当追究刑事责任的，可以向人民法院提起公诉。人民法院进行审查后，对于起诉书中有明确的指控犯罪事实，符合缺席审判程序适用条件的，应当决定开庭审判。前款案件，由犯罪地、被告人离境前居住地或者最高人民法院指定的中级人民法院组成合议庭进行审理。第292条：人民法院应当通过有关国际条约规定的或者外交途径提出的司法协助方式，或者被告人所在地法律允许的其他方式，将传票和人民检察院的起诉书副本送达被告人。传票和起诉书副本送达后，被告人未按要求到案的，人民法院应当开庭审理，依法作出判决，并对违法所得及其他涉案财产作出处理。第293条：人民法院缺席审判案件，被告人有权委托辩护人，被告人的近亲属可以代为委托辩护人。被告人及其近亲属没有委托辩护人的，人民法院应当通知法律援助机构指派律师为其提供辩护。第294条：人民法院应当将判决书送达被告人及其近亲属、辩护人。被告人或者其近亲属不服判决的，有权向上一级人民法院上诉。辩护人经被告人或者其近亲属同意，可以提出上诉。人民检察院认为人民法院的判决确有错误的，应当向上级人民法院提出抗诉。第295条：在审理过程中，被告人自动投案或者被抓获的，人民法院应当重新审理。罪犯在判决、裁定发生法律效力后到案的，人民法院应当将罪犯交付执行刑罚。交付执行刑罚前，人民法院应当告知罪犯有权对判决、裁定提出异议。罪犯对判决、裁定提出异议的，人民法院应当重新审理。依照生效判决、裁定对罪犯的财产进行的处理确有错误的，应当予以返还、赔偿。第296条：因被告人患有严重疾病无法出庭，中止审理超过六个月，被告人仍无法出庭，被告人及其法定代理人、近亲属申请或者同意恢复审理的，人民法院可以在被告人不出庭的情况下缺席审理，依法作出判决。第297条：被告人死亡的，人民法院应当裁定终止审理，但有证据证明被告人无罪，人民法院经缺席审理确认无罪的，应当依法作出判决。人民法院按照审判监督程序重新审判的案件，被告人死亡的，人民法院可以缺席审理，依法作出判决。

赂等犯罪案件，犯罪嫌疑人、被告人潜逃境外，监察机关移送起诉，人民检察院认为犯罪事实已经查清，证据确实、充分，依法应当追究刑事责任的，可以向人民法院提起公诉。人民法院进行审查后，对于起诉书中有明确的指控犯罪事实的""被告人患有严重疾病，无法出庭的原因中止审理超过六个月，被告人仍无法出庭，被告人及其法定代理人申请或者同意继续审理的""被告人死亡的，人民法院应当裁定终止审理；但有证据证明被告人无罪的"以及"人民法院按照审判监督程序重新审判的案件，被告人死亡的"。立法之所以就这四种情形设立专门的缺席审判程序，实质上是出于不同原因与目的，而其所涉及的价值判断、利益权衡亦不相同。刑事缺席审判作为一项新的制度，厘清其理论基础、立法背景，并以此为基础展开制度分析十分必要。这也是学术界接下来将要深入探讨的内容。

（责任编辑：晁晓军）

【青年法苑】

晚清立法移植的理论及其实效

王亚璐*

一、立法移植的一般理论

（一）立法移植是法律移植的重要内容

国内外学者对"法律移植"这一概念的表述一直存在分歧。有些学者认为法律移植是指法律规则的移植；有些学者则主张还应包括法秩序和法文化的移植；有些学者认为法律移植是某一地域或文化范围内产生的法律，向另一地域或文化的迁移过程，强调的是过程而不是效果；还有些学者则认为法律移植除了是一种过程还应当发挥更深刻的效果意义。我国比较法学家沈宗灵教授认为应该区分所移植的是某个国家（或地区）的整个法律制度、部门法、法典、法律或仅是部分甚至个别具体法律制度、法律规则、法律概念、原则。[①] 刘兆兴教授认为法律移植的内容包括立法移植、法学理论移植、司法移植。

本文从刘兆兴教授的观点出发，主张立法移植是法律移植的重要内容之一，也是整个移植最重视的效果，作为比较法的常用术语，指的是将他国的法律规则直接移植入本国。[②] 立法移植方面最值得一提的是各国对《法国民法典》的移植，《法国民法典》对很多国家的法律体系构建和制度安排都产生了重要的影响，或被直接适用，或被间接适用，其法典模式被移植范围广及五大洲，包括约 48 个政治实体，占国家总数约 26.5%。[③] 这部法典将罗马私法的原则和精神系统发展，资产阶级启

---

* 天津师范大学法学院硕士研究生，现从事法律史研究。
① 参见沈宗灵:《论法律移植与比较法学》，载《外国法译评》1995 年第 1 期。
② 参见刘兆兴:《比较法学》，中国政法大学出版社 2013 年版，第 88 页。
③ 参见徐国栋:《〈法国民法典〉模式的传播与变形小史》，载《法学家》2004 年第 2 期。

蒙思想家的学说和理想因此得以发展,成为占有最重要地位的一部法典。① 但是,法律作为对社会实践经验总结的基础上产生的上层建筑,立法移植并不单纯强调法律制度的直接适用,而是对这个时期内政治、经济、文化等因素综合发展出来的社会关系所作的制约和调整,因此立法移植必须植根于社会现实生活,适应本国变革的需求。如果本国的社会状况与所移植法律国家的社会环境存在差距,也可以借助法律的推动进而缩小差距。

(二) 立法移植及其关联因素

立法移植离不开成功的移植法学理论和司法经验,它必须建立在法学理论和司法之上,脱离神圣的具文,只有这样才能使立法机关制定的法律成为适合本国国情的"活法"。申政武先生认为法学理论移植是法律移植的先导。他说:"日本人缺乏基本的近代法常识,在'误译无妨,唯求速译'的原则指导下对法典进行翻译,虽然日本有自己的法典,但是由于缺乏理论,日本人最终没能提出成型的法律草案,所以才依赖从法、德聘请来的学者主持完成起草工作。第一期的六个草案之所以都成了废案,是因为这是由不了解日本国情的外国人提出的。因此,深入的理论研究是法律移植成功的前提。"② 生搬硬套过来的法律制度是很难在移植国家扎根生长的,即使取得暂时性制度上的成果,也难以在这片土地上长久发展。司法移植作为最困难的法律移植内容之一,对立法移植的成功同样发挥着重要的作用。法官在司法实践中适用他国制定法或习惯法,涉及该法官对被移植国法官判决技术、方法以及逻辑的判断和适用,不可避免地要进行创造性适用,才能将移植来的法律文本灵活运用在不同案件中。

立法移植的成功不是法律移植的终结,仅仅作为其中一个阶段完成使命。在整个过程中,立法者、司法者、法学工作者都会承担不同使命,需要三者的共同努力,用被移植国家或地区的法学理论支撑所移植过来的法律制度,最后由司法者运用到实践中去。当然,由于立法移植涉及对不同国家社会状况、法律文本以及司法实践的比对和分析,这是

---

① 参见[德] K. 茨威格特、H. 克茨:《比较法总论》,潘汉典等译,贵州人民出版社1992年版,第99页。

② 申政武:《日本外国法的移植及其对我国的启示》,载《中国法学》1993年第5期。

最重要，也是最关键的一步。

二、晚清立法移植的社会和法律动因

（一）晚清立法移植动因之一：社会的多元性

自 1840 年西方列强打开中国大门后，舶来品和各种先进技术、思想热潮疯狂冲击着中国的自然经济和社会结构，内忧外患的局面使清末时期的中国社会状况发生巨大变迁。

首先，政治结构出现地方势力、近代政党呈现多元化状态。由于国库空虚，清政府在巨大压力下，选择依靠地方势力，允许地方自组军队、自筹军饷，以此镇压太平天国运动，虽然这些地方势力帮助清政府暂时渡过危机，但是却逐渐将地方财政权、军权、人事权、司法权等归由地方管理，直接切断了清政府对地方的控制。洋务运动的兴起使曾国藩、李鸿章等地方官员的权力得到进一步扩展。康有为在《官制议》中说道："夫立国之道，兵食为先，而财政、兵政皆散在各省。……朝廷皆拱手而待之督抚，督抚皆以保疆圉为辞，言之有故，持之成理。"[①] 在地方势力不断扩大，列强不断入侵，清政府统治面临危机时，涌现出很多以"救国救民""救亡图存"为目标的新政党。鸦片战争以后，部分具备思想先进的中国人开始观察西方世界，试图寻求救国救民的途径，自此，西方的政治思想开始传入中国。甲午中日战争以后，朝野之士专注政治改革，这个时期西方政治思想大量涌入中国。戊戌变法时期创办报纸传播政党观念，康有为建立的强学会成为大批组织学会之风兴起的开端。这些政团组织，分别代表不同政治经济集团的利益，通过鼓吹立宪、宣传变法，使清政府不得不倾听民间声音，这对清政府政治风向的选择产生了一定影响。

其次，清政府的权力被一种来自外部的经济力量制约着。鸦片战争以后，在外国资本主义的强大刺激下，中国走上了工业化道路，大大小小的企业随之创办，带来了中国商业的繁盛，同时也加速了社会组织的变迁。各类工商业组织不断出现，社团组织也是层出不穷，迎来了近代中国兴办公司的第一次热潮，但这样的状况并未持续很久，便因为法制的不健全使这番热潮迅速消退。晚清工业化进程的发展促进了社会组织

---

① 《康南海官制议》卷六。

的变迁，各种新兴力量登上历史舞台，商会的存在成为政府权力制衡的一种力量，商会的壮大使清政府不能完全无视他们的利益需求。

最后，晚清社会文化的多元化是促使改革势在必行的另一种力量。鸦片战争以后，中国人的生活方式和价值观念深受西方人的影响，产生了巨大转变，琳琅满目的洋货不断涌入中国，进入人们的生活。随着工业化的开展，人们所接纳的不仅限于西方传播来的产品，更多的是西方思想、科学技术和文化艺术，中国固有的传统价值观念因此受到了前所未有的冲击，新的观念逐步建立，民主、法治观念也因此成为抨击清政府政权的重要思想武器。西风东渐，中学和西学如何选择的问题关乎民族存亡，在这个问题上，学者各执己见，陷入两难境地。邓实则提出国学的命题："国学者何？一国自有之学也。有地而人生其上，因以成国焉。有其国者有其学"；"国学者，与有国以俱来，本乎地理"。[①] 他认为国学应该超乎其他学术派别，具备开放性和包容性，只不过在移植西学时，要注意保护国粹。张之洞主张："中学为内学，西学为外学；中学治身心，西学应世事。"[②] 中体西用的理论被人们广泛认同，通过张之洞在《劝学篇》中对西学中用的详细论述，人们转变了传统思维，开始乐于接受西方文化。清末中国社会的政治经济形势发生了前所未有的变化，西方国家在政治、经济以及法律制度方面的优越性不断表现出来，最终出现了能被国人所接受的中体西用论，也为晚清社会改革指明了方向。

（二）晚清立法移植动因之二：旧法的滞后性

清末各行各业的出现，伴随着不同的利益主体、新型社会关系和价值观念的产生与转变，迫切需要清政府制定相应的法律规则来维护社会的稳定，而清政府原本的法律制度，无法协调新出现的矛盾和冲突。从法律形式来看，民国学者任启珊曾指出："清代的法规，除：典——如会典；和律——如大清律；二种之外，还有后列四种：（一）则例；（二）事例；（三）条例；（四）条款……则例是指是列举行政上各种实例的法规的总称，嘉庆时期重修会典，将则例改为事例；条例和条款

---

① 贺昌盛：《国学初萌》，浙江教育出版社 2014 年版，第 36 页。
② 张之洞：《张文襄公全集 4》，中国书店 1990 年版，第 589 页。

则是相对律而言的。条例是敕定颁行的法律；条款是部纂的积集先例。"① 在清代，具有通行法律效力的法源包括《大清律例》《大清会典》和例。到了晚清，中央权力逐渐下移，政府法令难免会与地方政令有所冲突，之前一直被简化的以君主集权为基础的法源难以适应现实社会的需求。于是清末修律时，宪政编查馆提出"全国通行法律须由钦定颁行……如地方自治等章程施行细则之类，凡根本于国家法律之单行章程、规则属于督抚权限内，自应由咨议局参与以收集思广益之效"。② 可见，晚清政府对法律渊源进行了较大的调整，以宪法为纲，同时将全国性法律、地方单行法规和针对全国性法律制定的实施细则作为法律渊源。中国古代一直沿用刑法为中心、诸法合体的法律体系，传统的法律体系调整着各种各样的社会关系，不仅对既存的部门法缺乏严格划分，而且法律体系不够完备，尤其在工业化进程开始以后，新型行业层出不穷，制定行业法规对于稳定国家管理来说就是迫在眉睫的事情了。新的部门法、行业法规的出现，促使晚清时期初步确定以民法、刑法、民事诉讼法、刑事诉讼法、行政法、法院编制法等部门法组成的新的法律体系，也预示着"诸法合体"旧体系的终结。

三、晚清立法移植的对象及其效果

（一）对政治制度的移植

由于政治形势改革的需求，清政府在多个国家考察宪政制度，光绪三十一年（公元 1905 年）六月，清廷谕令载泽、戴鸿慈、端方等五大臣"分赴东西洋各国考求一切政治，以期择善而从"。③ 十一月，五大臣分别对日、美、德、英、法、丹麦等 13 个国家的政治情形加以考察、认真分析和取舍。达寿作为考察宪政大臣，将日本宪政的情形奏报朝廷，陈述时局之后认为立宪是大势所趋，并且十分紧迫。达寿在奏折中阐述了钦定、协定和民定宪法的区别，还从君主、臣民、政府、议会和军队等几方面论证了学习日本钦定宪法并进行效仿的必要性，同时努力消除清廷对立宪的疑虑："……日本宪法由于钦定，开章立义，首于天

---

① 苏亦工：《明清律典与条例》，中国政法大学出版社 2000 年版，第 43—44 页。
② 严昌洪等：《辛亥革命史事长编》（第 6 册），武汉出版社 2011 年版，第 272 页。
③ 参见《清季外交史料》卷一百九十。

皇，而特权大权，又多列记。匪特列记已也，即其未经列记之事，亦为天皇固有之权。……中国制定宪法，于君主大权，无妨援列记之法，详细规定，既免将来疑问之端，亦不致于开设国会之时为法律所制限。此钦定可以存国体而巩主权者一也。"① 最终决定对日本宪政加以借鉴，制定了《钦定宪法大纲》，这也成为中国第一部宪法性文件，深受日本明治宪法中理念和规范结构的影响。有学者认为"宪法大纲只列君上大权，纯为日本宪法的副本，无一不与之相同"。② 在学习日本宪政期间，清政府曾派团两次前往日本对其宪政考察，大量翻译日本宪法相关的著作，认真学习日本宪政制度的建立和运行，制作《钦定宪法大纲》的参与者对中国早期宪法理论的诞生产生了深远的影响。实际上清政府对日本宪政制度的移植也并非毫无选择的全面移植，在立宪过程中清政府根据中国传统文化对日本宪法加以甄别选择，还有一定程度上的创新。

（二）对民事法律的移植

1911 年 8 月清政府完成了《大清民律草案》，这是中国历史上第一部专门的民法典草案，梁慧星先生评价："通过这一民法典草案，大陆法系民法尤其是德国民法的编纂体例及法律概念、原则、制度和理论被引入中国，对现代中国的民事立法和民法理论产生了深远的影响。"③ 草案分为总则、债、物权、亲属、继承等五编，前三编均由日本的松冈义正起草，他是日本东京控诉院判事，效仿日本 1896 年《民法典》，也吸收了德国和瑞士民法典中很多西方资产阶级民法理论和制度。例如，契约自由原则、过失责任原则、保障私人所有权原则，以及债权、物权和法人等制度的规定。例如，草案第二编第 513 条规定，"依法律行为而债务关系发生或其内容变更消灭者，若法令无特别规定，须依利害关系人之契约"；第一编第 37 条规定，"因故意或过失而侵害他人之权利者，于侵权行为须负责任"；草案第三编第 983 条规定"所有人于法令之限制内得自由使用、收益、处分其所有物"，第 984 条规定"所有人于其所有物得排除他人之干涉"，第 986 条规定"所有人对于以不

---

① 夏新华等：《近代中国宪政历程：史料荟萃》，中国政法大学出版社 2004 年版，第 62 页。
② 王世杰等：《比较宪法》，中国政法大学出版社 1997 年版，第 348 页。
③ 梁慧星：《民法总论》，法律出版社 1996 年版，第 17 页。

法保留所有物之占有者或侵夺所有物者，得回复之"。① 这些法条体现的原则和理念被称为拿破仑法典的三大支柱，但是《大清民律草案》体现出的原则内容也是有所不同的，它在保护个人权利时也作出了一些限制，这便是德国民法典和法国民法典的不同之处，而《大清民律草案》对德国民法典针对契约自由作出的限制有所吸收。不仅如此，《大清民律草案》还兼并了德国、日本和瑞士民法典的制度理念，吸收了私法社会化的成果，具备超前性。虽然草案最终没能通过决议，但是正是这部草案的出现，使大陆法系中法典编纂体例和概念原则进入中国学者视野，为中国近现代民法学的走向提供了方向。而亲属、继承两编是由法律馆和礼学馆共同起草修订的，因此这两编内容体现出中国浓厚的传统文化。

（三）对商事法律的移植

1903年清政府公布了《钦定大清商律》，这是仿照西方国家制定的第一部法律，无论是体例还是内容，都表现出了对外国商法典的效仿。《商人通例》第9条对商人的定义、商业能力、账簿和商号均作出规定，确认了商人的合法地位，推翻过去中国重本抑末的传统观念，不少条文与《日本商法典》相似。② 《公司律》第131条则对公司的组织形式、创办呈报方法、经营管理方式和股东权利等内容作出了规定，其中大约五分之三仿照日本，其余效仿英国，混合了大陆法系和英美法系的立法精神。③ 1906年颁布了《破产律》，效仿德、日两国的破产相关立法，由于该法体系混乱、内容庞杂，颁布实施后引发了较大的争议，因此公布两年后就被废止。邱澎生先生评价，因为晚清主要是翻译和搬抄的外国法令，《公司律》中存在很多模糊规定的地方，而《公司律》本身对中国传统商业行为的规范和保护较少，国内的商人又不积极配合，因此清政府初次进行的经济性立法工作便因"移植性"强而难以顺利进入中国社会。④ 但是《破产律》将西方的破产免责和债权人地位平等

---

① 杨立新点校：《大清民律草案》，吉林人民出版社2002年版，第130页。
② 参见李秀清：《中国近代民商法的嚆矢——清末移植外国民商法述评》，载《法商研究》2001年第6期。
③ 参见刘兆兴：《比较法学》，中国政法大学出版社2013年版，第98页。
④ 参见张德美：《探索与抉择——晚清法律移植研究》，清华大学出版社2003年版，第311—328页。

等破产制度和理念首次引入中国,是中国破产立法走向现代化的标志。① 邱澎生先生对光绪三十二年至三十四年之间金钱业与苏州张金业纠纷案进行了分析,认为在此期间,当事人注册公司和商会受理双方之间诉讼的行为,都遵守了《公司律》的规定,在一定程度上,人们接受了这些规定。

(四) 对刑事法律的移植

晚清时期,内外交困,《大清律例》的体例和内容均不再适合当时社会的状况,沈家本和伍廷芳都认为需要尽快对一些条款予以删除,之后便出台了《大清现行刑律》,这是最后一部旧式法典。清政府于1911年1月颁布了中国历史上第一部近代意义刑法典——《大清新刑律》,一反以往"诸法合体"的形式,作为一部专门的刑法典,整部法典由总则和分则构成,将罪名和刑罚作为法典的内容。有学者评论道:《大清新刑律》继受了日本刑法,将刑罚分为主刑、从刑,并对主刑和从刑包含的内容加以解释。从刑中废除了凌迟、枭首等刑罚,吸收了西方资产阶级刑法原则和通用术语,如罪刑法定原则。在修订过程中,沈家本倡导在《大清新刑律》中贯彻罪刑法定主义,他认为"删除比附"是"旧律之宜变通者"之一,他将这项主张落实在草案第10条中:"凡律例无正条者,不论何种行为,不得为罪。"② "其要旨除沈氏原奏所列五点外,并规定犯罪行为之责任能力与条件,及违法阻却之原因,明示犯罪构成之要素,采用缓刑与假释之制度,明定起诉权、行刑权时效之期间,凡此均为旧律之所无。至于亲属之范围,仍以旧服制图为准,以期适合习惯。分则所定,井井有条,要而不繁,简而得当,沟通中外,融贯新旧,实为当时最进步最完善之法典。"③ 清政府在对本草案删减过程中,保留了第10条原文。这部草案取消了八议制度,贯彻了法律面前人人平等原则,吸收了假释、缓刑、正当防卫等术语及制度。

历代律例以至于《大清现行刑律》均沿用民刑不分的体系,《大清新刑律》则为单一的刑法典,是中西刑法文化结合的产物,是对中

---

① 参见姚秀兰:《近代中国破产立法探析》,载《现代法学》2003年第5期。
② 参见刘兆兴:《比较法学》,中国政法大学出版社2013年版,第99页。
③ 谢振民:《中华民国立法史下》,中国政法大学出版社2000年版,第886—887页。

国古代刑律体系上的重大突破,是中国刑法史上"古今绝续之交"的集大成之作,为后世刑法的编纂出台奠定了基础。① 清政府为了更好地调整社会关系,还制定了一系列刑事单行法规,例如针对私铸银元伪造纸币治罪的规定、对伪造邮票及信片已成者计赃准窃盗论罪的规定等,形成了以《大清新刑律》为核心,辅以一系列单行法规的刑事立法体系。

四、晚清立法移植经验对当下的实用性

中国对于近代化的认识开始于西方国家文明的主动渗入,并且伴随着中国对于自身社会的深刻检讨,认清自身制度和真实的文化领域才是近代化和现代化的起点。立法移植是各国法律发展中出现的一个普遍现象,但是移植国和被移植国之间的政治、经济、文化的差异,甚至法律传统的不同又是各国需要解决的客观问题,晚清的立法移植在很大程度上结合了本国本土资源,并且在制定法律时作出了一些调整。

反观当代中国法治建设,我们可以从清末立法移植活动中汲取相关经验。首先,立法移植与本土化问题依然密不可分,法学家和立法机关应当充分考虑我国国情。正如晚清法律改革,清政府曾与修律人员谈及外来法律本土化的问题,将"参酌各国法律、悉心考订,妥为拟议,务期中外通行,有裨治理"作为借鉴外国法律基本原则,可见已经蕴含外国法律本土化的意义。② 外出考察的五大臣在报告中也曾提到英美法移植的困难,而大陆法系和中华法系更为接近,有着相近的文化背景和思维模式,因此才有"远法德国,近采日本"的修律模式。只有体察中国礼教民情的做法,将移植来的法律与本土资源有效结合,使之成为我国法律的有机组成部分,更好地发挥作用。其次,我们应当强调本土化,但是并不意味着狭隘保守、固步自封,更不能将本土化作为理由,拒绝立法移植或其他法学理论移植、司法移植等。应当认识到,本土资源并非都是值得保留的,也许需要对本土资源加以改造方能适合所移植来的法律的生存发展。谢怀栻先生说:"继受外国法时,机械地、盲目地照搬外国的法律,当然不一定好;强调甚至借口自己的特点,而

---

① 参见赵秉志:《中国刑法的百年变革》,载《政法论坛》2012 年第 1 期。
② 参见刘兆兴:《比较法学》,中国政法大学出版社 2013 年版,第 107 页。

拒绝接受先进的外国法律,也是不对的。"① 最后,立法移植是一个漫长的过程,不是一蹴而就的,因为从立法到成功司法的过程是非常复杂的,立法者应当尽量为立法移植创造条件,更应该与时俱进,紧跟时代潮流,适时对法律作出适当的修订。立法移植既是本土化的过程,也是现代化和国际化的过程。

(责任编辑:尚海涛)

---

① 谢怀栻:《外国民商法精要》,法律出版社2002年版,第132页。

预测、互动与实效：运行中的法律确定性

刘一泽[*]

一、引言

　　法律确定性，一般被认为"法律是否总是（或者大多时候或者从不）对法律问题提供唯一的正确答案"。[①] 针对法律的确定性问题，我们可以尝试从一个案例展开分析。我国 A 市 B 区有一中年妇女甲在街边设置摊位，摆放 6 支"枪型物"招揽过往行人进行打气球游戏。后甲因涉嫌非法持有枪支罪被起诉。判断这一案件中甲是否有罪，不同的人基于不同的视角，得出的结论可能完全不同。

　　我国以成文法为主要法律渊源，所有人在探讨这一问题时，几乎都会先寻求刑法的具体条文的帮助。我国《刑法》第 128 条对非法持有枪支罪作出了规定，即违反枪支管理规定，非法持有枪支的，处 3 年以下有期徒刑、拘役或者管制。作为旁观者的普通民众在查阅这一条文后，会产生第一个疑问，即"什么是枪支"。而普通民众往往会根据个人常识与经验对概念进行解释，并得出"街边打气球摊位普遍存在，枪型物仅属于玩具枪，不能算作枪支"这一结论。同时，民众也会根据最朴素的法律价值观和生活常识认为刑法不应当处罚甲的行为。

　　法官解释概念的方法则与普通民众完全不同。一审法官在面对"枪支"概念不明确时，没有从常识出发，转而寻求"枪支管理规定"。法官需要一个规范的标准来界定法律中的概念问题。进而，法官依据公安部颁布的《公安机关涉案枪支弹药性能鉴定工作规定》对于枪支的确定标准，认定 6 支"枪型物"均属于枪支，并根据司法解释的规定

---

　　[*] 山东大学硕士研究生，主要从事法理学研究。
　　[①] ［美］布莱恩·比克斯：《法律、语言与法律的确定性》，邱昭继译，法律出版社 2007 年版，第 2 页。

认定甲持有6支枪支的行为符合情节严重的标准，判甲有罪，处有期徒刑3年6个月。

但法官的这种解释方式显然没有令甲的律师认同。甲的律师对"枪支管理规定"这一概念存有异议，律师引用了立法法的相关条文，认为公安部的该规定不能在刑事裁判文书中引用。同时，律师还提出了一个新的问题，即法律的"效力层级"问题，认为公安部该规定仅属于一般规范性文件，效力层级低于部门规章，不能用来解释刑法条文，进而论证甲所持"枪型物"并非枪支，甲无罪。

除去上述观察者与参与者外，法学教授和作为潜在案件参与者的民众也都有相应的看法。法学教授或法律学者会从刑法教义学理论角度举出刑法的谦抑性或是行政犯的"违法性认识可能性"抑或通过其他理论论证甲有罪或者无罪。而作为潜在案件参与者的民众，则会通过这一案件的一审判决结果得出一种新认识，类似的"枪型物"属于枪支的范畴。他们会预测法官今后的行为，并根据这种预测，决定将家中的玩具枪销毁或丢弃。

为探讨法律确定性的问题，我们选择了刑法的案例进行观察。刑法中的罪刑法定原则使刑法成为最具确定性的法律部门。然而我们从这个案件中可以看出，法官、律师等案件的参与者，学者和作为潜在参与者的民众等观察者以及纯粹的旁观者，其观点均有可采纳之处。二审法官既可能采纳一审法官的意见维持原判，也有可能采纳律师的观点推翻原判决。而无论法官如何选择，似乎都不会产生法理上的错误。而参考其他案件来看，C省D市摆设射气球摊位的乙，其经营所用"枪型物"有8支被认定为枪支，获刑2年2个月，缓刑3年。近年来因摆设射气球摊位的而被判刑的有23起，其中20起被判管制或缓刑，3起被判实刑。这些案情极为类似的案件，判决结果却不尽相同。假如这些案件的判决均合法有效且判决正确，那么法律便没有对法律问题提供唯一正确答案。

法律不确定性出现的原因是多方面的。首先法律规则存在"开放性结构"。哈特认为，"规则具有'模糊性边缘'的倾向，这使得规则适用于边缘案件时变得不确定"。① 概念的模糊边缘容易使一个法律条文呈现出多种不同的含义，有学者甚至提出，"构成法律规范、法律原则和法律结构的词语并不存在固定或稳定的意义，这些词语仅是个人可以进行填充的'空容器'"。② 法律概念外延的不明确会使法律推理产生"语义学错误"，"语义学错误的一个常见肇因是不准确的语言规定"。③ 同一个词语可能在论证的过程中出现不同的含义，从而导致法律推理的结论出现错误。"在复杂的法律证立语境中，同一个表达意义的转变通常难以辨识。这种谬误的危险在于，它并不包含句法学的错误。它往往是一个形式上正确的三段论。在常见的传统逻辑的阐述中，这一点常常被忽略。"④ 就像罗马哲学家塞内卡谈到的那种谬论那样，"'mouse'（老鼠）是一个音节，而老鼠吃奶酪，所以至少某些音节吃奶酪"。⑤ 法律概念在开放结构处边界的不清晰与这种概念的偷换相类似，形式逻辑将概念开放结构所导致的不明确扩大化。实际上，在成文法体系下，立法者仅为执法者提供了一个框架，而执法者在框架内解释法律并创制新的规范，并且解释和创制新规范的规则同样是法官在实践中自行发现的。因此，法律的运行过程，即判断法律确定性是否存在的关键所在。

二、抗辩与判决：从业者的解释

（一）法官的解释：经验、价值与立场

在考虑法官理解法律文本的方式前，我们需要重新审视一下有关语言的开放式结构的问题。哈特在阐释法律概念的开放结构时以"任何车辆皆不得进入公园"这一规则为例，认为车辆的概念即存在"开放结构"。⑥ 但在探讨玩具汽车、溜冰鞋乃至救护车辆这些处于"开放结

---

① ［美］布莱恩·比克斯：《法律、语言与法律的确定性》，邱昭继译，法律出版社2007年版，第8页。
② Clare Dalton, An Essay in the Deconstruction of Contract Doctrine, Yale Law Journal, 94 (1985), p. 1008-1010.
③ ［德］乌尔里希·克卢格：《法律逻辑》，雷磊译，法律出版社2016年版，第228页。
④ ［德］乌尔里希·克卢格：《法律逻辑》，雷磊译，法律出版社2016年版，第229页。
⑤ ［英］安东尼·肯尼：《牛津西方哲学史》，韩东晖译，中国人民大学出版社2014年版，第16页。
⑥ 参见［英］哈特：《法律的概念》，许家馨、李冠宜译，法律出版社2011年版，第117页。

构"处的概念时,对概念本身的分析却显得最为不重要。

事实上,在解释玩具汽车、溜冰鞋这些物体是否属于车辆时,法官并不会着力于分析这类物体本身特点与车辆的概念外延之间具有多大程度的契合度。而是会考虑,在当时的情况下,该物是否会和那些被我们认为毫无疑问是车辆的物体一样对公园产生影响。而当法官面对救护车或者消防车这两个概念时,法官则更直接地抛弃概念分析这一路径。救护车和消防车无疑都属于"车辆"的外延,但是"将其适用于这条规则将会导致'荒谬的'或'错误的'结果",①使法律规范明显出现不合理。很明显,法官在这里着眼于社会本身,并从源于社会的经验入手,从而得出了结论。而在上面甲的案例中,法官同样没有对规则中的具体概念作特别的分析。而这一次法官则从法官整体的审判经验出发,寻找到公安部的相关规定判断枪支的概念。事实上法官并未对所选择的文本做层级分析,直接根据审判实践中的经验判断认定公安部的规定属于"枪支管理性规定"的概念范畴。在解释相对容易和单一的不清晰概念时,法官往往会直接诉诸自身的两类经验知识,即源自社会的经验知识或法官普遍的审判经验进行判断。

而在某些复杂的案件中,往往会出现多种概念的不清晰或出现多种"不可通约"的价值,这时法官往往不容易直接作出经验性的判断。这些时候法官的解释往往带有自身立场,而这种立场可能会与政治性思维相关。"当司法决定的法条主义方法不够用之际,法官会从可能具有某种政治色彩的——但通常并非党派意味——信仰和直觉中汲取什么。"②这种政治观点并非狭义上认为的实际政治内容,而是一种带有明显自身立场性的价值选择。如泸州遗赠案中的法官,在面对具备"不可通约性"的两项价值时选择了"公序良俗"。这一判决中法官无疑从自身立场出发(而这种立场确是带有政治色彩的),在代表个人的财产处分自由与代表公共的"公序良俗"之间选择了后者。这一判决无疑带有明显的法官个人色彩,我们很难运用哪一种法学理论判断两种价值的高

---

① [美]布莱恩·比克斯:《法律、语言与法律的确定性》,邱昭继译,法律出版社2007年版,第78页。
② [美]理查德·波斯纳:《法官如何思考》,苏力译,北京大学出版社2010年版,第74页。

低，也很难从案情中寻找出其他更合理的理由。除去法官个人的价值立场外，我们无法找出更具备说服力的理由来说明影响这一判决的因素。

尽管导致法律不明确的根本原因在于概念外延的模糊，但法官在需要对案件进行解释的时候并没有从概念本身出发，而是寻求实践中的经验进行判断。这种经验，一方面是源自社会的经验知识，另一方面则是法官的审判经验。并且，由于社会经验知识的类似性，以及法官审判经验与社会经验知识的关联性，这种经验往往具备一定的共通性，并通过判决这一方式进行传播，进而形成包括社会经验知识与审判经验在内的法官整体的经验体系。而在面对存在"不可通约"的价值冲突的案件时，法官从自身的立场作为出发点进行论证得出的结论，也会融入审判经验中，成为审判经验的一部分。当法律文本不足以涵盖最终判决中所必备的要素时，法官对文本实质上是持抛弃态度的。法官整体经验便成为复杂疑难案件中影响法官的解释乃至影响判决的一个主要因素。

(二) 律师的解释：法律的可辩性

与法官的角色不同，在一起案件中，法官的工作主要是"判断"，而律师的任务更多是"说服"。律师需要对抗对方的观点，并将自己的观点施加给法官并想方设法使法官接受。在一次审判过程中，双方律师往往会就争议内容展开激烈的辩论。从律师的法庭辩论中我们也可以看出一些端倪，法律不是死板的文本，它包含有多种其他因素在内。除去文本之外，律师和法官一样，也会关注其他的内容。有经验的律师对法官的审判经验往往是有了解的。律师清楚，法官在法律文本存在不清晰时会运用文本之外的内容，律师在法庭辩论过程中也自然会利用这些因素进行辩论，以扭转法官对于部分法律价值因素和法律文本的理解。"法治信仰的对象不是僵化的法条，而是法律精神当中体现出来的，针对特定意识形态和固有观念的可辩驳性，以及对可批判性反思的尊重和认同。"① 法律的价值理念，源自社会的经验知识都会被律师用来说服法官，以求扭转法官对法律问题的认识。

然而在法律的运行过程中，律师针对文本的纯粹逻辑论证往往并不能对法律问题提供唯一的答案。但律师对于法官审判经验的判断则有可能帮助其说服法官。美国的法律体系中，律师的作用较为突出，但律师

---

① 徐梦醒：《语用学视野下的法律论证》，中国政法大学出版社2014年版，第17页。

通过言词辩论说服法官改变自身所持观点的情况仍然是屈指可数的。而成功的案例往往是律师通过对法官关注点进行分析判断，进而据此强调己方观点，尝试以此使法官对自己的看法产生怀疑，从而使己方的观点为法官所接受。① 从这一角度看，法官所信服的经验知识又代替法律文本成了决定疑难案件走向的重点。

三、法律的指引：潜在参与者的解释

（一）作为潜在参与者的民众：情感与经验

与从业者不同，普通民众对法律的理解方式更多会从最直观的角度出发。很明显，普通民众对于法的价值、"隐含法律"或者法律的整体性等都没有明显的认识。在大部分时候，民众会单纯地从自身经验和道德情感的角度出发理解法律文本。

"一个发达的法律体系由两个因素构成。一个是传统或习惯的因素，另一个是制定法律或强制性因素。"② 对于禁止杀人、禁止伤害或禁止侵害他人财产等来自习惯或传统的法律规则，民众的理解大多来自大众普遍的道德情感。此外，由于个体之间的道德情感存在差异，民众当中的不同个体对于这些规则的理解也会存在差异。例如，某人从出现故障的银行 ATM 中不停取钱，数额远超其银行卡中的储蓄数额。对这类行为是否可以构成盗窃罪，不同的个体就会产生不同的判断。而对于另外一些带有较明显政策性的纯粹的制定法律规则，民众对其的理解往往来源于生活中的经验及习惯。这类规则往往集中于调整个人之间的交易行为、调控市场经济等方面。在较发达的城市地区，由于市场经济的发展程度相对较高，人们从市场交易中获取与这类规则相关的经验是相对容易的，进而会对这类规则产生一定的了解和理解。（这也仅仅是相对而言的，这类规范带有强烈的国家强制性特点，往往离个人生活实践经验较远，从而不容易为普通民众所了解。）但在边远地区或乡村地带，普通民众对这类规范的了解和理解都极少。

---

① 参见何帆：《大法官说了算——美国司法观察笔记》，中国法制出版社 2016 年版，第 81 页。

② ［美］罗科斯·庞德：《普通法的精神》，唐前宏、高雪原、廖湘文译，法律出版社 2010 年版，第 101 页。

事实上，不仅是一个法体系的整体，成文法中的每一个单独的法律规则都或多或少地包含上述两种因素。主要来自习俗和传统的法律规则，条文中法律责任和法律后果的部分也会带有强制性和拟制性；主要来自国家立法机关制定的法律规则，也或多或少地会包含交易习惯或其他习惯因素在内。而普通民众对于法律规则的理解恰恰是依据道德情感和习俗经验来进行的，这使民众在理解法律文本时形成"片面化"的印象。对来源于道德情感和传统习俗经验的成文法规则，民众的理解往往停留在"某某行为是不被允许的"这一层面；而对于含有更多拟制性因素的法律规则，由于缺少相关的经验知识，普通民众对其往往持忽视的态度。在一些边远的乡村地带，法律文本中的带有国家强制色彩的拟制性因素甚至会被完全忽视。"在乡土社会中法律是无从发生的。"①这就使类似"秋菊打官司"②的现象得以出现。居住在我国乡村地区的普通公民秋菊在丈夫受到侵害后的要求是"讨个说法"，而国家的司法体系启动并介入，把村长抓走却令秋菊大为不解。在这里，苏力先生认为秋菊寻求的完全是"地方性知识"，"不能往那个地方踢"和"给个说法"均为地方性的规则。③但实际上，"不能往那个地方踢"这条规则实际上已经被成文法拟制化了，即使那一脚的威力达不到伤害他人身体，该行为同样可能被判定为侮辱行为。这一地方性的规则已经被拟制化，只不过秋菊的表述方式仍然是经验的和习俗化的，进而秋菊被误认为仍在诉求地方性的规则解决而已。

秋菊的表述恰恰体现了普通民众对法律文本的理解方式，她能够理

---

① 费孝通：《乡土中国》，上海世纪出版集团2013年版，第10页。
② 电影《秋菊打官司》虚构了一个案例，讲的是中国农村普通人对于法律的认识。村民秋菊的丈夫因琐事与村长争吵，骂村长"断子绝孙"，村长随即大怒，起脚踢了他的要害部位。秋菊认为，村长可以打丈夫，但是不能"往那个地方踢"，向有关部门"讨个说法"，大致是想让上级批评村长，要求村长道歉。乡间的司法助理并没有处罚村长，而是试图进行调解，这显然不能令秋菊满意。秋菊一直到县城、省城"讨说法"。最后，在一位律师的帮助下，上级派来公安人员调查，发现秋菊的丈夫构成轻伤害，村长应受治安处罚，遂将村长带走，处以15日行政拘留。至此，秋菊却反而说，"怎么就把人给带走了呢，我就是想讨个说法。"参见苏力：《秋菊的困惑与山杠爷的悲剧》，载《法治及其本土资源》，中国政法大学出版社2015年版，第25页。
③ 参见苏力：《送法下乡——中国基层司法制度研究》，中国政法大学出版社2000年版，第198页。

解被法律拟制的习俗与经验因素，但是不能理解纯粹拟制化的责任承担形式，并且她的表述不是逻辑的或依托法律文本的，而是诉诸道德情感与经验知识的（如果类似的行为不得到"一个说法"就是不正义的）。这样看来，秋菊也似乎并非一个彻底的"法盲"了。大多数人对法律文本都有或多或少的基础性认识，只是民众对于法律文本的理解仍然是经验的和习俗化的。道德情感与经验知识的诉求往往会超过对文本本身的分析以及逻辑推理的运用而占据绝对的上风。文本与逻辑在民众对法律的理解中完全不能发挥作用。

（二）法律的指引：守法

普通民众参与进法律运行之中的最常见的方式即守法。绝大多数的普通民众在通常情况下都是守法的，然而大量守法的普通民众中却几乎没有人能了解法律文本中的所有规范。由此可见，法律的指引作用并不是完全由成文的法律文本带来的。上文中提到，普通民众理解法律更多依靠的是自身道德情感与来自习惯的经验知识。毫无疑问，民众个人的道德情感与经验知识帮助发挥了一部分法律的指引作用。但是通过这种方式提供的法律指引无疑是十分模糊的，并且极易出现误导，很多时候经验知识中的守法其实是违法的。但由于种种原因而形成了"法不责众"的状态，使人们被拉入了经验知识创造的误区之中。而同时，一些希望扩大自身自由的范围的人也会对某些情形产生好奇，他们会想知道，自己超出经验知识范围的"标新立异"是否合法的或者说是不违法的（比如在社会转型期时常见的"越轨行为"）。在当前，很多人都有过盗用他人无线网络的经历，法律文本无疑是不明确的，我们无法根据文本判断无线网络流量是否属于可盗窃的财产的范畴。人们会首先诉诸道德情感和经验知识，认为很多人都这样做，进而从经验上判断这并不是盗窃行为。而一旦某一天类似案件被诉诸法律，人们就会开始做预测法官行为的活动。而预测的依据即已产生的判决。

霍姆斯认为，法律就是坏人根据其观点，"对法院将要做什么的预测"。[1] 这一理解其实并不完整，不单单是"坏人"，守法的"好人"也会对法官的行为进行预测。带有道德情感的人也会违法，并且毫无疑

---

[1] ［美］霍姆斯：《法律的道路》，载《法律的生命在于经验——霍姆斯法学文集》，明辉译，清华大学出版社2007年版，第211页。

问法律会对其产生效力。从上文无线网络的例子我们也能看出，在我们寻求法律指引我们的行为时，我们都会做并且确实做了预测法官行为这一项工作，并且道德情感与经验知识也都发挥了作用帮助我们理解我们所了解的法律文本。事实上，这种包含道德因素而进行的"好人的预测"占据了绝大部分。并且这种预测往往是通过阅读判决而不是阅读法律文本来进行的。霍姆斯理论的继承者弗兰克认为，"法全部是由法院作出的判决组成的，就具体而言，法或者是实际的法，即关于某一种情况的一个过去判决，或者是大概的法，即关于一个未来判决的预测"。① 尽管这一法律的定义存在偏颇之处（它忽视了判决的来源和依据），但是它无疑指出了法律指引作用的来源。

　　普通人在守法的过程中需要法律对其行为进行指引时，首先会寻找见诸报端的那些法官曾作出的判决。如果没有这些见诸新闻报端的已有判决，而仅仅凭借公开的法律文本，法律依然会是神秘的。法律文本能直接承载的信息有限，大量运用不同解释方法作出的法律解释和存在于理论中同时又不断影响实践的"隐含法律"，几乎使普通民众不能读懂法律文本，更无法直接通过文本对法官行为作出有效的预测。

　　回到开篇时提到的甲的案例，甲对于法律文本中的"枪支"定义一无所知，刑法的文本中也确实没有作出直接的定义。作为普通民众，甲对于"枪支"的定义完全是经验的，其他的普通民众也根据经验判断那些"枪型物"仅仅属于玩具枪而非"枪支"的范畴。而甲的判决登上新闻媒体之后，不少人对此的反应是销毁家中类似的玩具枪。民众前后反应的差异并不是由于法律文本发生了变化，或是读懂了法律文本中极不清晰的概念，或是清楚了解了法律文件之间层级的关系，而是单纯根据这一判决对法官的行为作出了预测，进而指引自身行为并作出属于"守法"范畴的行为。"当预测得出法律适用者会如何判决时，明智的预测者是不会不理会这个结果的。"② 而这种理会几乎完全与法律文本无关，而是单纯根据判决所作出的反应。

　　民众理解自身所了解到的法律文本时，其出发点单纯是凭借自身道

---

① 张文显：《二十世纪西方法哲学思潮研究》，法律出版社2006年版，第115页。
② 刘星：《法律是什么——二十世纪英美法理学批判阅读》，中国法制出版社2015年版，第80页。

德情感与经验知识进行判断。当普通民众希望了解某一行为是否合法，寻求法律对行为的指引时，前两种理解方式往往会带来较大困惑，而法院所作出真实判决则会带来更明确的指引效果。民众面对带有明显国家拟制性特点的法律规则时的守法意识来源，则几乎全部来自己作出的见诸报端和新闻媒体的判决。因为对这些规则的了解和理解，是无法凭借道德情感和经验知识做到的。而通过媒体得来的法官的审判经验，无疑是最可靠的。

四、确定性：互动性解释与社会普遍预测

（一）法律运行中的互动解释现象

我们可以看到，从业者、参与者或潜在的参与者与纯粹的观察者都会尝试解释或理解法律。并且他们之间的解释并不是孤立的，而是具有互动性并相互影响的。在通常情况下，法律文本会起到第一层次的纽带作用，在成文法体系下，所有的法律解释都不会完全抛弃文本存在，尽管在法律文本中成文的规则处于模糊状态时，有人会对其持抛弃态度，但法律文本依然起到一种解释的框架作用。除此之外，互动性的解释还会直接体现在法律运行的过程中。从从业者的内部观察，律师会预测法官的心理与行为，并据此进行抗辩与说服的工作。而一次成功的抗辩也无疑会在一定程度上影响法官的看法。学者的理论构建工作以及对"隐含法律"的发现，则会直接影响实践，甚至起到法律文本本应该起到的作用。而法律实践中，律师的抗辩与法官判决中的论证也无疑会成为学者们研究的重要素材。

在从业者之外，法官同作为社会的组成部分，其所掌握的社会经验知识和价值立场与民众所持的经验知识和道德情感必然存在一定程度上的趋同。法官的判决会直接为普通民众提供指引作用，并影响到民众对于法律的认识方式，使民众可以预测到法官的行为。律师则会在一些情况下为民众理解法律文本预测法官的行为提供帮助。此外，民众还会通过舆论途径，根据由法律的指引而作出的对法官行为的预测，对法官作出的判决进行评价。这种评价是对法官行为的反馈。

并且，法律运行中的互动解释是一个多层次的结构，互动解释的中心位置是法官以及法官根据审判经验作出的判决；紧密围绕在法官周围的这一层次进行解释的是法律从业者；而最外层的互动解释者是普通民

众以及来自他们之中的舆论。这样一来，我们便构建了一个多层次互动解释的法律运行的模型，这种互动性的解释为我们寻找法律确定性存在的可能性提供了一种启发。

（二）确定性可能：社会普遍预测

在上一部分中我们看到，参与进法律运行过程中的各群体之间不是处于割裂状态的。社会各个部分之间的互动解释，为我们在模糊的法律文本框架内寻求法律的进一步明确提供了一种可能。在前文中，我们已经从多个角度谈到了法律文本与立法者的不可靠。毫无疑问，立法者为我们提供了一个最初的法律框架，但这个框架是不明确的。从上述互动解释的过程中我们也能看出，这一互动解释过程的中心并非那个模糊的法律文本框架，而是法官以及法官所作出的判决。文本仅起到了纽带的作用，而法律确定性的可能也存在于判决之中。

在这里，我们需要重新审视法律确定性的概念，即"法律是否总是（或者大多时候或者从不）对法律问题提供唯一的正确答案"。[①] 这一概念实际包含着两个方面的问题：一方面，我们需要判断法律能否真正约束到法官的行为，对法官的判决给出一个"对与错"的确定的标准；另一方面，我们则需要清楚，法律能否为民众提供相对明确的指引，进而实现成文法所追求的自由价值。值得注意的是法律的指引作用达到相对明确即可，在复杂的成文法体系下，我们不可能做到让每个人都像法官一样理解法律，那样的成本无疑过高。

以法官及法官的判决为中心的互动解释的体系，的确可以做到为民众提供一种相对明确的指引。尽管民众对于法律的理解十分局限，但由于公布的判决和舆论的扩大作用，民众可以从中依靠了解法官的审判经验，进而了解到超出经验和习俗因素的拟制性规则的存在。尽管民众难以对自己不了解的法律文本中出现的纯粹的拟制性因素进行解释并预测相关的法官的行为，但民众在需要理解这些法律时仍然可以在互动中向从业者寻求帮助并进行预测。

在这里我们可以看到，民众预测法官行为并寻求法律指引的时候，法律实效发挥了重要的作用。法律对民众行为的指引作用几乎完全体现

---

① ［美］布莱恩·比克斯：《法律、语言与法律的确定性》，邱昭继译，法律出版社2007年版，第2页。

在法律实效上。民众在预测法官行为时的依据实质上完全是法律实效，即这一规范事实上曾经发生过效力或事实上存在这样一种审判经验对规则进行过某种解释。在诉诸习俗与经验因素的法律条文中也是如此，民众的经验同样来自实效中，只不过这种经验可能是来自上一个法体系之中或历史中具有实效的法律规则。而对于那些受国家制定性因素影响较大的法律规则，人们对其的理解则完全来自那些使法律实效产生的判决中。一条长期不被适用的拟制性规则很快会被人们遗忘，因为它没能从长期的实践中形成民众所能直接理解的经验知识。

在诸多判决中形成的法律实效，为民众提供了相对明确的指引。但以法官及其判决为中心的互动解释模式，法官的判决行为应当如何评判？由于法官处于互动解释体系的中心点，法官始终处于"被预测"的位置，而"观察者通常只能是当事人而不可能是法官自身，而法官在审判案件时，一般不是在预测自己或者其他法官将会如何判决"[1]。这样一来，由于预测对法官不能发生效力，法官的行为以及审判经验的运用便均没有了限制，我们无法判断法官所作出的判决的正确性。法律确定性在判断判决正确性这一层面上便只能得到否定答案。

然而，预测看似不会对法官产生直接的影响，实际上法官却可以真实地受到预测的约束。这种约束可以从过往的判决中产生。我们已经看到，无论是法律从业者还是普通民众，都会从过往的判决中寻找以审判经验为主的经验性知识，并大多会参考这些对法官将要作出的新的判决进行预测。尽管法官不会预测自己或其他法官的行为，但是法官很清楚自己处于"被观察预测"的位置，法官需要保证自己接下来的判决是具备"可预测性"的。如果法官的判决完全没有可预测性，就是适用了不具备实效的"新的法律"。我们也可以说这种新的法律是一种法官凭空创造的、已经脱离了现有法体系的规范，进而我们可以批判，法官发生了适用法律的错误。而为了使自身的判决可以具备"可预测性"，法官不得不参考过往发生的判决情况。而在面对新情况时，法官则需要在文本的"可预测框架"内依据社会经验和社会中存在的价值（尽管法官选择价值可能是主观的）进行判断。在法律文本框架不明确的地

---

[1] 刘星：《法律是什么——二十世纪英美法理学批判阅读》，中国法制出版社2015年版，第82页。

带，法官发挥自由裁量也应当以"可被预测"为限，而是否"可被预测"也应当成为判断法官判决是否是"正确答案"的标准。

事实上，这一观念在实践领域也确有类似的适用。德国刑法中便有过区别处理"自然法"与"行政犯"的案例，对于"行政犯"的定罪处罚需要要求被告人具备违法性认识。刑法中的这一实践经验，实质上即是考虑到法官行为的"可预测性"。[①] 由于"行政犯"类型依据的法律规则大多是以国家创制性因素为主的法律规则，触犯这类规则的被告人对于法官行为的"预测可能性"较低，故当被告人不具备违法性认识，即未能预测法官行为从而没有得到法律对行为的指引时，认为不具备有责性从而不予处罚。而"自然法"类型所依据的法律规则中的习俗与经验因素占比例较大，普通民众普遍容易理解并据此预测法官的行为，故不考虑违法性认识因素。而当法官所作出的行为与判决几乎完全不具备"可预测性"时（甚至连从业者群体都无从预测），我们便可以认为法官所作出的判决是错误的。但这种相似的实践，仅仅是针对个体与个案而言的，我们需要超出个体与个案，寻找更具普适性的标准判断法官行为。

当疑难案件出现时，在互动解释过程中处于不同层次的各群体都会对法官行为进行预测。而预测的基础，无外乎是在法律文本的框架下，结合社会经验知识（民众会更多寻求这类经验）与对过往曾适用的审判经验的观察结果（从业者会更多寻求此类）。尽管围绕在法官这一互动解释中心周围不同人群的视角存在很大不同，但由于疑难案件的进行过程中，针对不清晰法律文本的解释中在各个层次之间存在的这种互动性，在法官与其判决这一中心之外的其他层次之间，可以大致形成一种近似或相似的预测。这种预测不是个体的预测，甚至不是单独某一群体的预测，而是在群体之间进行互动解释，并得到相互反馈的，既具备逻辑性又富有经验性的预测，我们可以将其称为"社会普遍预测"。这种在互动中形成的社会普遍预测，既可成为用于判断法官判决中给出答案

---

① 关于"自然犯"与"行政犯"的区分，我国也有类似的理论研究。我国刑法学者将这一理论归纳为"违法性认识错误"。学者认为，在一些情况下，如果行为人无法认识到法律规范的存在，或者由于某种不可避免的误导而产生违法性认识错误时，行为人是不具有责任的。参见张明楷：《刑法学》，法律出版社2005年版，第322页；周光权：《刑法总论》，中国人民大学出版社2016年版，第240页。

正确与否的标准，也可以看作法官判决时应当考虑的限制性因素，因为法官本身也是互动解释的一部分。

这样，我们便通过以法官为中心并以法律实效为基础的，在法律文本框架下对法律进行互动性解释的结构，找到了法律确定性的可能。尽管我们仍没有确定目前的法体系下法律是否是确定的，但我们至少可以确定在目前的条件下使法律具备更高的确定性是可能达到的，而互动解释结构与社会普遍预测，便是我们达到确定性这一目标的阶梯。

五、结语

在观察法律运行的过程时，我们发现法律文本并非法律体系的全部。无论是法官、律师等法律从业者，还是居于参与者和观察者地位的普通民众，在对法律进行解释时均不是完全依赖于法律文本的。社会经验知识与法官普遍经验是除法律文本以外影响判决的重要因素。在法律文本存在不清晰的疑难案件中，法官的判决、律师的辩论以及民众的预测均会受到这些因素的影响。而法律确定性一方面是针对法律从业者内部对法律问题的判断而言的，另一方面是针对从业者以外的普通民众受法律的指引是否有效而言的。

法律确定性所涵盖的问题对社会各方面均产生了影响，在法律运行中，社会各方面均会以不同形式（判决、抗辩、指引、守法）参与到法律解释之中，并且这种解释是具备互动性的。在互动解释之中，在从业者内外的相互作用中，社会经验知识与法官整体经验（主要是判决经验）会产生交流，进而形成一种社会普遍的法律预测。这一社会普遍性预测，即法律确定性之所在。一方面，社会普遍预测直接代表着法律对民众的指引结果；另一方面，它可以成为评判法官判决正确性的一项标准。

社会普遍预测作为一项预测首先便对法官行为的自洽性提出了要求；此外，源于互动解释、基于法律文本与社会经验知识的这种预测本身便为法律解释提供了一个合理性的维度。这便使法官行为的自洽性与判决的合理性两项因素融洽地纳入了法律确定性的范畴内。对于法官行为自洽性的确保，也维护了法律的正义性。而判断法律确定与否，就可以首先考虑社会普遍预测是否可以或已经形成。

必须强调的是，社会普遍预测与经常提及的民意存在显著不同。尽管舆论对于社会普遍预测的形成会起到作用，但绝不意味着它和舆论以及纯粹的民意是一回事。社会普遍预测形成于对法律文本不清晰之处进行的互动解释中，法律文本并没有被抛弃。此外，社会普遍预测是一个相对抽象的概念，它更多的是一种普遍存于社会中的心理态度，这种预测是依据文本、社会经验知识、法官整体经验以及实效作出的理性判断，而非针对某一个案判决的纯粹的感性评论。

这种预测是处于文本框架内的一小片范围，而非一个点。它可以保证大部分法律问题可以有一个相对具有唯一性的答案。当法官的判决总能处于社会普遍预测的范围之内时，我们便可以说法律是确定的。而规范化判例、归纳审判经验以及关注舆论等方法，目的均在于帮助互动解释良好进行，进而使社会普遍预测可以尽可能清晰地存在于法律体系之内。

哈贝马斯曾提到过一种"法律商谈"的理论。他提出为追求法律的"合理性"，法律实践应当是一个"通过合作地寻求真理的论辩过程"。① 这种论辩的实践"其特征在于这样一种意象：……在最好信息最好理由的基础上，为一个有争议的意见赢得一种普适观众群体的同意"。② 但在事实上，这种基于个案的"商谈"并不能促成"普适观众群体同意"形成。在个案中，由于从业者群体内外的互动性是缺乏的，设想中的"普适的同意"难以被法官察觉，也无法影响到法官。而要达到使"普适的同意"可以影响法官的程度，则需要一个极高的交往预设，即"无尽的时间，无限制的参与，充分的无强制性"，以至于其在个案中难以被实现。③ 要实现上述的标准，我们的司法制度与框架必将出现颠覆性的变更，并且法律确定性也随之成为一个被抛弃的价值，在针对无数个案的论辩、商谈之中，法律的指引作用也将不复存在。故此，我们不能将视角置于个案内，而需要对法律体系下的法律秩序作出整体性评判。

---

① ［德］哈贝马斯：《在事实与规范之间——关于法律和民主法治国的商谈理论》，童世骏译，三联书店2014年版，第280页。

② ［德］哈贝马斯：《在事实与规范之间——关于法律和民主法治国的商谈理论》，童世骏译，三联书店2014年版，第280页。

③ 参见［德］哈贝马斯：《在事实与规范之间——关于法律和民主法治国的商谈理论》，童世骏译，三联书店2014年版，第282页、第286页。

相比于商谈理论，互动解释是在司法程序之外存在的一种与法律相关的事实。社会普遍预测则介于社会事实于司法实践之间，它会成为法官判断的影响因素，而非决定性因素。我们不会针对某一个案寻找一个单独的预测，而只需要去关注已经形成于互动解释之中源自社会经验知识的一个普遍预测的范围。社会普遍预测更多起到的是司法实践与社会之间互动解释的纽带作用，将二者贯通起来。它并不能给个案中即将作出判决的法官提供直接的指导，而是间接地影响法官对规则的理解，使纸上的规则不脱离社会生活而存在。我们找到的是一个宏观层面的体系，而非对微观个案的评述。在这一体系下，我们所寻找和关注的便不再会是某一法律规则或法律文本的确定性，我们在其中获得的则是一套具有确定性的法律秩序。

（责任编辑：尚海涛）

实证分析视角下生态环境
修复法律责任性质研究[*]

陈欢欢　冯　汝[**]

一、问题之提出

2013年党的十八届三中全会首次提出用制度保护环境，通过生态环境修复制度对环境进行治理，自此生态环境修复责任[①]开始在我国立法与司法审判中兴起。生态环境修复旨在通过利用现有的生物技术、化学技术和物理技术对环境中的污染进行处理，使生态环境能够恢复到原有的服务功能与状态。在司法实践中，有关环境修复的案例不断增加，主要出现在环境民事公益诉讼案件中。[②] 据学者统计，在2015年的38起环境民事公益诉讼案件中，其中有23起要求责任人直接对环境进行修复，在29项要求停止侵害的判决中，多数要求责任人支付生态修复费用。[③] 生态环境修复责任已经成为我国公共环境利益的主导型救济方式，2017年中共中央办公厅、国务院办公厅联合印发的《生态环境损害赔偿制度改革方案》指出要逐步建立生态环境损害的赔偿和修复制度，这表明生态环境修复责任将会在我国环境司法审判中发挥越来越重

---

[*] 本文为国家法治与法学理论研究项目"政府提起生态环境损害赔偿诉讼制度研究"的阶段性成果。

[**] 陈欢欢，天津师范大学法学院硕士研究生，现从事经济法学研究；冯汝，天津师范大学法学院讲师，现从事环境与资源保护法学研究。

[①] "生态环境修复"采用李挚萍老师在《生态环境修复责任法律性质辨析》一文的提法，李挚萍老师认为在法律文件与司法实践中环境修复责任与生态修复责任同时存在，应当适用生态环境修复一词对其进行概括，从总体上探讨修复责任的性质。

[②] 参见李挚萍：《生态环境修复司法的实践创新及其反思》，载《华南师范大学学报（社会科学版）》2018年第2期。

[③] 参见巩固：《2015年中国环境民事公益诉讼的实证分析》，载《法学》2016年第9期。

要的作用。

作为我国司法实践的创新，生态环境修复责任在立法、学术、实务界引起了很大的关注。但是就"生态环境修复责任的性质"问题并没有达成一致的意见，学界对此问题的认识可谓众说纷纭，莫衷一是。有学者主张，生态环境修复责任与恢复原状具有天然的契合性，但是民法上的恢复原状不应当简单、直接地适用于生态损害案件，可以对恢复原状进行适当的改革与调适。[①] 有学者认为，生态环境修复责任蕴含自然与社会的双重法律责任形态，不应当从民事环境侵权的角度进行理解，而忽略了国家这一重要主体地位。[②] 还有学者认为，生态环境修复责任区别于传统的法律责任形式，其着眼点主要在于生态环境利益的保护，应当属于一种新型责任体系。[③] 责任性质的不确定造成了立法词语上的混乱以及司法判决的不统一，我国目前的生态环境修复制度实际上是建立在对民事侵权责任的路径依赖上的。为了解决目前我国环境司法领域所面临的这些难题，亟待明确生态环境修复责任的性质，从而保障司法实践的进一步推进。

二、司法实践中修复责任的民事责任定位及其反思

表1 关于"生态环境修复责任"的典型案例

案例名称	案由	案号	法院判决结果	主要法律依据
中华环保联合会诉蠡管委环境污染责任纠纷案	环境污染责任纠纷	江苏无锡滨湖区人民法院（2012）锡滨环民初字第0002号民事判决书	被告应立即停止侵害并对污染地进行复绿固土工作；被告应进行异地补植，并应当通过验收；如果不能在指定期间完成补植，应支付相应的费用，该笔费用专用于异地补植；被告承担与诉讼相关的其他费用	《侵权责任法》第15条、《森林法》第18条

---

① 参见胡卫：《环境污染侵权与恢复原状的调适》，载《理论界》2014年第12期。

② 参见吴鹏：《生态环境修复法律责任之偏见与新识》，载《中国政法大学学报》2017年第1期。

③ 参见康京涛：《生态环境修复责任：一种新型的环境责任形式》，载《青海社会科学》2017年第4期。

续表

案例名称	案由	案号	法院判决结果	主要法律依据
常州环境公益协会诉储某某、博某某等环境污染责任纠纷案	环境污染责任纠纷	江苏常州中级人民法院（2014）常环公民初字第2号	向常州生态环境法律的保护公益金专用账户支付相应的环境修复赔偿金，被告应就此承担连带责任；支付相应的环境评估费用	《侵权责任法》第4条、第8条、第65条
泰州环保联合会诉常隆化工等环境污染责任纠纷案	环境污染责任纠纷	江苏省高级人民法院（2014）常环民初字第2号	被告六家化工公司在判决生效后9个月内赔偿环境修复费用合计1.6亿余元，用于泰兴地区的环境修复；承担其他诉讼相关费用	《侵权责任法》第15条、第65条，《固体废物污染环境防治法》第85条
徐州检察院诉鸿顺造纸厂环境污染责任纠纷案	环境污染责任纠纷	江苏省徐州市中级人民法院（2015）徐环公民初字第6号	被告赔偿生态环境修复费用及生态环境受到损害至恢复原状期间服务功能损失费用；承担其他诉讼相关费用	《侵权责任法》第15条第5项、第6项，第65条；《关于审理环境民事公益诉讼案件适用法律若干问题的解释》（以下简称《关于环境民事公益诉讼的解释》）第13条、第15条、第20—23条
北京朝阳区自然之友、福建绿色家园诉谢某某、倪某某案	林业承包合同纠纷	福建省南平市中级人民法院（2015）南民初字第38号	被告清除污染并恢复林地植被；如无法在指定的期限内恢复林地植被，应共同赔偿相应的生态环境修复费用；被告应就生态环境受到损害至恢复原状期间的服务功能损失承担赔偿责任，该笔款项用于本案的环境修复或异地修复	《民法通则》第117条、第130条，《环境保护法》第58条，《关于环境民事公益诉讼的解释》第18条、第21条、第22条

续表

案例名称	案由	案号	法院判决结果	主要法律依据
中华环保联合会诉新安化工、建德化工环境污染责任纠纷案	环境污染责任纠纷	山东省东营市中级人民法院(2015)东环保民初字第1号	被告停止违法处理废水行为；支付相应的环境污染治理费用用于环境修复工作；被告对此承担连带责任；承担其他与诉讼相关的费用	《侵权责任法》第4条，第6条，第8条，第10条，第14条，第15条第1、3、6项，第19条，第65条，第66条；《关于审理环境侵权责任纠纷案件适用法律若干问题的解释》（以下简称《关于环境侵权案件的解释》）第1条、第2条、第6条、第13条；《关于环境民事公益诉讼的解释》第18—23条
荆州市沙市区检察院诉刘某某水污染责任纠纷环境公益诉讼	环境污染责任纠纷	湖北省荆州市沙市区人民法院(2016)鄂1002民初1947号	被告赔偿因其违法排放电镀废水造成的生态环境损害损失用于修复被告金属电镀表面处理加工厂被损害的生态环境；承担其他诉讼相关费用	《环境保护法》第64条，《侵权责任法》第7条、第15条第6项、第65条、第66条，《关于环境民事公益诉讼的解释》第18条，第21—24条
重庆市人民政府、重庆市两江志愿服务发展中心诉藏金阁、首旭公司环境污染责任纠纷案	环境污染责任纠纷	重庆市第一中级人民法院(2017)渝01民初773号	被告连带赔偿生态环境修复费用并由原告结合本区域生态环境损害情况用于开展替代修复；承担其他诉讼相关费用	《水污染防治法》第9条，《环境保护法》第42条、第64条，《侵权责任法》第8条，《关于环境侵权案件的解释》第2条、第13条，《关于环境民事公益诉讼的解释》第22条

(一) 司法实践中生态环境修复责任适用的典型案例

研究生态环境修复责任的性质不能脱离司法实践，笔者在此列举了 2014 年以来法院作出的有关修复责任判决的部分案件，试图从司法判例中探析修复责任的定位。① 早期的环境公益诉讼司法实践中，法院判据污染者承担责任的方式主要是以停止侵害、损害赔偿为主，自提出利用修复制度落实生态环境保护以来，法院开始在判决中逐渐重视环境修复责任。表 1 列举的关于"生态环境修复责任"的典型案例，首先，都是自 2014 年至 2017 年发生的在全国范围内有较大影响的环境案件，如"泰州长隆化工案"在社会各界引起了巨大反响，被称为"天价环保诉讼案"。其次，典型案例中法院判决的责任形式多样化，基本上包括了生态环境修复责任的所有具体责任承担方式。通过研读这些案例可以使我们对生态环境修复责任的内涵外延有更清楚的认识，能够更好地对责任性质进行定位。

(二) 司法实践中修复责任的民事责任定位

1. 案由为环境污染责任纠纷

民事诉讼的案由制度可以说是我国典型的本土法律制度，民事案由与当事人共同组成了民事案件名称，是对诉讼案件法律关系性质的概括与总结。经过 2008 年和 2011 年的两次修改之后，我国现行的《民事案由规定》已经形成了一个囊括 10 个一级案由、42 个二级案由、424 个三级案由、367 个四级案由的完整体系。② 从表 1 列举的典型案例不难看出，大部分环境公益诉讼案件的三级案由是"环境污染责任纠纷"，其上一级案由是侵权责任纠纷，这说明生态环境修复责任的法律关系被视为特殊的民事侵权法律关系，法院要遵循民事侵权案件的审判思路来审理该类案件。在"自然之友等诉谢某某案"中，法院认定该案的第三级案由是林业承包合同纠纷，属于合同纠纷，本质上案件的定性仍没有脱离民事责任纠纷范畴。

---

① 参见李挚萍：《生态环境修复责任法律性质辨析》，载《中国地质大学学报（社会科学版）》2018 年第 2 期。

② 参见林洋、陈琼丽：《民事案由性质的反思与重构——兼论既判力职权援引规则》，载《中国石油大学学报（社会科学版）》2017 年第 6 期。

2. 法律依据遵循民事法律规范

2016年最高人民法院颁布的《关于充分发挥审判职能作用为推进生态文明建设与绿色发展提供司法服务保障的意见》指出：为了能够最大限度地对生态环境进行修复，要落实以生态修复为中心的损害赔偿救济制度。面对严峻的生态形势，迫切需要落实环境修复责任对我国生态环境进行有效的救济，国家出台了一系列民事司法解释，推动生态环境修复责任在司法审判中的实施。在环境公益诉讼案中，承担生态环境修复责任的主要法律依据包括《侵权责任法》第15条、第65条，2014年最高人民法院《关于环境民事公益诉讼的解释》第18条、第19条、第20条、第21条，以及2015年《关于环境侵权案件的解释》第13条、第14条等。例如，在"徐州检察院诉鸿顺造纸厂公益诉讼案"中，法院判决依据的是《侵权责任法》第15条，该条明确规定了民事侵权责任的承担方式。据此，有学者认为承担生态环境修复责任的法律依据主要是民事法律规范，因此修复责任的性质应当属于民事责任。

3. 责任方式以恢复原状为主

从表1可以看出，法院判决当事人承担生态环境修复责任的具体方式包括停止侵害、异地修复、支付环境修复赔偿金、替代修复、承担生态服务功能损失、清除污染并恢复原状等，其责任方式以恢复原状为主。有学者主张生态环境修复责任可以视为对恢复原状民事责任承担方式的变形，首先，生态环境修复的目的是使生态功能恢复到污染之前的水平，而恢复原状则是通过修理使财产恢复到受侵害之前的状态，两种责任方式的内容与目的相同。其次，最高人民法院《关于审理环境民事公益诉讼的解释》第14条明确规定，被侵权人请求侵权人恢复原状的，法院可以判决责任人承当环境修复责任。根据该司法解释的规定，生态环境修复责任应当是对我国《侵权责任法》第15条的"恢复原状"所作的扩充解释，当然属于民事责任性质。

（三）司法实践中修复责任性质定位的反思

通过分析生态环境修复责任的案由、主要法律依据和责任承担方式发现，法院在司法审判中倾向于认为生态环境修复责任属于民事责任，并认为其与恢复原状具有同质性，可以等同视之。但是从实证分析和理论研究的角度来看，生态环境修复责任与恢复原状有所不同。从实证分析的角度上来看，恢复原状不能承载生态环境修复责任的所有具体责任方式。例如，在"中华环保联合会诉蠡管委案"中，法院判决责任人承担异地修复的责任。异地修复是指在受损的生态环境无法实现直接修复时，可以选取另一地点进行修复，实现区域内生态环境的总体平衡。这不同于传统意义上的恢复原状责任。在"自然之友等诉谢某某案"中，法院还要求责任人赔偿生态环境受损至恢复期间的生态环境服务功能损失，依据民事习惯，这应当属于损害赔偿责任，不能为民事恢复原状责任所包含。从理论基础的角度上来看，恢复原状责任的权利基础是基于人身权、财产权等民事权利，是指当所有权人的财产受到侵害时，能够修理的，可以要求侵权人进行修理，恢复财产原来的状态。而生态恢复责任的请求权基础则是环境权，是以承认环境利益为前提，在生态环境受到损害时，对其进行人为的改善、修补使环境能够恢复到原来的功能与状态。其次，承担恢复原状责任的前提是原物的存在，并且原物具有可恢复性，但是由于生态环境破坏的不可逆转性与复杂性，生态修复责任很难达到民法所要求的"损害前状态"这一标准。难免让人对生态环境修复责任定位于民事责任、生态环境修复责任与恢复原状相混淆的做法产生质疑。

三、生态环境修复责任性质之重新定位

生态破坏和环境污染行为导致我国环境质量严重恶化，近年来生态系统的严重失衡已经成为制约我国经济可持续发展的主要阻碍，生态环境修复已经成为救济我国生态环境最重要的责任形式，但是将生态修复责任视为传统的民事责任似乎是我国民法所不能承受之重，应当将其定位为以保护环境为核心的新型环境责任。

（一）修复责任不同于传统的民事责任

司法实践中生态环境修复责任无论从案由界定、法律规范、主要责任方式上都离不开对我国传统民法的依赖。但是，其与传统的民事责任在法律关系主体、保护法益属性上存在根本差别，且生态环境修复的具体责任承担方式具有多样性，不仅限于恢复原状这一种责任形式。

1. 法律关系主体不同

法律关系的主体是指法律关系的参与者，既包括享有权利的主体，也包括承担义务的主体。民事主体是指参与在民事法律关系中，并在其

中享有一定的权利、承担相应义务的自然人、法人或者其他组织。① 在民事法律关系中，权利人是个人利益主体，而生态环境修复法律关系的权利主体则有所不同。

在环境损害事件中，通常会造成两方面不利的法律后果：一是由环境损害造成公民人身、财产权利受损；二是生态环境本身受损。生态环境本身受损是指由于生态破坏行为或者环境污染行为造成的大气、土壤、地表水等基本环境要素和动植物等生物要素的不利改变。尽管环境损害会造成人的损失与生态环境损失的双重损害后果，但无论是生态破坏还是环境污染，都并不直接针对他人的人身与财产，而是直接针对自然环境、生态系统。环境法律关系是"人—环境—人"的形式，所以环境损害是直接损害后果，而人身、财产损害则是间接损害后果。生态环境损害对于人的损害，应遵循民法的思路确定相应的权利主体。而生态环境修复仅是针对生态环境受损而形成的责任，生态环境本身属于公共产品，其利益主体因当属于全人类。因此，在生态修复法律关系中，权利的享有者是全人类，包括所有当代以及将来在地球上生活的人类。

2. 保护的法益具有公共利益属性

法学界对于法益的认识起源于刑法，最早由刑法学家伯恩鲍姆提出，他认为犯罪行为不仅会侵害当事人的权利，还会对法益造成危害。此后对法益的认识开始在其他部门法兴起。我国民法学者张弛曾经指出：法益是指法定的民事权利之外的、具有可保护性的、具有价值的民事利益。尽管其无法归纳到有名的、具体的民事权利中，但是这些民事利益为特定的民事主体所享有，会遭到加害人不同程度的侵害，具有保护的必要性。② 传统民事侵权法律关系的客体是私人之间的人身利益、财产利益，而生态环境修复法律关系的客体指向的是生态利益。由于受到以人类为中心的人文社会科学的影响以及过去强调高速经济发展而忽略了生态环境的保护，我国传统的环境法所讲的环境利益主要着眼于环境所能带来的经济效益，而忽略了生态利益。③ 生态利益与生态经济学

---

① 参见魏振瀛：《民法》（第五版），北京大学出版社2013年版，第32页。
② 参见张弛、韩强：《民事权利类型及其保护》，载《法学》2001年第12期。
③ 参见蔡守秋：《环境法律关系新论——法理视角的分析》，载《金陵法律评论》2003年第3期。

所讲的"生态系统服务功能"大致对应,具体表现为生态环境系统对人们的生活、生产活动产生的有利的非物质性影响和效果,生态利益实际上反映了人们对于良好生活环境的向往与精神利益需求。① 生态利益对于维护地球的生态环境系统的功能和保障人类的生命健康具有重要的价值,这种利益并不为特定主体所享有,生态利益具有公共利益属性。

　　由于人与环境的密切关联性,几乎每一起环境污染事件都会同时对私人利益和生态利益造成损害。当污染损害事件发生后,会出现各种损害后果,包括人身损害、财产损害、环境资源损害以及生态利益损害。哪些损害应当属于私人利益损害,哪些损害属于公共利益损害,应当采取何种责任承担方式,这是我们在司法实践中必须厘清的问题。② 生态环境修复责任是以生态利益为核心的法律责任形式,目的是使受损的生态环境进行再生,对于生态环境的保护发挥着重要的作用。生态环境修复责任是以生态利益为本位,指向的法益为具有公共利益属性的生态利益,而并非私人之间的人身、财产利益。

　　3. 责任形式具有多样性

　　根据上文的分析,生态环境修复责任不应当局限于"恢复原状"这一种责任形式,生态环境修复的具体责任承担方式具有多样性,这可以从法律依据及法院的判决中得到印证。首先,从法律依据来看,根据最高人民法院《关于环境民事公益诉讼的解释》第20条第2款的规定,生态环境修复的方式主要包括三种:直接修复、替代性修复和支付修复赔偿费用。直接修复是指发生环境损害后,相关责任人应当及时停止污染行为、消除污染后果并采取有效的措施使环境恢复到损害发生之前的状态。替代性修复是针对受损的生态环境无法得到直接修复时,允许采用替代性措施减轻环境遭到的损害,修复总体环境容量与质量,在司法实践中主要表现为异地修复。当污染者没有能力履行或者明确表明其将不履行相应的修复义务时,可以直接判决责任人支付修复赔偿费用。因此生态环境修复的含义不仅限于恢复原状,直接修复的前提包括

---

① 参见史玉成:《环境利益、环境权利与环境权力的分层构建——基于法益分析方法的思考》,载《法商研究》2013年第5期。
② 参见李挚萍:《生态修复案件中的责任承担和法律适用——以广州市白云区鱼塘污染公益诉讼案为例》,载《环境保护》2015年第8期。

停止污染并消除污染后果，修复责任还包含赔偿损失、替代修复等含义。其次，从法律判决结果来看，在环境损害案件中停止侵害、消除危险等其他责任形式与修复责任是紧密相连、不可分割的。法院在作出判决时，往往不是单独适用修复责任，还会依据其他法条附加其他责任承担方式，形成一整套组合式的责任形式。生态环境修复责任的具体责任承担方式具有多样性，至少包括停止侵害、消除污染、直接修复、替代修复、损失赔偿、赔礼道歉等，因此，将生态环境修复责任与恢复原状责任相等同的做法过于简单化了。当然，在每一件环境污染案件中，并不是所有的责任形式都会派上用场，要根据具体情况具体适用，以达到环境治理的目的。

（二）修复责任并非特殊环境民事责任

有学者还主张，应当对侵权责任承担方式进行适度的变革与调整，把生态环境修复责任在恢复原状责任基础上独立化，突破侵权责任法狭隘的人身、财产侵权救济理念，将其作为独立的环境民事责任承担方式。他们主张的理由在于，生态环境修复责任的基本价值、理念是最大限度地保持生态环境的价值与功能，而恢复原状也是为了维护受害人权利与法益的完整性。因此，恢复原状责任的价值理念在生态损害中具有适用性，如果将两者完全割裂会造成司法适用的混乱与法律逻辑的冲突。

但是，生态环境修复责任在权利主体、保护的法益、责任承担方式上与传统的民事法律责任存在着很大的差异，司法实践将两者混同，实际上是为了解决司法裁判实践"急就章"的做法。2016年6月第十二届全国人大常委会发布《民法总则（草案）》，向社会征求意见，其中第160条第5项就是将生态环境修复责任作为独立的民事责任承担方式，与恢复原状责任并列。最终颁布的《民法总则》将此条删除，由此我们可以看出立法者已经开始认识到生态环境修复责任与其他民事责任承担方式的不同，因此民法总则最终没有将其纳入民事责任承担方式之中是科学、合理的。生态环境修复责任归不同于民事责任，尽管《民法总则》第9条"绿化原则"意味着可以对现有法律体系进行调整使其更符合生态文明建设的需要，但这种"绿化"的过程并是一个颠覆的过程。在对民法"绿化"的过程中，还要注重它原本固守的保护私权的疆界。①

（三）生态环境修复责任属于新型环境责任形式

生态环境修复责任是针对生态环境受损产生的责任形式，区别于传统的民事责任，应当属于新型环境责任形式。生态环境修复责任的权利主体是全人类，不是自然人、法人及其他组织单个利益主体；生态环境修复指向的法益是具有公共利益属性的生态利益，而不再是当事人的人身利益、财产利益；生态环境修复责任的承担方式具有多样性，其责任内涵和外延至少包含停止侵害、消除污染、直接修复、替代修复、损失赔偿等，不限于恢复原状。

正是基于上述认识，笔者认为生态环境修复责任应当被视为一种新的管制工具与救济工具，可以将生态环境修复责任定义为以救济生态环境为目的新型环境责任体系。首先，态环境修复的目的是消除环境侵害带来的环境本身的损害后果，其直接救济对象是环境本身，也就是说，承担生态环境修复责任的权利基础是环境权。环境权是一种新型权利，具有公益性、共享性的特征，其保护对象应当是"生态环境功能"，这决定了以保护私人利益为根本目的民法体系不能对环境权进行调整。②其次，生态环境修复责任所保护的环境法益具有公共利益的属性，从本质上来说，环境公共利益是决定整个社会共同体生存与发展的公共性物品，并不是一种仅依靠个人或者少部分人主张即可实现的权利。根据洛克的社会契约论，政府是社会公共利益的唯一代表者和维护者，这决定了政府应当在生态环境修复责任的落实上承担更多的责任、发挥更重要的作用。最后，由于生态环境修复的责任形式具有多样性的特征，可以考虑将多种责任形式整合为一套完整的环境责任体系。在构建这种新型责任体系时，要考虑到生态环境保护的整体性、关联性，要根据我国生态环境损害的现状以及生态环境修复的需要进行综合设计。③依据生态修复责任不仅可以要求责任人承担修复的责任，还可以要求其停止环境

---

① 参见张宝：《环境侵权责任构成的适用争议及其消解——基于4328份裁判文书的实证分析》，载《湘潭大学学报（哲学社会科学版）》2018年第2期。

② 参见邹熊、庄国敏：《论民法典绿化的边界——以民法典对环境权的承载力为视角》，载《东南学术》2017年第6期。

③ 参见李挚萍：《生态环境修复责任法律性质辨析》，载《中国地质大学学报（社会科学版）》2018年第2期。

损害行为、防止损害的进一步扩大、对生态功能进行修复以及赔偿修复期间造成的生态服务功能损失等。此外，在建立生态环境修复责任体系时还要考虑到生态环境恢复的标准、环境污染风险预防等其他责任的设计。

因此，生态环境修复责任的目的是对受损的环境进行全方位救济，使受污染的生态环境能够恢复到损害发生之前的状态，属于新型责任形式，既不属于传统民事责任，也不属于传统的刑事责任、传统的行政责任，是立足于保护环境权本身的独立存在的必要责任方式。[1] 生态环境修复责任实际上呼吁着法律责任体系的革新，其理论与司法实践的统一，有待我国环境法律制度的完善。

（责任编辑：张培尧）

---

[1] 参见刘鹏：《论生态修复的环境法属性》，载《政法学刊》2016 年第 2 期。

自动驾驶汽车交通事故侵权责任主体探究[*]

王成璋[**]

随着互联网技术的深入发展以及人工智能技术的日趋成熟，自动驾驶汽车近年来发展迅速，在全球范围内掀起一股研究热潮。自动驾驶汽车是传统汽车与人工智能技术相结合的产物，有助于解决道路安全、交通拥堵、能源短缺、环境污染等问题，而且有利于汽车产业的转型升级。相应的，可以预见到自动驾驶汽车未来的市场化也会引发多方面的法律问题，给当前的法律带来诸多挑战。考虑到现实中交通事故的频发性和危险性，自动驾驶汽车引发的交通事故侵权责任的承担问题便亟须从理论上予以回应。[①] 自动驾驶汽车作为人工智能载体的一种，在发生交通事故后，如何确定侵权责任的承担主体，理论界和实务界对此有不同的观点。因此，本文对自动驾驶汽车引发的交通事故的侵权责任主体展开探讨，在对域外侵权立法进行考察的基础上，确定不同情形下的侵权责任的承担主体，以期为未来我国在自动驾驶汽车领域的立法提供有益帮助。

一、自动驾驶汽车的概念界定及其挑战

（一）自动驾驶汽车的概念界定与分级标准

当前，各国对自动驾驶并无统一的概念界定。概括来讲，自动驾驶汽车主要依靠传感器、控制器、执行器等装置，通过车载传感系统和信

---

[*] 本文为北京市习近平新时代中国特色社会主义思想研究中心阶段性研究成果。
[**] 首都经济贸易大学法学院硕士研究生，现从事民商法学研究。
[①] 2016 年，Google 无人驾驶汽车在美国加州山景城测试时，与一辆公交大巴相撞，后经法院认定，Google 公司在此次事故中负有责任。2018 年 3 月 22 日，在美国亚利桑那州坦佩市，一辆 Uber 自动驾驶汽车撞死了一位横穿马路的 49 岁妇女，这是全球首例无人车撞死行人的事故。

息终端实现与人、车、路灯外在条件的智能信息交换，使车辆具备智能的环境感知能力，能够自动分析形势的安全及危险状态，并按照人的意愿到达目的地，最终实现替代人来操作的目的。① 根据北京市 2017 年 12 月发布的《北京市关于加快推进自动驾驶车辆道路测试有关工作的指导意见（试行）》的规定，自动驾驶车辆是指在符合《机动车运行安全技术条件》（GB7258）的机动车上装配自动驾驶系统的车辆。不需要测试驾驶员执行物理性驾驶操作的情况下，能够对车辆行驶任务进行指导与决策，并代替测试驾驶员操控行为使车辆完成安全行驶。

关于自动驾驶汽车的分级标准，根据美国交通部 2016 年 9 月发布的《美国自动驾驶汽车政策指南》的规定，正式确立采用国际自动机工程师学会（SAE）的定义作为评定汽车自动驾驶水平的标准。其对自动化的描述分为 6 个等级：L0 无自动化，即没有搭载自动驾驶技术和设备的传统汽车。L1 驾驶支援，通过驾驶环境对方向盘和加减速中的一项操作提供驾驶支持，其他的驾驶动作都由人类驾驶员进行操作。L2 部分自动化，通过驾驶环境对方向盘和加减速中的多项操作提供驾驶支持，其他的驾驶动作都由人类驾驶员进行操作。L3 有条件自动化，由自动驾驶系统完成所有的驾驶操作。根据系统要求，人类驾驶者提供适应的应答。L4 高度自动化，由自动驾驶系统完成所有的驾驶操作。根据系统要求，人类驾驶者不一定需要对所有的系统请求作出应答。L5 完全自动化，在所有人类驾驶者可以应付的道路和环境条件下，均可以由自动驾驶系统自主完成所有的驾驶操作。

通过分析，可根据自动化水平将上述等级分为三类：L0—L2 为驾驶辅助阶段，L3—L4 为自动驾驶阶段，L5 为无人驾驶阶段。在驾驶辅助阶段，系统仅提供一定程度的驾驶支援和帮助功能，实际上驾驶人全程控制汽车的运行以及应对各种突发情况，因此对其间发生的事故适用现行交通事故侵权责任归责即可。② 在自动驾驶和无人驾驶阶段，驾驶人很大程度上失去对汽车驾驶的支配，沿袭传统侵权责任规则将有失公允，因此，应当创新自动驾驶汽车交通事故侵权的法律适用规则，明确自动驾驶汽车的定位，区分不同的驾驶阶段来确定相应的责任主体。

---

① 参见童有好：《论"互联网＋"对制造业的影响》，载《现代经济探讨》2015 年第 9 期。
② 参见郑志峰：《自动驾驶汽车的交通事故侵权责任》，载《法学》2018 年第 4 期。

（二）自动驾驶对交通事故责任主体认定带来的挑战

人工智能是人机环境系统交互的产物，① 人工智能技术的进步将影响到各行各业的发展，自动驾驶汽车的出现便印证了这一点。自动驾驶技术的引入给交通事故中侵权责任主体的认定带来新的挑战，其中缘由可概括为：

第一，人工智能自动驾驶汽车作为人工智能产品之一种，是否应承认其法律主体地位？学界对此未形成统一的意见。如有人提出，人工智能具有独立自主的行为能力，有资格享有法律权利并承担责任义务，人工智能应当具有法律人格，同时应限定为有限的法律人格。② 目前，世界范围内已有例可循。③ 有学者认为，法律上的主体是基于理性人的一种假设。这种理性人是经过法律形式化处理的，涤除了个性、偏好、情感等非理性因素。④ 或许这样的理性人在形式上与人工智能更为相适应。有学者认为，机器人不是具有生命的自然人，也区别于具有自己独立意志并作为自然人集合体的法人，将其作为拟制之人以享有法律主体资格，在法理上尚有掣肘之处。⑤ 因此，是否赋予自动驾驶汽车相应的法律主体资格的不确定，必然影响到交通事故中侵权责任主体的确定。

第二，在自动驾驶汽车行驶过程中，若处于自动驾驶系统的控制下发生的交通事故，一方面，在行驶过程中没有驾驶人的实际操作和驾驶行为，在归责时不能按照人的主观意志去评判，因此现行侵权责任中的过错责任原则在特定情形下难以适用；另一方面，由于自动驾驶程序的封闭性和黑箱性，外界难以知晓其内部的运行机制，因此在责任承担的举证过程中，难以证明自动驾驶程序的缺陷之处。

第三，自动驾驶程序开发商以及定位服务提供商是否应纳入责任承担主体的范围，以及责任承担的比例尚未明确。自动驾驶技术是自动驾驶汽车的核心所在，包括外在的硬件设备和内在的软件程序。在自动驾驶程序的控制下发生交通事故时，程序开发商或服务提供商是否应承担侵权责任，且责任承担的程度该如何确定？若无责任或责任过轻，则可

---

① 参见刘伟：《关于人工智能若干重要问题的思考》，载《学术前沿》2016 年第 4 期。
② 参见袁曾：《人工智能有限法律人格审视》，载《东方法学》2017 年第 5 期。
③ 2017 年 10 月 26 日，沙特阿拉伯授予美国汉森公司生产的机器人索菲亚公民身份。
④ 参见李永军：《民法上的人及其理性基础》，载《法学研究》2005 年第 5 期。
⑤ 参见吴汉东：《人工智能时代的制度安排与法律规制》，载《法律科学》2017 年第 5 期。

能导致大量程序开发商和服务提供商涌入市场，各类自动驾驶系统质量良莠不齐，将加大交通事故发生的可能性。若规定技术开发商承担过重的责任，则可能会抑制技术的发展和产品的流通，大大减缓自动驾驶汽车的市场化进程。

二、域外自动驾驶汽车交通事故责任立法考察

目前世界范围内，各国都在积极进行产业布局，加快自动驾驶核心技术的研发，以期在未来的市场中抢占先机。2016年3月23日，联合国欧洲经济委员会宣布《维也纳国际道路交通公约》中对于自动驾驶汽车的修正案正式生效。该修正案规定，在全面符合联合国车辆管理条例或者驾驶员可以选择关闭该技术的情况下，将驾驶车辆的职责交给自动驾驶技术可以被允许应用到交通运输中。这表明自动驾驶首次在法律的层面上得到许可，驾驶的责任人不再一定是人，而可能是汽车本身，开辟了自动驾驶合法化的先河。

（一）美国的立法实践

2011年，美国内华达州率先通过了 AB511 法案（Assembly Bill No. 511 – Committee on Transportation），确认了自动驾驶汽车的合法性。2012年，加利福尼亚州出台了 SB1298 法案（Vehicles：Autonomous Vehicles：Safety and Performance Requirements），将驾驶员定义为"坐在驾驶座上的人，或驾驶座上没有人，但由智能技术参与操作的车辆运行活动"。截止到2017年底，华盛顿特区和21个州先后通过了关于自动驾驶汽车的立法。[①] 2017年7月，美国众议院通过了《自动驾驶法案》（Self Drive Act），从管理、标准、豁免、检测、评估、隐私等方面，对自动驾驶汽车的设计、生产、测试等环节进行了规范和管理。该法案草案旨在发挥联邦职能，通过鼓励自动驾驶汽车的测试和研发以确保车辆安全。2017年9月，美国交通部发布了《自动驾驶系统2.0：安全愿景》，主要针对第3级到第5级自动驾驶系统，规定了以下两部分内容：

---

① 参见刘芳：《关于美国自动驾驶汽车的立法现状及思考》，载 http://www.lwinst.com/chanjing/6184.htm，2018年7月13日。

(1) 关于自动驾驶系统的非强制性指导意见;① (2) 对州政府的技术辅助、关于自动驾驶系统立法的操作建议。关于自动驾驶车辆交通事故民事责任的立法也已经在密歇根州、加利福尼亚州等开始推行。法案规定了汽车制造商的强制保险责任以及对因第三人改造车辆导致的交通事故免责等。②

美国联邦和各州的一系列立法和政策的出台，一方面，为自动驾驶汽车的研发和上路测试扫清了障碍，加速了美国自动驾驶技术的发展；另一方面，这些立法和政策主要体现在行政监管方面，关于民事侵权责任领域的规范较少。

（二）德国的立法实践

2017年5月，德国政府出台了《自动驾驶汽车法案》，该法规定驾驶人可使用汽车高度自动或完全自动驾驶系统控制汽车，驾驶人可不参与驾驶行为，但不能离开驾驶座位，必须在车中随时准备好从自动驾驶切换到人工驾驶模式。还明确规定，所有自动驾驶汽车内部必须安装类似"黑匣子"的装置，用于记录相关系统运行、要求介入操控和人工驾驶等不同阶段的详细情况，此举也是为了明确交通事故责任。2017年6月，德国联邦议院颁布了《道路交通法》（StraBenverkehrsgesetz, StVG）第八修正案，通过了德国首部针对智能汽车的法律规范。该规范明确了智能汽车的定义，规定了自动驾驶汽车应满足的六个要求。③此外，该修正案还明确了使用自动驾驶系统时驾驶员的权利和义务。在自动驾驶系统接管状态下，驾驶员可以不对交通状况和车辆进行监控，但是驾驶员仍需时刻保持清醒戒备状态准备随时接管。这体现了德国立

---

① 该意见提供了12项用于参考的安全性要素，包括：(1) 系统安全；(2) 自动驾驶等级的界定；(3) 障碍物识别和事件侦查及应对；(4) 系统默认最小风险状态；(5) 验证方法；(6) 人机互动；(7) 汽车网络安全；(8) 抗撞击性；(9) 撞击后自动驾驶系统行为；(10) 数据记录；(11) 消费者教育与培训；(12) 联邦、州和地方法规。

② 参见陶盈：《自动驾驶车辆交通事故损害赔偿责任探析》，载《湖南大学学报（社会科学版）》2018年第3期。

③ 自动驾驶汽车应满足的要求主要包括：(1) 为完成驾驶任务（包括纵向和横向导航），能在汽车启动后控制汽车；(2) 能够在高度或全自动化控制汽车驾驶时，遵守规范汽车行驶的交通法规；(3) 驾驶人可在任何时候手动接管或关停；(4) 可识别由驾驶人亲自控制驾驶的必要性；(5) 能够针对驾驶人亲自控制汽车的要求及时通过可视、可听或者可触及的方式呈现给驾驶人，并预留接管汽车的充足时间；(6) 指出违背系统说明的使用。

法者对于自动驾驶的核心态度：驾驶系统不可完全取代驾驶人，驾驶人应留在汽车驾驶位上，并能够随时接管车辆的控制；尽管自动化驾驶有电脑的补充，但最终责任原则上应主要落在驾驶人身上。

德国新修改的《道路交通法》对自动驾驶汽车侵权责任采用"机动车交通事故责任 + 产品责任"的模式，和我国传统的机动车事故侵权基本一致。① 自动驾驶汽车侵权的驾驶员承担过错推定责任，产品责任的成立基于产品存在缺陷，并且是由于该产品缺陷导致了事故的发生。对于自动驾驶汽车的制造商，新法没有规定其赔偿责任，受害方须根据《德国产品责任法》主张制造商对产品缺陷造成的事故承担产品责任。另外，德国立法对于接管的"合理时间"未予明确，对驾驶员未能及时接管导致损害的责任承担也未作规定。

（三）英国的立法实践

2017 年 2 月，英国政府出台的《车辆技术与航空法案》（The Vehicle Technology and Aviation Bill）中，规定了保险公司对自动驾驶汽车的保险责任。② 该法案将机动车强制性保险扩大到自动驾驶汽车，以帮助受害者尽快从事故中获得索赔。若发生交通事故时处于自动驾驶系统的管控之下且投保了保险，则由保险公司对受害人的死亡或损害承担赔偿责任。若没有投保，则由汽车的所有者承担赔偿责任。该法案还规定，如果车主未经授权或未按照相关政策要求就擅自变更自动驾驶软件，或者未升级自动驾驶软件，则将排除或限制保险人的责任，车主将对发生的事故承担所有责任。此外，还规定保险人享有对事故负责者追偿的权利。

可见，目前英国关于自动驾驶汽车的立法集中于责任保险制度的建立，由于侵权责任的认定是保险人履行赔偿义务的前提，英国法上关于保险法的规定难以对自动驾驶汽车的侵权主体的认定提供有效的参考和借鉴。

---

① 参见张力、李倩：《高度自动驾驶汽车交通侵权责任构造分析》，载《浙江社会科学》2018 年第 8 期。

② 资料来源：https://services.parliament.uk/bills/2016-17/vehicletechnologyandaviation.html，2018 年 7 月 14 日访问。

三、我国自动驾驶汽车交通事故侵权责任主体的确定

(一) 自动驾驶汽车的产品定位及侵权责任处理模式

从对域外自动驾驶汽车交通事故责任的立法实践中可以预测,承认自动驾驶汽车(有限的)法律主体资格或成为未来发展的趋势。① 但就目前的技术水平而言,结合我国现行立法,不宜承认自动驾驶汽车的法律主体地位,而应将其定性为"产品"。

我国《民法总则》规定的民事法律关系主体包括自然人、法人和非法人组织三种。对于一个法律主体而言,最为重要的法律要素就是权利能力,即据以充当民事主体,享受民事权利和承担民事义务的法律地位或法律资格。② 近代以来,理性主义哲学体系对人格进行了高度抽象,最后通过拟制于民法典中予以沉淀、固化,其依据就是:只有具有"诉求、回应、言说"三大能力者,始能成其为"人"。③ 而作为人工智能载体的自动驾驶汽车,其本身就是人类理性的产物,不具有人类的理性诉求和表达,不具有独立为意思表示的能力。从外形来看,自动驾驶汽车与传统汽车无异。从内部构造来看,作为核心组成部分的自动驾驶系统不具备人类的思维方式,远未达到人类的思维水平,其本身是由人类设计、编写的计算机程序和算法,无法重现人脑思维的自主性、丰富性和多样性。基于此,目前不应承认自动驾驶汽车的法律主体资格。我国《民法总则》第176条规定,"民事主体依照法律规定和当事人约定,履行民事义务,承担民事责任"。因此,自动驾驶汽车本质上仍是客体而非主体,不拥有独立的财产能力与责任能力。

一般而言,一种"新侵权现象"的出现首先会引起其与既有侵权行为与责任类型的匹配性审查,而非凭空创立新的特殊侵权类型。④ 因此,在不承认自动驾驶系统主体人格的情形下,在当前一段时期内,宜

---

① 2016年5月,欧盟委员会法律事务委员会提交一项动议,要求把不断增长的最先进的自动化机器"工人"的身份定位为"电子人",并赋予其特定的权利和义务。

② 参见梁慧星:《民法总论》,法律出版社2017年版,第65页。

③ 参见刘云生:《人工智能的民法定位》,载《深圳特区报》2017年10月24日,第B06版。

④ 参见张力、李倩:《高度自动驾驶汽车交通侵权责任构造分析》,载《浙江社会科学》2018年第8期。

将包含自动驾驶系统在内的自动驾驶汽车视为"产品"。我国《产品质量法》第 2 条规定，"本法所称产品是指经过加工、制作，用于销售的产品"。从法条的文义解释来看，自动驾驶汽车及自动驾驶系统软件符合此处的"经过加工、制作，用于销售"的规定，将其定性为产品并无不妥。由于其具有智能驾驶的功能，在发生交通事故侵权后，除驾驶人、受害人及保险人外，还涉及机动车生产者和销售者、自动驾驶系统研发者、网络服务提供者等多方主体。因此在处理交通事故侵权案件时，可适用产品质量法及侵权责任法中关于产品责任的规定，形成"机动车交通事故责任＋产品责任"的处理模式，在当前的立法现状下，这是解决自动驾驶汽车交通事故侵权案件、明确责任主体较为可行的方式。

（二）驾驶人过错推定责任的细化

一般而言，传统机动车交通事故侵权与驾驶人过错联系紧密，根据我国《道路交通安全法》第 76 条的规定，驾驶人承担过错推定责任，这一民事责任原则仍可适用于自动驾驶汽车交通事故侵权案件，但应根据不同的驾驶阶段予以细化。具体而言，在 L3—L5 等级的自动驾驶汽车已经具有较大程度或完全的自主驾驶功能，根据驾驶过程的不同，可分为自动驾驶、接管和人工驾驶三个阶段，相应的，驾驶人对不同驾驶阶段需要承担的注意义务强度也有所区别。

在人工驾驶阶段发生的交通事故侵权，适用传统的机动车交通事故侵权责任规定即可。接管意味着出现了自动驾驶系统难以处理的问题，如路况较为复杂、网络服务中断、电子地图出现错误等情形。根据德国新《道路交通法》的规定，在接管阶段，自动驾驶系统会发出警示和接管请求，此时，驾驶人应当在合理时间内完成接管行为。在接管阶段发生的交通事故，驾驶人应就自己已经尽到注意义务和实施接管行为进行举证，以减轻或免除自己的赔偿责任。在自动驾驶阶段发生的交通事故，驾驶人不负有相应的驾驶注意义务，因此，应推定用户无过错。侵权对象为机动车时，驾驶人不承担相应的侵权责任；侵权对象为非机动车或行人时，驾驶人承担不超过 10% 的赔偿责任。

（三）机动车生产者的无过错责任

将自动驾驶汽车及内在的自动驾驶系统定性为产品，则意味着机动车的生产者要为由于产品缺陷造成的事故承担责任。根据《民法总则》

第 177 条、《侵权责任法》第 11—12 条与第 42—43 条和《道路交通安全法》第 76 条等规定,机动车产品缺陷与事故有因果关系的,产品责任人承担无过错责任。申言之,由于自动驾驶系统自身的缺陷导致事故发生的,应当由产品生产者承担无过错责任。若产品缺陷是由于销售者的过错导致的,则应由销售者承担侵权责任。

由产品缺陷引发的生产者无过错责任主要发生在接管阶段和自动驾驶阶段。在接管阶段,如出现应当接管的情形,但自动驾驶系统未发出警示或接管信号,则应当认定属于产品缺陷。在自动驾驶阶段引发的交通事故侵权,从上文的论述中可知驾驶人承担不超过 10% 的赔偿责任,机动车生产者应当对产品缺陷造成的损害承担无过错责任。考虑到自动驾驶系统的黑箱性,对产品缺陷的认定具有一定的困难。根据《产品质量法》第 46 条的规定,缺陷是指产品存在危及人身、他人财产安全的不合理的危险;产品有保障人体健康和人身、财产安全的国家标准、行业标准的,是指不符合该标准。因此,认定产品缺陷,一方面看产品是否符合国家、行业标准;另一方面,应结合案件发生时的具体情景进行判断。在接管和自动驾驶阶段,如果事故的发生不是因驾驶人的操作不当造成的,应当推定产品缺陷的存在。

(四)保险人责任及创新责任保险制度

传统机动车上路行驶前均需要缴纳责任保险,这一制度同样应适用于自动驾驶汽车。考虑到自动驾驶系统具有黑箱性、封闭性等特点,将会导致举证和鉴定工作周期更加复杂和漫长。且产品责任制度存在对受害人救济不及时、诉讼成本过高等诸多缺陷,应当创新现有的责任保险制度。[①] 一方面,应当将自动驾驶汽车纳入机动车强制保险的范围内。另一方面,从投保主体上看,根据《机动车交通事故责任强制保险条例》,传统的机动车保险投保人为机动车所有人或管理人。而针对自动驾驶汽车的责任保险,应由汽车所有人一方投保转变为由汽车所有人和汽车生产者共同投保。由生产者购买责任险,可以保证正常情况下一辆自动驾驶汽车在出厂之前就已购买了保险,从而避免了受害人无法向保险公司求偿的情况。[②] 考虑到事故发生后确定责任主体需要不确定的一

---

① 参见郑志峰:《自动驾驶汽车的交通事故侵权责任》,载《法学》2018 年第 4 期。
② 参见赵申豪:《自动驾驶汽车侵权责任研究》,载《江西社会科学》2018 年第 7 期。

段时期,可由保险公司对受害人先行赔付,以保证受害人得到及时的救助。

四、结语

目前自动驾驶技术还不成熟,距离其市场化进程还有较长的时间。因此,作为过渡时期的应对对策,应当将自动驾驶汽车定性为"产品",适用相应的产品责任,并区分人工驾驶和自动驾驶,在自动驾驶的管控情形下明确事故的发生原因,如系统自身的缺陷、第三人原因、汽车所有人的过失等,确定最终的责任主体。除此,可借鉴德国立法的规定,为自动驾驶汽车安装黑匣子,用以记录行驶数据,有利于明确事故发生后的举证和责任承担,平衡生产者、销售者、汽车所有人和保险公司的责任,以更好地保障受害人的权益。未来将是人工智能时代,第四次工业革命正在来临。如何从法律层面合理地规范人工智能的发展并为其保驾护航,将是学术界深入探讨和研究的重要课题。

(责任编辑:郭明龙)

【书评】

观往知来

——评《过去和现在：中国民事法律实践的探索》

吴凌畅[*]

> "过去"是我们临终的目前，并不是已经死亡的事物。我们的未来不断使她出现在我们的心灵之中。
>
> ——[美] 梅瑞狄斯

《过去和现在：中国民事法律实践的探索》（以下简称《过去和现在》）一书秉承着黄宗智教授一贯的研究旨趣，即在本书导论部分所提到的"实践历史"[①] 之方法，区别了三种相互交叉却又不完全相同的实践内涵，即相对于"理论"而言、相对于"表达"而言以及相对于"制度"而言的实践，并考察了实践本身的历史以及实践与这三者之间互动的历史。这样一种研究旨趣，草创于作者《中国研究的规范认识危机——社会经济史的悖论现象》[②]（以下简称《规范认识危机》）一文，成熟于作者《认识中国——走向从实践出发的社会科学》[③]（以下简称《从实践出发》）一文，大成于作者所著《实践与理论：中国社会、经济与法律的历史与现实研究》（以下简称《实践与理论》）一书之导论部分。

---

[*] 中国人民大学法学院博士研究生，研究方向为经济法与会计法。

[①] [美] 黄宗智：《过去和现在：中国民事法律实践的探索》，法律出版社2009年版，第1页。

[②] 该文以《中国经济史中的悖论现象与当前的规范认识危机》为题，原载《史学理论研究》1993年第1期。

[③] 该文原载于《中国社会科学》2005年第1期。

在《规范认识危机》中,作者不仅发现了不能照搬西方的学术理论来解释中国的历史事实,而且发现在中西方的学术研究中都存在所谓的"悖论现象"①。面对悖论现象,我们不能依然从理论出发,面对残酷的历史"削足适履",而是应该"从实际的悖论现象出发,寻求能够解释这些现象的概念"。② 在《从实践出发》中,作者结合布迪厄的实践社会学及实践理论,认为学术"应当从实践出发,进而提高到理论概念,然后再回到实践去检验"③,并且结合中国近代革命的相关事例应用该方法对方法论本身进行了论证。而在《实践与理论》的导论部分,作者则将二者(实践和理论)之间的关系描绘得更加清晰。作者认为,中西方学术研究长期以来都存在理论、表达与实践、经验的二元对立,"我们要做的不是非此即彼的选择,而是要认识到,对真实世界来说,二元中的任何单一方面都是片面的,真正需要我们去集中关注的是两者间持续不断的相互关联和互动"。④ 所以学术研究中真正要做的是聚焦"实践"与"理论"二者间的并存与互动、关注二者之间的连接与媒介,从实践出发、抽象出符合实践的理论、再将该理论返回实践检验。

正是在这样一种一贯而来的研究旨趣下,作者在《过去和现在》一书中就社区调解、基层治理、离婚实践、取证程序、民事判决及法庭调解6个方面的内容进行具体展开,继而对中国法律的现代性问题进行了一个阶段性的归纳,最后得出关于中国法律"实践主体性"的结论。限于篇幅所限,本文在具体内容部分仅就"社区调解"部分展开。

一、中国社区调解的过去和现在

作者在本书第二章就"社区调解的过去和现在"进行阐述。从时间维度上,将时间细分为20世纪20年代、20世纪40年代、改革开

---

① "悖论现象指的是,那些被现有的规范信念认定有此无彼的对立现象在事实上的同时出现。"参见[美]黄宗智:《经验与理论:中国社会、经济与法律的实践历史研究》,中国人民大学出版社2007年版,第57页。

② [美]黄宗智:《经验与理论:中国社会、经济与法律的实践历史研究》,中国人民大学出版社2007年版,第68页。

③ 黄宗智:《认识中国——走向从实践出发的社会科学》,载《中国社会科学》2005年第1期。

④ [美]黄宗智:《实践与理论:中国社会、经济与法律的历史与现实研究》,法律出版社2015年版,第8页。

放、20 世纪 90 年代这几个比较重要的时间节点。

在每一个时间段，作者基本都按照"使用材料""纠纷内容""调解人员""调解原则和方法"的版块渐次展开。在本章节的最后，作者基于一系列体现时间纵向维度的材料观察认为，中国传统以来的社区调解并不会像中国传统法律那样被淘汰，社区调解制度不仅过去是、现在是而且将来依然是中国法律制度中不可或缺的重要组成部分。

究其原因，作者认为早期社区调解的主要功能在于"在一个熟人社会中尽可能地息事宁人，避免长时期的相互敌视"①，而这样一种熟人关系在集体时代反而因为集体化而变得更加紧密。改革开放以后，尽管有学者论及中国的农村从"熟人社会"向"半熟人社会"转型，②但在社区调解中，发生纠纷的对象依然是夫妻、婆媳、邻里等熟人关系，所以社区调解依然有其存在的必要。只不过这时候随着国家政权体系在村庄这种基层组织的渗入，调解方法上不再以世俗常理作为调解标准、以息事宁人作为调解目的，而是需要在"卫护国家法律和政策的前提下，兼顾到人情和道理"③。在改革后期，随着国家政权体系的进一步深入，社区调解相较于改革初期而言，呈现着更加"法规化"的特点。但无论时代如何变化，发生纠纷的主体依然为具有熟人关系的个人，所以"关系"可以成为我们理解社区调解之所以长盛不衰的切入点。

关于中国人所谓的"关系"，韦伯在考察了新教伦理对资本主义的兴起所具有的宗教影响后，继而考察了中国的儒教，其发现"中国的伦理，在自然生成的（或被附属于或被拟制成此种性质的）个人关系团体里，发展出其最强烈的推动力。……（个人关系的原则）意图将个人历久弥新地与其氏族成员牢系在一起，并将他嵌入氏族的模式中，不管怎么说，他是被系于'人'，而非切事的职务"。④继承了韦伯衣钵

---

① ［美］黄宗智：《过去和现在：中国民事法律实践的探索》，法律出版社 2009 年版，第 31 页。

② 半熟人社会具有以下三个特征：其一，村庄异质性增加，村民间熟悉度降低；其二，地方性共识的逐步丧失，加速了村庄内生秩序能力的消亡；其三，村民对存在的主体感也在逐步丧失。参见贺雪峰：《新乡土中国》（修订版），北京大学出版社 2013 年版，第 9 页。

③ ［美］黄宗智：《过去和现在：中国民事法律实践的探索》，法律出版社 2009 年版，第 48 页。

④ ［德］马克斯·韦伯：《韦伯作品集·中国的宗教》（第五卷），简惠美译，广西师范大学出版社 2004 年版，第 319—320 页。

的帕森斯顺应着韦伯的思路,认为与清教伦理代表着一种普遍基督教倾向形成鲜明对比的是,"儒家给予一个人与其他特定个人之间的关系以伦理神圣性,并进而对这种关系给予强烈的伦理强调"。① 从中,帕森斯提炼出了"普遍性"与"特殊性"这一对概念,用以区别某个个体在特定的互动情境中所获得的他人评价和判断是否对所有行动者来说均适合。② 然而,这样一对具有对立性的概念分析工具是否适用于中国的社会关系分析,中国学者却提出了自己的想法。例如,余英时认为,"现代社会学家往往根据中国重视个人关系这一点而判断中国的社会关系只有'特殊性'而无'普遍性'。这种看法于是又变成了中国社会是传统性而非现代性的论据。我个人对这一论点深为怀疑"。③ 从本书的角度来看,诸多民事纠纷是源于关系的前提存在而产生的,而在关于纠纷的社区调解(尤其于后期)中,调解所依赖的调解规则,既充斥着普遍性意味的法律、政策等,也掺杂着特殊性考虑的情理、道理,所以不能从西方二元对立的概念出发、从单一的立场来看中国人的社会关系。

深究之,二元对立的思想传统在中国一直缺乏赖以生存的本土资源。语言是社会文化延续的载体与结晶,这一结论也可在对中西方语言的分析中找到例证。索绪尔作为结构主义的开创者,其结构主义语言学的根本特征就是"能指–所指"的二元对立,于此基础上,其发展出"语言–言语""共时–历时""组合–聚合"等多项语言学研究的概念分析工具,开创了将二元对立作为普遍逻辑分析原则的结构主义时代。④ 相比之下,中国的语言传统则缺乏这样的特征,一些概念自身具有强大的包容性而无须通过相对应的概念而获得理解,诸如"道""气"等。就如"阴"与"阳"看上去如此相对立的概念,在《黄帝内经》中更强调的是相互转化的辩证关系,故有言:"天有阴阳,地亦有阴阳。木火土金水火,地之阴阳也,生长化收藏。故阳中有阴,阴中

---

① 何兆武、柳卸林主编:《中国印象——世界名人论中国文化》,广西师范大学出版社2001年版,第257页。
② 帕森斯认为,用以比较分析社会结构的四对两分法变量,除了普遍性与特殊性外,还有个人定性与集体定向、功能专一性与功能扩散性及情感性与情感无涉性。参见[美]塔尔科特·帕森斯、[美]厄尔·斯梅尔瑟:《经济与社会》,华夏出版社1989年版,第32页。
③ 余英时:《中国思想传统的现代诠释》,江苏人民出版社2003年版,第18—19页。
④ 参见王铭玉:《现代语言符号学》,商务印书馆2013年版,第22页。

有阳。……动静相召,上下相临,阴阳相错,而变由生也。"①

所以,结合着本文一开始所探讨的"悖论现象",我们更应该认识到,在"西学东渐"的过程中,我们不能被西方学术中的习惯性思维所束缚住自己的研究视角,因为这种习惯性思维很有可能无法正确认识和分析中国社会的特有现象。再以思想传统为例,中国人很少有二元对立的思想观念,而更多地体现为一种连续统一的关系。所谓连续统一的概念,是指"在两极之间存在着一种过渡性,这种过渡使两极之间的差异和对立变得模糊,而凸显了彼此之间的相通、相容乃至相互转化之可能,从而形成一种你中有我、我中有你的社会认知与行为方式"。②在这样连续统一的思维分析下——发生民事纠纷的双方不再是针锋相对的原被告而极度地需要法院在其中作出居中的裁决,此为社区调解(乃至法庭调解)存在的必要性;在调解的过程中,既有普遍性法律政策的适用,又有特殊性情理道理的释明,这种原则和情境之间的调和就是社区调解方法之体现。

二、中国法律现代性的未来面向

黄教授在本书的第八章"中国法律的现代性?"中,首先探讨了美国法律的现代性,再在此基础上讨论了中国法律的现代性。关于美国法律的现代性,作者认为美国法律的现代性的精髓并不在于这些多种传统之中的任何一种理论,而在于其在一个相对宽容的政治社会制度中,各家各派通过各种不同利益群体的代表而多元共存、相互影响、相互渗透,这实际上表明了美国法律的实用主义倾向。

关于实用主义,是一种超越经验主义与理性主义的哲学范式。实用主义创始人之一詹姆士在《实用主义》一书中指出,经验主义者指的是那些喜爱各种各样纯粹事实的人,理性主义者指的是那些热衷于抽象的和永恒原则的人,而实用主义能够像理性主义那样保持有宗教性,但同时又能像经验主义那样保持与事实的最丰富的密切关系,所以实用主

---

① 《黄帝内经·素问·天元纪大论》
② 翟学伟:《中国人的关系原理:时空秩序、生活欲念及其流变》,北京大学出版社2011年版,第65页。

义可能把经验主义思想方法与人类的更多宗教性的要求完满地协调起来。① 虽然英国的经验主义与欧陆的唯理主义长期以来分庭抗礼，但它们却隐含着分享着一种对人类的二元论认识，根据这种观念，人类是以某种方式寄寓在物理躯体内的一种精神或非物质的思想。实用主义者的突破就在于否定了心灵与身体二元论的各种版本，而将思维或"知识探索"视为人类有机体的一种活动模式，是生物和文化进化在适应环境后的产物。② 所以，美国实用主义法律理论倾向于将法律描述为一个中空的容器，里面可以填充各种内容，而不再需要曾经要求哲学提供的道德支撑；对实用主义者来说，正是法律道德和哲学上的空洞打开了占据的可能性。③

在观察到美国法律的现代性即是其综合性的同时，作者对中国法律的现代性进行了考察。他认为，我们如果能离开抽象的理论争论而从近百年的法律实践来看，可以看出现代中国法律已经初步成形，既有它自己的特点，也具有西方与中国传统的成分，既有相当明确的道德价值观念，也有相当明确的实用性认识方法。其组成因素既有清代遗留下来的成分，也有可以称作中国革命的传统，而在两者之外，更有从西方移植（并经过修改）的成分。这个混合体看来似乎是个大杂烩，但其中其实已经形成了一些积极的特征，以及多元并存的原则和方法，足可以称为具有中国特色的现代性。实际上，这很类似于甘阳所提出的"通三统"。甘阳要通的三统，不是传统意义上的政统、学统和道统，而是指改革开放以来的传统、毛泽东时代的传统以及中国数千年文明的传统在当下社会的三者并存。所以，唯有自觉地立足于中国历史文明的连续统中，方有可能在全球化时代挺拔中国文明的主体性。④

欲要更加深刻讨论"法的现代性"的问题，首先要先建立一套关于现代性的基本框架。"现代性"一词，基本认为最早出自波德莱尔的

---

① 参见［美］威廉·詹姆士：《实用主义》，李步楼译，商务印书馆2012年版，第7—41页。

② 参见［美］托马斯·格雷：《美国法的形式主义与实用主义》，田雷等译，法律出版社2014年版，第100—102页。

③ 参见［英］科特瑞尔：《法理学的政治分析：法律哲学批判导论》，张笑宇译，北京大学出版社2013年版，第272页。

④ 参见甘阳：《通三统》，三联书店2014年版，第1页。

《现代生活的画家》一书。

在波德莱尔关于现代性的定义中,其认为"现代性就是过渡、短暂、偶然,就是艺术的一半,另一半是永恒和不变"。① 由于波德莱尔的美学视角,他将现代性与艺术结合在一起。在谈到浪漫主义时,他说道:"谁说浪漫主义,谁就是说现代艺术,即各种艺术所包含的一切手段表现出来的亲切、灵性、色彩和对无限的向往。"② 可见,波德莱尔对于现代性的意义,既指现代生活的短暂性和偶然性,也指艺术和美所体现出来的短暂性和偶然性,同时也包含了对现时生活充满孩童般的体验兴趣的现代人的现代性。现代人、现代艺术和现代生活是波德莱尔现代性概念中的三位一体,虽然波德莱尔是在同古代对比的过程中来突出现代生活的重要性,却没有在一个更宏大的视野中突出现代生活巨大转变之深刻以及与之伴随的现代性概念之重要。

关于现代性,很难有学者对其进行一个准确的定义。例如吉登斯曾经有过尝试——"现代性是指大约从十七世纪的欧洲起源,之后或多或少地影响到全球的一种社会生活或组织的模式。"③ 这种定义虽然因为其指向的清晰性而广为流传,但是其特指的属性过于强烈,会导致"现代性"一词失去其应有的变化意蕴。

汪民安将"现代性"分为三个层面进行分析:④ 其一,作为历史进程的现代性,指的是一种同中世纪决裂的多层面的历史进程;其二,作为气质禀赋的现代性,几乎是不可置疑地相信自己在不断地进步;其三,作为体验的现代性,指的是现代人和现代化进程之间存在的一种互动的复杂的经验关系。具体来看,只是在同中世纪剧烈的对照中,只是在整个社会的政治、经济、文化和观念同中世纪全面决裂的背景下,现代性才萌芽,它自身的独特性才崭露头角。从政治角度来看,现代社会摧毁中世纪的神学基础,现代国家的概念才得以建立;从经济角度来看,只有在中世纪的庄园经济遭到破坏的基础上,市场至上的经济观念

---

① [法]波德莱尔:《波德莱尔美学论文选》,郭宏安译,人民文学出版社1987年版,第483页。
② [法]波德莱尔:《波德莱尔美学论文选》,郭宏安译,人民文学出版社1987年版,第218页。
③ [英]安东尼·吉登斯:《现代性的后果》,田禾译,译林出版社2000年版,第1页。
④ 参见汪民安:《现代性》,南京大学出版社2012年版。

才得以合法化；从哲学角度来看，正是摆脱了上帝和自然的双重阴影，现代主体哲学才得以奠定。这种对之前阶段不断超越的气质禀赋，可以表现为创新的时间意识、对未来的乐观、成熟感、进步信念、超人式的力的奔腾、发展主义和唯科学主义等。最后，现代性本身也是一种体验。现代生活锻造出了现代意义上的个体，锻造出他们的感受，锻造出他们的历史背影；同样，这个现代个体对现代生活有一种前所未有的复杂想象和经验。

哈贝马斯关于现代性的谱系学分析也值得我们思考。哈贝马斯在《现代性的哲学话语》[①] 中考察了现代性批判的历史，认为在自黑格尔以来的思想史上，存在两种关于现代性批判的不同传统：一种是以黑格尔为代表的理性的批判的传统，另一种是以尼采为代表的非理性批判的传统。现代性批判一次次力图摆脱主体哲学的困境，却一次次地误入歧途；后现代理论继承尼采非理性的批判的传统，对现代性作了不符合实际的全盘否定。因此，我们就必须返回到黑格尔在耶拿时期所放弃的选择，即回到一种交往理性观念，从而换一种方式来思考启蒙辩证法。也许，现代性话语在第一个十字路口就选错了方向，这个问题是如此的重要，以至于决定了启蒙的现代性这一未完成的规划是否还能继续下去。实际上，哈贝马斯已经作出了自己的选择——以建立交往理性的方式来克服以主体为中心的理性，为现代性奠定规范性基础。如果这一核心论旨可以成立，可以说哈贝马斯终于走出了两百年前黑格尔及其后来的思想家们所误入的歧途，为未竟的现代性事业开辟新的希望之路。

对于现代性概念的学术分析在考察了诸多版本之后，我们应该看到，当前现代性的概念生成仍旧依附于西方学术研究的知识体系中。在此情形下，简单地将西方概念套用于中国实际，难免得出关于中国社会（以及中国法律）是否具有现代性的错误认识。所以，需要构建中国自身关于"现代性"理论体系，但又不能完全脱离西方已有的研究成果而自说自话。在此方面，本章做了一个很好的尝试。

三、中国学术研究的主体性建构

黄教授在本书最后一章的结论处提到："近百年来中国虽然在法律

---

① ［德］于尔根·哈贝马斯：《现代性的哲学话语》，曹卫东译，译林出版社2011年版。

理论和条文层面上缺失主体意志,但在法律实践层面上,却一直显示了相当程度的主体性。"① 而笔者更为关注的是,从本书的方法论角度来看,我们不仅应该看到中国法律实践所显示的主体性,更应该重视中国法学研究所需要的主体性建构。按邓正来的话来说,"在全球化时代的世界结构中,中国法律哲学的基本使命就是经由关系性视角和共时性视角的建构去重新定义中国,同时经由重叠性思维方式而建构起'主体性的中国',并根据中国自己的法律理想图景引领中国法律、法制的建设或指导中国主动参与的世界结构重构进程"。② 甚至,将视野放至更大,我们更应该关注的是中国整体学术研究的主体性建构。

"这是一个需要理论而且一定能够产生理论的时代,这是一个需要思想而且一定能够产生思想的时代。"习近平总书记在 2016 年 5 月 17 日哲学社会科学工作座谈会上如是说。诚然,当前我国处在一个特定的历史时代,这一时代将中国当前社会与中国传统社会做了形式上的割裂、在向西方学习的过程中迈进了所谓"现代性"的进程。然而我们应该看到的是,单纯地将西方理论应用于中国实践的分析,常常催生了"南橘北枳"的尴尬。因此,当前中国的学术研究,无异于在"传统"和"西方"的夹缝之中求生存,纵向与横向方面资源寻求都受阻的情况下,必将"置之死地而后生"。

宏观上来看,西方现代的社会科学学术界长期以来多倾向于一种二元对立非此即彼的思维习惯,而且由于其所占据的霸权地位,这种倾向今天已经渗透全世界的学术研究。此种二元对立的思维本质,在当前中国研究领域表现为两种具体的现象。一是西方化和本土化的对立,现在已经高度意识形态化和感情化。我们长期以来试图从西方舶来的概念表达体系中去解决中国的实践问题,笔者将之称为"西方表达-中国实践"的对立。二是与此相关的理论和经验的对立,等于是把理论和经验截然分开。西方目前的理论多从理性人的构造出发,把它作为一切理论的前提,这种基本的认识方法可以称为"形式主义",我国在向西方

---

① [美]黄宗智:《过去和现在:中国民事法律实践的探索》,法律出版社 2009 年版,第 258 页。

② 邓正来:《谁之全球化?何种法哲学?——开放性全球化观与中国法律哲学建构论纲》,商务印书馆 2009 年版,第 251 页。

理论界学习的过程中也出现了"形式理论-实质经验"的对立。

然而,非此即彼的倾向其实偏离了学术应有的最终目的——怎样最好地认识真实世界,其中的关键点应在于拒绝在理论与经验、表达与实践以及中国与西方的二元之间作非此即彼的选择,而是要看到其实际上的二元并存和互动。因此,我们需要强调一种"从实践到理论再返回到实践检验"的侧重实践的认识方法,需要秉承着一种"到最基本的事实中去探寻最重要的概念"的基本研究进路。

四、结语

"实践—理论—实践"这样一种思维进路,作为出发点的"实践"和作为归属的"实践"必然都应是立足于中国社会的实践。而其中理论的处理,如基于中国自身一脉相承的理论,从而形成一种封闭式的自洽,当是最好。然而,目前尚无法达到这种要求。因此,我们不仅要看到西方主流理论与中国当前的实践相悖之处,更应该在与之对话的同时与那些同主流理论敌对的另类理论对话,通过中国的经验实际来鉴别西方诸理论中对中国实际有洞察力和没有洞察力或错误的部分,在这一过程中尤其需要重视针对中国社会及其历史流变的观察。因为当前中国与传统中国仅仅是作了形式上的决裂、在某些实质性方面仍有延续,某些传统因素通过文化等短时间内无法发生改变的途径依旧影响着中国人的行动逻辑,作为以人为研究对象的社会科学研究理应对此予以重视。通过实践观察及理论批判,应当建立起中国社会科学自身的话语体系,并最终指导中国的实践。笔者将此种思维进路称为"中国实践—西方理论批判—中国理论建构—中国实践"。

(责任编辑:刘东辉)

私主体实施环境法律的路径与优化

——《环境法私人实施研究》书评

施青云*

一、专著简介：以驳论为论证特色的体例设计

改革开放 40 年来，我国制定颁布了 120 余部环境法律法规，环境法律体系已基本建立。在生态文明建设的背景下，随着环境保护法、土壤污染防治法等一系列法律规范的修改与制定，我国环境监管执法等公共实施路径的力度在不断加强，但公众通过诉讼等方式实施环境法的制度规则还并未彻底改进和完善。在这种背景下，《环境法私人实施研究》尝试以法经济学和法社会学为分析框架，引入法经济学中法的私人实施与公共实施的划分方法，界定环境法私人实施的概念，在深层次分析环境法私人实施的理论基础、方式及利弊的基础上，吸收借鉴国外的理论及经验，从完善相应的激励、保障制度以及确立私人实施与公共实施的内外部关系互动机制方面丰富了现有制度设计，具有重要的理论与实践意义。

从整体框架看，《环境法私人实施研究》一书在研究思路上遵循了"提出问题—分析问题—解决问题"的一般结构。该书共六章，第一章是环境法私人实施概述，从法经济学的角度将法律分为法的公共实施和私人实施，并在环境法的框架下阐述了环境法私人实施的概念、特征与基本方式；第二章是环境法私人实施之理论考察，从环境法私人实施的权利来源、理论基础及价值出发，阐述环境法私人实施的利弊之处；第三章是国外环境法私人实施的实践，从环境私人诉讼、环境私人检举、

---

* 北京市延庆区人民法院环境资源审判庭审判员，法学硕士。

环境私人自力救济三个方面分析了国外私人实施的发展及现状,并比较总结了国外私人实施的相关经验和成果;第四章是我国环境法私人实施的实践,指出了我国环境法私人实施的现状与问题,并对其产生原因进行了分析;第五章是推进我国环境法私人实施的基本思考,对我国环境法私人实施的必要性、可行性及路径进行了思辨及选择;第六章是完善我国环境法私人实施之对策建议,从制度设计层面,对私人实施的激励、限制、保障制度及内外部互动关系的构建提出了具体完善的建议。作为一本理论与实践结合的创新之作,该书的框架体例似乎显得四平八稳。但仔细阅读,其中的观点及论证方式却让人耳目一新。尤其是,与著作通常所采用的阐释类立论论证方式不同,作者在该书的论证方式上别具一格地结合了驳论的论证方法。在进行私人实施的制度设计前,本书对私人实施方式的确立是否能够达到预期效果、增强私人实施是否具有必要性等问题进行了充分的思辨与说理。对理论和实践中存在的质疑,作者没有选择视而不见或者单纯对自己的观点进行"证实"的应对方式,而是选择了直面问题的冲突,对与私人实施相关的反对意见从多个角度进行反驳与批判分析,在对相反意见的批评与修正中,明确了推进与增强我国私人实施的必要性与具体路径选择。也正是立论与驳论相结合的论证方式,使《环境法私人实施研究》的论证更加充分深入,所提出的观点更加具有说服力。

二、理论贡献:以私人实施为研究对象的创新视角

(一)环境法领域重视私人实施的必要性

法的实施,"是指法律的贯彻和实现,就是使法律从书本上的法律变成社会生活中的法律,使它从抽象的行为模式变成人们具体行为的规范即从应然状态进到实然状态"。① 法经济学家将法的实施以主体为划分标准划分为法的公共实施和法的私人实施。一般认为,法的公共实施是公共机构及工作人员对违法行为进行侦查和制裁的行为。相应的,法的私人实施则是指私人通过行使自己的权利发现违法行为,从而通过向当局提供信息以及行使自己的权利尤其是诉讼权利,对违法者进行制裁。法经济学家通过对私人主体和公共机构在环境违法性信息的收集、

---

① 李龙主编:《法理学》,武汉大学出版社2011年版,第217页。

违法行为的制裁等方面进行比较，发现在某些情况下，私人实施方式比公共实施更经济、更有效率、效果更好。公共实施与私人实施的定位与作用应结合部门法的特征与维护利益的性质进行具体确定。环境法属于公法和私法的混合领域，公共实施和私人实施在环境法的实施过程中也各自发挥着自身作用，由于二者的实施主体不同，实施效果也必然不同。随着社会发展，私人实施在法律运行过程中发挥越来越重要的作用也已经得到了普遍认可。但由于环境问题所具有的外部性特征以及环境利益所具有的公共性质，传统认为应选择公共机构的监管执法等方式作为实施路径，私人实施模式作为环境法实施路径的可行性与有效性却处于被忽略状态。《环境法私人实施研究》却另辟蹊径，抓住了私人主体在公共实施和私人实施结合的环境法律中的天然优势，以私人主体为视角，打破公私法划分界限，通过整合私人救济权利及其实施效果，对私人实施的制度设计进行进一步完善，这将使环境私人实施在提升环境法实施效果中发挥有力作用。

（二）私人实施广义概念的界定及价值

要在环境法的框架下从法经济学的角度分析私人实施的效果，必先回答什么是环境法私人实施。对于环境法私人实施的概念，不同学者都有不同的认识，一般从狭义到广义分为四种：一是仅指环境违法行为的受害者提起诉讼维护自己的权益的诉讼行为；二是指社会组织和个人为实现及维护个体私益，通过行使私人权利实施环境法律，典型为提起单独或共同环境民事诉讼，还包括未进入诉讼程序的一系列方式，如自力救济和非诉和解等；三是指私人通过提起诉讼的方式维护公共利益的行为，只包括环境公益诉讼；四是指所有非政府性的实施环境法律的行为，既可以是维护私人利益，也可以是维护公共利益。《环境法私人实施研究》从对上述四类环境法私人实施的实施效果进行比较，认为对环境私人实施的概念应作广义理解，应是指私人为维护自己的权益或社会公共利益，通过行使自己的权利实施环境法律，依法对环境违法行为进行监督、追诉、制裁和执行，以实现环境保护的目的。据此看出，该书对环境法私人实施概念的界定没有区分私人实施维护的利益是公共利益还是私人利益，这使环境法公共实施与私人实施的分类方法更加科学完整，避免了狭义公共实施与私人实施内涵的不周延，也与环境法公私利益交织的特点相吻合。广义的环境法私人实施扩大了实施的主体，使私主体的范围不拘泥于公民个体,还包括法人和社会组织等;也扩大了实施方式,包括诉讼、检举、自力救济等形式,将实施的行为贯穿于整个环境法实施的全过程。这种私人实施的定位大大放宽了主体资格以及行为方式,使得环境法私人实施的救济、监督、威慑等作用能够得到充分发挥。

(三)私人实施在促进环境法律实现中的比较优势

环境法私人实施是相对公共实施而言,二者行为方式不同,但又是相互补充相互促进的关系。公共实施因其主体的特殊性,必然造成其权力的发挥相较私人实施是被动与消极的,虽在一定程度上能够震慑环境违法,但也存在规制失灵的问题。相反,公众是环境污染和破坏的最终承受者,也是环境公共利益的最好保护者,针对环境违法行为实施环境法律,私人实施相比公共实施具有更多优势:一是信息优势。在很多情况下,环境违法行为的受害者比公共机构更早、更全面地发现和了解违法行为,可以第一时间调查和收集证据,并且损害者比公共机构更清楚环境违法行为所造成的损失情况。二是效率优势和动力优势。私人对自身周边的违法行为更为敏感、对自身权利救济更有动力,由私人直接向公共机构提供违法信息、启动公共实施,或直接提起诉讼,保护自身利益比公共机构通过调查、监控等行为发现违法行为成本更低、更有效率。三是私人实施可以有效克服环境执法中存在的腐败、渎职、懈怠、滥用职权等弊端。

三、实践意义:以法律实现为研究目标的规则设计

任何事物都有其固有的局限性,环境法私人实施也不例外。在环境法私人实施的各种方式中,其共同的局限性主要体现在动力不足、威慑不足等方面。《环境法私人实施研究》一书对其面临的局限、原因及应对措施进行了阐述。并且,在制度设计时,作者充分考虑到具体制度规则对私主体实施法律的促进作用,在利益分配等方面减轻私人负担,提高法律的便利性与激励性,以确保制度能够得以实现,法律的制裁和救济功能能够得以发挥。本文选取与司法实践关系密切的惩罚性赔偿制度和代表人诉讼予以评析。

(一)具体合理的惩罚性赔偿制度规则

随着我国社会经济的发展,环境污染和生态破坏事件逐渐增多,由

于环境侵权违法成本低、侵权损害后果认定难度大、权利救济难等原因，造成了两种负面后果：一是很多环境侵权主体在对比经济利益得失与环境侵权成本之后，环境侵权行为反复出现；二是受害人因诉讼成本等原因，放弃救济自身权利，使环境侵权人的行为不能得到有效惩戒。因此，为达到对侵权行为的惩罚及遏制目的，在环境侵权领域引入惩罚性赔偿制度在学术界和实践界已基本达成共识。在立法中，正在征求意见的《民法典各分编（草案）》中，侵权责任编草案也增加了规定生态环境损害的惩罚性赔偿制度。草案规定，侵权人故意违反国家规定损害生态环境的，被侵权人有权请求相应的惩罚性赔偿（草案第1008条）。对司法实践而言，未来民法典的原则性规定可以为惩罚性赔偿在环境领域的适用提供直接依据。但从法律适用的角度来看，该草案的规定存在很多问题，包括惩罚性赔偿只适用于损害生态环境的情形，未包括对私主体人身、财产的侵害；具体赔偿金数额的确定不明，适用条件不清等。在此方面，《环境法私人实施研究》切合实际的制度设计可以为未来惩罚性赔偿制度的构建提供借鉴。

为细化惩罚性赔偿在环境侵权中的运用规则，《环境法私人实施研究》一书不仅对惩罚性赔偿在适用范围、适用条件作出了规制，对赔偿金的数额及归属也作了合理安排。在书中，作者认为惩罚性赔偿金的制定要适应环境侵权行为，关键在于合理地制定惩罚性赔偿金的额度。[①] 在美国，惩罚性赔偿金额的设置是根据被告应受非难的程度、被告因其行为获得的财产、惩罚性赔偿与补偿性赔偿之间的比率、被告的财产状况等因素综合确定。通常有两种设置方式，即与补偿性赔偿额之间设置一定的比例和设定最高限额。在我国已有的惩罚性赔偿的相关法律规定中，惩罚性赔偿数额的确定也是采用了以损失为基础的赔偿比例与设定最高限额相结合的方式。《环境法私人实施研究》一书中认为，我国环境立法中确立惩罚性赔偿金的数额时，也可以借鉴国外经验和我国已有经验，设置损害赔偿数额或生态修复费用的1—3倍为惩罚性赔偿金，但对于环境诉讼领域的惩罚性赔偿金应设立比例的上限，并不应设立数额的上限。这一观点突破了我国现有的

---

① 周晓唯、卢海旭：《对环境污染侵权行为损害赔偿的经济学分析》，载《山西大学学报（哲学社会科学版）》2009年第2期。

对惩罚性赔偿的特殊规定，以造成的损失为基数确定赔偿基数，以赔偿比例控制整体的惩罚数额。这样的设置在环境侵权中显然更为科学，一方面因数额的不设限给侵权主体带来违法成本的提高，对违法主体起到一定的威慑和遏制作用，充分发挥惩罚性赔偿制度的功能；另一方面也防止在实施过程中私人借由制度规范牟取巨大不合理利益。当然，虽不设置最高限额，但法院在确立惩罚性赔偿金时依然可以综合考虑行为人的恶性、行为造成环境或人身损害的程度、行为人的处理态度、行为人因该行为而获益与守法经济成本的关系、行为人承担其他民事责任或刑事责任的情况、支付赔偿对行为的影响有多大等因素，酌情确定惩罚性赔偿金数额。在赔偿金归属方面，该书认为，公益诉讼的赔偿金应由被告向环境公益诉讼专项资金账户支付，专门用于对环境公益诉讼案件费用的救济援助等，对日后环境公益诉讼的原告是一种经济刺激；私人为私益提起的诉讼，惩罚性赔偿金应归私人所有。这种赔偿金的归属设置方式，可以形成对受害人或提起公益诉讼的主体的利益刺激机制，避免因为诉讼经济问题导致诉讼不能。

（二）公平与激励功能兼具的代表人诉讼利益分配机制

我国代表人诉讼制度是在共同诉讼的基础上，为解决人数众多的诉讼而设立的一种简化诉讼程序、减少成本的诉讼制度，其根本目的是经济、效率。《环境法私人实施研究》一书中，针对我国环境案件中代表人诉讼的适用条件过窄、诉讼代表人认定标准高、胜诉后的赔偿应如何分配提出了独特的见解。尤其是对于代表人诉讼胜诉赔偿的分配问题，书中提出了"约定分配优先、指定分配作为补充、根据诉讼参与与贡献程度进行酌情分配"的具体模式。具体而言：（1）在诉讼前或诉讼中当事人约定分配方法的，根据该约定实施分配，法院在审查时也仅对分配方法的形式进行审查，不作实质审查；（2）对没有约定的，法院依据职权根据私人损失情况、参与情况等对赔偿的财产进行分配；（3）未参加登记另行起诉的，法院裁定适用原判决，在赔偿数额的确定上应适用约定数额或指定分配中较少的数额。通过这种差别待遇，激励私人积极提起诉讼或参与诉讼，也对诉讼作出较大贡献、付出较多精力成本的私主体实现实质公平。这项制度设计，不仅填补了我国在赔偿分配中法律规制的空白，避免了实践中环境污染损害赔偿纠纷案件胜诉后,但赔偿款却因如何分配不明而迟迟不能发放的尴尬境地,更是有效遏制了群体诉讼案件中不愿为实现集体利益作出贡献,而在分享诉讼收益时"搭便车"的行为。

四、未竟问题:公私互动实施机制的实现障碍

作为环境法实施机制的重要路径,私人实施在整个实施机制中的定位是研究的起点和最终落脚点。从根本上说,《环境法私人实施研究》一书暗含着希望通过对私人实施的全面研究,使我国环境法的实施机制由国家主导型向私主体参与型转变的目的。在该书的最后,作者也细致构建描述了环境私人实施与公共实施的良性互动机制。但从现实情况来看,这一环境法律实施机制的形成与运行还存在众多现实障碍,如何实现这一理想模式还有待结合社会、政治、文化等各方面因素进一步深入研究。

(一)私人实施本身具有固有局限

司法是私人实施最主要的方式及法律救济途径。私人主体通过诉讼要求法院对被告采取措施迫使其遵守环境法或追究其法律责任的行为。在司法实践中会发现,私主体因环境问题提起诉讼的比例非常少,即便是在环境保护法及相关司法解释颁布之后,诉讼比例仍然维持在较低水平。从实践中分析这有以下几个原因:一是环境诉讼的受害人和侵权人在地位上不平等,受害人一般在经济上实力较弱,而环境侵权方则在经济上占有优势,在诉讼过程中经济地位的不对等将使不占经济优势的一方陷入更为困难的地步,从而使更多的受害人面对诉讼行为望而却步;二是环境侵权案件的专业性、技术性较高,环境侵权与损害之间因果关系的证明难度、鉴定费用以及付出的时间成本都也比一般诉讼高,而因诉讼胜利所取得的赔偿与所付出的成本悬殊较大,诉讼的不经济性使私人主体通常怠于选择诉讼程序,改由通过上访、群体抗争等更为经济便利的方式维护自己的权利;三是从全国来看,从事环境诉讼的律师并不多,而能提起诉讼的环保组织的诉讼能力也参差不齐,环保组织和律师在选择案件时也会考虑案件带来的经济性及利益,反而使很多案件无法进入诉讼程序。环境诉讼的特殊性造成了目前以此方式在遏制环境违法行为、维护合法利益方面所发挥的实施效果并不尽如人意。因此,为发挥私人诉讼的作用,必须要

求法在便宜性、实效性、经济性上具有吸引力。现有法律已经从因果关系的推定、律师费用的承担方面进行了制度建设,《环境法私人实施研究》也从制度规则的优化、法律援助的完善、专门律师的培养等方面提出了具体的建议。但实务操作中的难题并不一定能完全通过制度设计来解决,国内外的众多案件都说明了环境诉讼面临的巨大困难。例如,2018 年 9 月,湖南衡东县"儿童血铅第一案"最终以调解结案,7 名污染受害者最终获得 4 万元至 9 万元不等的赔偿。① 该案件从 2014 年的 53 名原告到 2018 年的 7 名原告,历经一审、二审、再审,原告获得的赔偿数额却非常有限。该案件的过程与结果充分体现了环境私人诉讼的艰难。在国外,特里斯律师在"环境公民诉讼三十年:庆祝与峰会"的研讨会上无比感慨地指出,诉讼程序和法律规定的条文看起来为实务操作提供了很好的基础,但实践中自掏腰包作为专家费、案件胜诉后被告破产获得的补偿微不足道且很难拿到等情况比比皆是。② 环境案件在立案、取证、鉴定、判决、执行每个环节的高难度和不确定性都有可能让看起来很完美的制度显得无力。而很大程度上,这是通过司法程序维护环境利益的固有与本质缺陷。如何通过社会化方式解决私人诉讼存在的成本高、结果不确定等问题是未来应继续研究的问题。

(二) 国家主导的法律实施模式具有消极影响

对于上述私人实施本身固有的局限及司法的有限性,《环境法私人实施研究》已经有所认识。在最终的环境法实施模式设计时,作者明确指出环境法的私人实施不可能完全代替公共实施,两者应发挥各自的优势,共同发挥作用,建立公共实施与私人实施的良性互动关系。但从我国现有的环境法实施机制来看,采用的是一种国家主导的法律实施模式。尤其是在我国国家主义背景下,近两年环境执法、环保督查等制度不断建立和加强,通过政府权威实施环境法律的路径不断强化。在诉讼领域,作为私人实施重要方式的公益诉讼虽然不断发展,但在原告主体

---

① 参见朱达志:《"儿童血铅第一案"胜诉后法律还应做什么》,载 http://news.sina.com.cn/sf/news/ajjj/2018-10-09/doc-ifxeuwws2460220.shtml,2018 年 10 月 9 日。
② 参见詹姆斯·R. 梅等:《环境公民诉讼三十年:庆祝与峰会(上)》,王曦等译,载《中国地质大学学报(哲学社会科学版)》2018 年第 4 期。

上，公民的主体资格至今未能确认，社会组织也未能成为环境行政公益诉讼的主体。而检察机关在监察制度改革后，将环境公益诉讼作为了法律监督职能实现的重要抓手。在不同的政治体制下，我国的检察机关的公益诉讼与美国的"私人检察长"制度存在本质的区别。我国检察机关提起公益诉讼具有鲜明的国家主义烙印与职权发挥的特征。在这种情况下，公益诉讼的私人执行特质正在式微。并且，在国家主导的法律运行机制中，立法所采用的"部门立法""官僚立法"模式对赋予私主体权利也带来了很大消极影响。在环境保护法的修改过程中，曾出现拟将提起公益诉讼的主体限定在"中华环保联合会以及在省、自治区、直辖市设立的环保联合会"的征求意见稿。该法律草案一经发布，公民、相关专家等就通过提交意见等方式表达了对限定主体的反对和担忧后。环境保护法修改文本在正式出台时根据公众意见进行了修正，但改进并不彻底。这实际就是国家对私主体参与法律实施仍存在担忧的典型表现。而如何能使国家更积极主动地推进环境法律实施模式的转型需要我们从更宏观的角度深入思考。

（三）公民环境责任与行为能力的培育存在不足

为了促进和推进私主体真正地参与到法律的实施过程中，除了最大限度地赋予和保障公民实施环境法律的权利，公民环境责任与实施环境法律行为能力的培育也尤为重要。从一定程度上来看，私主体积极地主张与行使权利以促进法律的实现是公民环境责任履行的重要体现，也是现代公民精神与素养的应有之义。此外，在法律日益专业的当下，私主体不仅需要具有主张权利的意愿，还需要具备一定的文化水平、法律知识，具有相应的实施能力。而这一切都离不开对公民的法治教育和环境教育。值得庆幸的是，《环境保护法》第9条规定了各级政府、教育行政部门、学校等主体在环境保护知识和环境法律的宣传教育方面的义务。但从实践来看，现有环境教育内容仍然"观念重于实践、政府行为重于民众行为、政策性重于自觉性、宣传性重于教育性、知识传授重于素质培养、课堂教学重于社会参与"等问题。[①] 这样导致的后果是公

---

① 参见马骥远：《建设"美丽中国"，需要一部〈环境教育法〉》，载《晶报》2016年3月11日，第3版。

民的环境保护的意识与行为脱节,环境保护的行动与态度存在较大反差。在此情况下,如何发挥法律在公民环境教育中的作用,以权利义务的合理分配为根本,以惩戒约束机制与激励引导为手段,以环境教育与法治培育为目标,形成环境法私人实施的自我实现机制,也是应继续探讨的重要议题。

(责任编辑:张培尧)

【域外法制】

欧洲法律能力制度改革：一个紧迫的挑战*

[爱尔兰] 玛莉·凯斯 著　李霞　陈迪 译　陈博 审校**

一、引言

自治与自决的权利是参与社会生活的关键，在许多法域都受到保护。但是，只有法律允许或协助某人为自己作决定，他才谈得上拥有法律能力。① 许多国家的法律制度不允许某些群体掌握自己的生活，从而阻碍了他们充分实现自身的潜能。② 一个人被他人认为具有法律上的自决能力时，他才能充分参与社会生活。智力障碍、精神疾病、大脑创伤或其他任何种类的神经病变，将导致认知功能受损，这可能意味着这个人在特定时间段内丧失部分或全部自决能力。③ 此时，国家应采取系列

---

* 英文原文标题与出版信息为：Mary Keys, "Legal capacity law reform in Europe: an urgent challenge", (2009) 1 European Yearbook of Disability Law, 59。中文翻译已获作者授权。本文系2017年国家社会科学基金年度项目"老年人意定监护制度研究"（17BFX211）和司法部2016年度国家法治与法学理论研究项目"民法典·老龄监护措施替代机制研究"（项目编号：16SFB2032）的前期研究成果。

** 玛莉·凯斯（Mary Keys），爱尔兰国立大学（高威）法学院讲师，残障法律与政策研究中心的创始成员，爱尔兰心理健康委员会委员、爱尔兰国家残疾人管理局心理健康咨询委员会委员、慈善服务兄弟会董事局成员。李霞，华东政法大学教授，博士生导师；陈迪，华东政法大学民商法博士研究生。陈博，澳门科技大学法学院助理教授，爱尔兰国立大学（高威）法学博士。

① Schloendorff v. Society of New York Hospitals [1914] 211 NY 125; Malette v. Shulman [1990] 67 DLR (4th) 321 at 336; Department of Health v. JWB & SMB (1992) 66 ALJR 300 at 317; Re T [1993] Fam 95 at 102.

② This article is concerned with countries in the Council of Europe region.

③ The term "mental disability" is used in this article as an umbrella term covering this range of conditions.

措施来满足这类人的相应需求，包括帮助、支持他们作决定的措施，乃至部分或全部代替他们作决定的制度安排。这个领域的法律关注的是弱势群体的决策权与决策能力问题，并且尽可能在保护与自治之间取得平衡。欧洲人权法院认为，应认真考虑"对能力障碍者给予特别的程序保护的必要性，以此来保护这些因精神障碍而不具有完全行为能力的人的利益"。①

该领域的法律发展着力于解决的核心问题是：人之为人究竟意味着什么？

"对自治的尊重关涉对每个人的个体性的尊重。因此，任何关于判断一个人什么时候丧失自治能力的规则，都必须充分尊重判断对象的个体性。"②

许多国家都有处理无完全能力成年人的决策问题的法律机制。通常的做法是剥夺他们的法律能力，后果是精神障碍者不能为自己进行决策，将其排除出社会生活，这实质上使他们处于社会意义或私法上的死亡状态（civil death）。③ "证据显示，一些国家的法官只是一味例行公事地在缺乏公正保障的司法程序中剥夺精神障碍者的法律能力。"④ 这种一刀切的极端做法将所有精神障碍者混为一谈，不对仍然保有部分决策能力的人进行区分，对他们的人生以及生命的可能性都将产生极为深远的影响。一些法律制度除了监护外别无其他替代性制度，剥夺被设置了监护的人自主参加任何法律活动的权利，包括聘请律师、参加诉讼程序以及挑战监护权等。⑤ 一个人一旦被剥夺法律能力，他就会被指定一

---

① Winterwerp v. Netherlands (App. No. 6301/73), [1979] 2 EHRR 387, para. 60.

② I. Kennedy, Treat me Right, (Oxford University Press, 1988), 57.

③ Mental Disability Advocacy Center, Report on Guardianship and Human Rights in Russia – Analysis of Law Policy and Practice, (MDAC, 2007), 79; < www.mdac.info > (accessed 30 October 2008); E. Miller et al, A Life Apart, (Tavistock, 1972); T. Minkowitz, "Legal Capacity: Fundamental to the Rights of Persons with Disabilities", 56International Rehabilitation Review 1 (2007), 25; J. Morris, "Citizenship and disabled people: A scoping paper prepared for the Disability Rights Commission", (2005), < www.disability – archive.leeds.ac.uk > (accessed 16 July 2008).

④ P. Bartlett et al, Mental Disability and the European Convention on Human Rights, (Nijhoff, 2007), 154.

⑤ Shtukaturov v. Russia, App. No. 44009/05, 27th March 2008, not yet reported; MDAC reports confirm that this is the situation in other countries including Serbia, the Czech Republic, Hungary, Bulgaria.

位监护人代其作所有决定,哪怕其中许多决定是被监护人有能力作出的。这种一刀切模式没有意识到,能力也是有不同程度的,而且是依时变化、依事而定的,不能抽象地说某个人能力的有无,而必须视作出决定的事项对能力要求的高低而定。显然,这种状况与人权法秉承的比例原则相悖,我们需要一种更为灵活、弹性的处理方法。①

一些欧洲国家已经改为采取更为灵活的法律措施了,他们只干涉行为人无力作出决定的事项,而仍允许他们自行决定那些他们有能力决定的事项。② 这种规则体系可能为决策过程提供协助,并允许人们为将来可能发生的决策能力的丧失而提前作出安排。③ 这反映了一种"保护有能力者自主权的愿望"。④

对上述问题的认识范式经历了从医学模式到社会模式的转变,其背后其实是一种关于所有成年人均有法律能力的假设。这种认识也体现在《联合国残疾人权利公约》(UN Convention on the Rights of Persons with Disabilities,CRPD)以及欧洲理事会关于欧洲人权法院的文件和决议中。⑤ 一些司法体系据此进行了法律改革,它们承认这种范式的转变,引进了对无完全能力人的决策辅助以及对完全无能力人的保护机制。⑥ 社会各界,包括普通民众、公务人员以及法官、医生和其他评判法律改革相关人员等关键人士,必须及时更新观念,将法律能力视为人之为人的基本要素,这才能使法律改革在更为实质的层面获得支持,舍此法律改革无法获得成功。

本文讨论的是剥夺法律能力的方法以及由此产生的对能力被剥夺的

---

① P. Bartlett et al, Mental Disability and the European Convention, 157.

② These countries include Sweden, Germany, Denmark, Spain, England and Wales.

③ Mental Capacity Act 2005, Principle 1 (3), England and Wales; Mental Capacity Bill, 2007, Principle 1 (c), Ireland.

④ P. Bartlett, Blackstone Guide to the Mental Capacity Act 2005, (21 ed.), (Oxford University Press, 2008), 47.

⑤ The UN Convention on Rights of Persons with Disabilities will be referred to as CRPD. Council of Europe documents are discussed later in the article. The European Court of Human Rights will be referred to as ECtHR. Other relevant documents include the World Health Organisation, Resource Book on Mental Health, Human Rights and Legislation – Stop Exclusion, Dare to Care, (WHO, 2005).

⑥ Sweden, Germany, Scotland, England and Wales, Spain and proposed law reform in Ireland.

人的影响,以及在部分欧洲理事会国家的实践状况。本文总结归纳了 CRPD、欧洲理事会与法律能力相关的文件,尤其是第 R(99)4 号建议案,以及欧洲人权法院的决定等文件所提出的标准,并检视它们是否得到遵守,并指出民间组织作出的贡献。剥夺法律能力的法律机制与程序将在更微观的角度进行讨论,例如对被剥夺对象的影响等。本文讨论了上诉的权利、持续性监护和提起对抗监护人决定之诉的权利。本文也讨论了在欧洲某些国家进行法律改革的必要性。

二、变革的背景

摆脱过往父爱主义(paternalistic)的做法,像 CRPD 尤其是第 12 条要求的那样为残障人士提供与普通人相平等的权利基础,将是一个进步。而进步的关键在于观念的转变。有观点认为,"将残障者视为'主体'而非'客体'是一场革命,CRPD 第 12 条是这场革命的核心"。①

残障标签是一个自我实现的预言,这种想法将使被标签者缺乏自信,因为他们缺少学习、成就与能力发展的机会。② 而自我决定权都要交付他人,将进一步加剧残障人士的被动地位与习得性上的无助。更糟的是,由于被剥夺选择的权利和机会,并且在需要支持和协助时获得的反而是管控,导致残障人士的自我决定权无法行使。可见,我们需要清除种种获得自决权的障碍,使残障人士的意愿得以执行。

在欧洲范围内,能力受限者的数量在不断增加,其中主要是老年人。③得益于医学进步,人类在难产、大脑创伤等病难中的存活率得以提高。据

---

① G. Quinn, Resisting the "Temptation of Elegance: Can the Convention on the Rights of Persons with Disabilities Socialise States to Right Behaviour", in O. Arnardottir et al (eds), United Nations Convention on the Rights of Persons with Disabilities: European and Scandanavian Perspectives, (Brill, International Studies in Human Rights, 2009, 49.

② B. Winick, "The Side Effects of Incompetence Labelling and the Implications for Mental Health", I Psychiatry, Public Policy& Law 42 (1995), 437.

③ World Health Organization, Mental Health: New Understanding – New Hope, (WHO, 2001), estimates that the number of people with Alzheimer's disease in the WHO European Region of 880 million people will double to 2.8 million by 2025.

估计，在欧洲理事会成员国范围内，被监护人的数量达数十万之多。①

不对完全无能力人和限制能力人进行区分，而是一刀切地对待精神障碍者的老一套办法在部分欧洲国家已经制度化了。② 许多限制能力人只能住在公立机构里，因为国家只认可和支持公立机构。③ 大量精神障碍者，尤其是老年人和严重学习障碍者失去了在自己社区独立生活的机会。他们不分法律能力高低，一律被迫进入公立机构接受集中式照料。④ 有观点指出，那种将"一个人描述为'自愿'在精神病院接受治疗超过5年的说法在很大程度上是不正确的。这些人实际上是除精神病院之外无处可依而已"。⑤ 这还意味着，这些人在社会中没有存在感与能见度（他们的经历不会被社会上其他人所感知、理解）。长期生活在精神病院显然不利于人的自决。精神病院里的等级结构将让他们越来越没有能力，甚至把他们仅剩的一点自治权利都掠夺干净。

决策功能性能力是无法仅仅根据有无某种精神疾病或障碍就确定的，许多国家没有意识到这一点，因而无法正确判断决策功能性能力的存在与否。⑥ 从精神病院到居住区的智力障碍者生活中心，再到小型的残障之家，大大小小的机构化照料得到国家层面的持续承认，而这实际上阻碍了残障者过独立、自足的生活。无论是居住区照料中心、社会照

---

① P. Bartlett et al, Mental Disability and the European Convention, 155, referring to the figures based on the MDAC research on legal incapacity in seven Council of Europe Member States: Bulgaria, Croatia, Czech Republic, Georgia, Hungary, Russia, and Serbia.

② MDAC research in Bulgaria, Croatia, Czech Republic, Georgia, Hungary, Russia, and Serbia.

③ R. Kayness et al "Out of Darkness into Light? Introducing the Convention on the Rights of Persons with Disabilities", 8 Human Rights Law Review 1 (2008), 1 – 34.

④ J. Morris, "Citizenship and disabled people": A scoping paper prepared for the Disability Rights Commission, (2005), < www. disability – archive. leeds. ac. uk > (accessed 16 July 2008). 24. See generally, O'Shea, Improving the Quality of Life of Elderly Persons in Situations of Dependency, (Council of Europe, 2002).

⑤ M. Donnelly, "Treatment for Mental Disorders and Protection of Patients, Rights", 8, paper presented at Mental Health and Human Rights Seminar, University College Cork, 2 51h October 2007, < www. ucc. ie/law/docs/mentalhealth2007 >. For an overview and analysis of consent in Irish mental health law and the requirements of the ECHR see also M. Donnelly, "Treatment for a Mental Disorder: The Mental Health Act 2001, Consent and the Role of Rights", Dublin University Law Journal (2005), 220.

⑥ MDAC, Report on Guardianship in Hungary, (MDAC, 2007), 82.

顾之家、护理之家还是残障之家，这种封闭环境中的照顾和治疗都很可能是非人道、羞辱性的。欧洲人权法院在 Herczgefalvy 诉奥地利案中指出，"幽禁在精神病院的病人通常处于卑下、无力的状态，这更需要我们对 CRPD 规定的适用情况保持警惕"。① 所有的机构化环境，包括护理或照料之家甚至是受管控的居住区照料点，都具有"卑下""无力""幽禁"等特点，因为这些地方也没有对法律能力进行保护的措施，也无法提供决策辅助。②

一些地方正在推行去机构化的政策，并据此关闭了大量医院与居住区照料中心——这些地方原先收容了大量被认为缺乏决策功能性能力的人。③ 这是一种进步，突出了提供多元化照料的需求，照料对象可以在社区中生活，或通过支持性服务获得照料。同时，它还突出了在决策过程中的个体权利。然而，许多地区的政策强调社区照料并没有考虑到为无完全能力人提供必要支持，以便他们不必进入照料中心就能获得相应生活照料。支持措施包括有机会获得独立倡导者的协助，以及促使个人能力的最大潜能得以开发的其他方式。参与社会生活将使非完全能力人的自主权得到更多尊重，无论我们多么强调对这些人的保护，其自我的参与的价值都是不能贬损的。除此之外，如果那些计划与服务中没有逐渐实现范式的转变，现有的社会照料政策仅仅是将机构化中的做法转移至社区中进行，没有改变其实质性的问题。④ 这些要素只有通过法律改革得到承认和支持，真正的改变与进步才会到来。

三、人权与法律能力

CRPD 在 2008 年 5 月生效，残障者权利因此受到强烈关注。⑤ 该公约第 1 条明确指出，公约目的在于促进、保护并确保包括残疾人在内的

---

① Herczegfalvy v Austria (App. No. 10533/83), [1992] 15 EHRR 437 at 82. The Convention referred to is the ECHR.

② D. Doherty et al, Happy Living Here, An evaluation of community residential mental health services, (Mental Health Commission & Health Research Board, 2007).

③ The closure of large psychiatric hospitals is continuing in Ireland and England. There are approximately 3,000 people with intellectual disability living in institutions in Ireland in 2008.

④ D. Doherty et al, HappyLiving Here, 13.

⑤ See <www.un.org/disabilities> (accessed on 17 November 2008) for the signatories and ratifications.

每一个人都充分、平等地享有所有人之为人的权利和基本自由，使每一个人与生俱来的尊严都得到尊重。尊严、自我决定、平等、独立，这些人权理论与法律的宝贵遗产被写进公约第 3 条，作为公约的精神方针，指引着公约的解释与适用。① 实际上，整部公约就是围绕如何实现第 1 条订明的目标而展开的。第 1 条载明，残疾人包括长期遭受身心、智力、知觉损伤而在互动中遇到各种障碍的人们，难以与其他普通人一样充分有效地参与社会生活。尽管已经有了许多人权保障机制，但是残障者在社会中还是处于失语、缺位状态，因此，有必要对现行的人权国际法律尤其是其中与残障者有关的部分作出澄清。② CRPD 序言称，"残疾是一个演变中的概念，残疾是伤残者和阻碍他们在与其他人平等的基础上充分和切实地参与社会的各种态度和环境障碍相互作用所产生的结果"。③ 然而，在尊重和实现法律能力的问题上，这些障碍体现得更加明显。

残障者的法律能力在公约第 12 条得到支持，该条标题为"在法律面前获得平等承认"，具体内容包括：

1. 缔约国重申残疾人享有在法律面前的人格在任何地方均获得承认的权利。

2. 缔约国应当确认残疾人在生活的各方面在与其他人平等的基础上享有法律权利能力。

3. 缔约国应当采取适当措施，便利残疾人获得他们在行使其法律权利能力时可能需要的协助。

4. 缔约国应当确保，与行使法律权利能力有关的一切措施，均依照国际人权法提供适当和有效的防止滥用保障。这些保障应当确保与行使法律权利能力有关的措施尊重本人的权利、意愿和选择，无利益冲突

---

① G. Quinn, "empowering Persons with Disabilities, the UN Convention on the Human Rights of Persons with Disabilities", Keynote Address, given at German EU Presidency Ministerial Conference, Empowering People with Disabilities, Berlin, J1th June 2007, on file with author of paper: gerard. quinngnuigalway. ie.

② G. Quinn and T. Degener, Human Rights and Disability: the Currentuse andFuturePotentialof United Nations Instruments in the context of Disability, (Office of the UN High Conmiission for Human Rights, 2002).

③ UN Convention on the Rights of Persons with Disabilities, Preamble (e).

和不当影响,适应本人情况,适用时间尽可能短,并定期由一个有资格、独立、公正的当局或司法机构复核。提供的保障应当与这些措施影响个人权益的程度相称。

5. 在符合本条的规定的情况下,缔约国应当采取一切适当和有效的措施,确保残疾人享有平等权利,拥有或继承财产,掌管自己的财务,有平等机会获得银行贷款、抵押贷款和其他形式的金融信贷,并应当确保残疾人的财产不被任意剥夺。

民间组织和学界都基本达成了一个共识,即法律能力是 CRPD 的最基本要素,"终于改变了旧有的体系"①。

医疗模式会依据对能力的综合评估剥夺一个人在生活的决策权和掌控权,而 CRPD 第 12 条提出了完全不同的要求。过于宽泛的监护与其他替代决策机制,共同组成了传统的对无能力人的保护机制,背后隐含着一种负面的过度干预和父爱主义理论。② 然而对许多人来说,他们需要的是决策支持而不是替代决策。③ 有观点认为替代决策是一种"旧模式的关键之处",即第 12 条没有明确禁止替代决策,但"第 12 条中对法律能力的包含性和普世性要求对消除对于残疾人的偏见是必须的"④。即使是对那些所有决策都由他人代为进行的残障者,也要定期进行法律能力评估。这种新的关于法律能力的构想必须有相应的独立倡导制度来落实。⑤

CRPD 中许多其他权利的实现取决于法律能力。序言第 10 条认为,应有更强的支持来保护与促进一些人的人权。独立生活的权利规定在第

---

① T. Minkowitz, 56 International Rehabilitation Review 1 (2007), 25. MDAC and Rehabilitation International share this view, to name two.

② England and Wales have moved from a traditional system to one which is only involved where a person is unable to make a particular decision. Ireland continues to retain the system of wardship involving removal of capacity for most legal activity, based on a general assessment, but proposed legislation, Mental Capacity and Guardianship Bill, which will follow a somewhat similar system to the Mental Capacity Act, 2005, England and Wales.

③ T. Minkowitz, 56 International Rehabilitation Review 1 (2007), 25; P Bartlett et al, Mental Disability and the European Convention, 158; Mental Disability Advocacy Center in their state reports; World Health Organization, Resource Book on Mental Health, (WHO, 2005).

④ A. Dhanda, 34 Syracuse Journal of International Law and Commerce 2 (2007), 457.

⑤ Ibid., 461.

19 条，但其第 12 条是相通共容的。从政策立场来看，这是其中是一个最具挑战性的领域，因为它要求国家政策从传统的护理中心模式中摆脱出来。

最小限制是一条重要的人权原则，它要求残障者有选择居住在社区的权利，而不是被强制住在公共医疗机构中。这个问题与剥夺法律能力的关系在历史上并没有十分明确，导致大量被剥夺法律能力的人滞留在机构护理中。令人欣慰的是，一些国家已经开始着手法律改革，积极进行去机构化运动，提倡残障者在社区居住[1]。公约第 19 条规定了独立生活的权利，它指出：

本公约缔约国确认所有残疾人享有在社区中生活的平等权利以及与其他人同等的选择，并应当采取有效和适当的措施，以便利残疾人充分享有这项权利以及充分融入和参与社区，包括确保：

（一）残疾人有机会在与其他人平等的基础上选择居所，选择在何处、与何人一起生活，不被迫在特定的居住安排中生活；

（二）残疾人获得各种居家、住所和其他社区支助服务，包括必要的个人援助，以便在社区生活和融入社区，避免同社区隔绝或隔离；

（三）残疾人可以在平等基础上享用为公众提供的社区服务和设施，并确保这些服务和设施符合他们的需要。

从我们对人权的理解以及对机构化模式的负面影响的认识出发，机构化的护理应当是最后的别无他法的选择，对法律能力的否认不能自动而必然地导致法律能力被否认的人进入机构过上集中管理的生活。CRPD 要求为残障者提供适当形式的、容易理解的信息，这有可能让一部分能力被否认的人在接收到足够信息的条件下能够恢复决策能力。[2] 否则，可能仅仅因为某人没有得到必要的辅助来评估信息，就导致对一个人法律能力不恰当的假设和否定。为了个人权利的实现，向残障者解释信息，帮助其分析相关信息可能对残障者造成什么样的影响是非常必要的。与获得信息权密切相关的是在与其他人平等的基础上的医疗知情同意权[3]。这些与其他条款一起共同构成了一个严密的权利保护框架，

---

[1] MDAC, Report on Guardianship in Hungary, 2007.

[2] UN Convention on Rights of Persons with Disabilities, Article 21.

[3] Ibid., Article 25.

要求采取有能力推定，并且在有决策支持的情况下仍然强调自主决定。有观点认为，"相比 CRPD 规定的其他权利，对法律能力的评估更加充分地展现了 CRPD 是如何对残障问题腐朽落后制度提出挑战的"。①

关于法律能力的争论通常会以儿童的自主权为例子，在许多国内法律都以年龄为依据推定儿童为无能力人，一直到他们 18 岁成年。② 对此，CRPD 明确提出要"尊重残疾儿童逐渐发展的能力并尊重残疾儿童保持其身份特性的权利"。③ 同时，第 7 条还进一步支持残障儿童在与其他儿童平等的基础上，其最佳利益为首要考虑，并获得适合其年龄的辅助手段以表达意见。④ 儿童参与能力是《儿童权利公约》的基本要求，它与《欧洲理事会人权和生物医学公约》（The Council of Europe Convention on Human Rights and Biomedicine）第 6 条都要求，未成年人的意见在与年龄和成熟程度相称的事项上应逐渐起决定性的作用。《欧洲理事会人权和生物医学公约》在说明报告中指出，未成年人的意见非常重要，对一些医学治疗的决定而言是必要或至少是充分的理由。⑤。

欧洲理事会从 1995 年开始注重加强对无能力成年人的保护，以尽可能地维护他们的完整性、权利和独立性。最核心的法律能力规范性文件就是第 R（99）4 号建议案，它针对的是对无能力成年人的法律保护。该建议案极大地促进了无完全能力成年人的自决权和自治权，这两项权利是尊重人权和每个人的人格尊重的基本要素⑥。第 R（99）4 号建议案关注的是对无完全能力成年人的保护，这些人无法保护自己的利益，因为他们因后天损伤或先天残障而不能自主作出、理解、表达、执

---

① A. Dhanda, 34 Syracuse Journal of International Law and Commerce 2 (2007), 430.

② P. Fennell, Treatment without Consent, (Routledge, 1995), 277.

③ UN Convention on the Rights of Persons with Disabilities, Article 3 (h).

④ In Ireland, children with mental health difficulties who need in-patient care are, for the most part, admitted to adult in-patient mental health facilities that are inappropriate. Figures available confirm 193 children were admitted to adult mental health services in 2007, based on notifications to the Mental Health Commission 2007 available on < www.mhcirl.ie > (accessed on 17 November 2008).

⑤ Council of Europe, Explanatory Report for Convention on Human Rights and Biomedicine (1996), DIR/JUR (97) 5, para. 44.

⑥ Council of Europe, Recommendation (99) 4 of the Committee of Ministers to Member States on Principles Concerning the Legal Protection of Incapable Adults´, 23 February 1999.

行部分或全部有关自己人身或财产事务的决定①。第 R（99）4 号建议案的解释性备忘录对决策和自主权的理解更为广义：

"决定是否真实，需要视乎决策者的性格、价值观和阅历而定，因此自治的内涵是非常丰富的。一项真正的自主决定必须是完全自由的，既没有外部强迫也没有内部强制，例如精神分裂症妄想症或严重的抑郁发作等。同时，决策者应对决定的重要性和后果有充分的认识。"②

第 R（99）4 号建议案提供了公共措施的保护或其他法律安排，使无完全能力的成年人能够通过授权或辅助来处理他们的个人事务。它还列举了适用于缺乏法律能力的成年人的详细原则和保障措施，并对所有成员国就法律体系改革作出详细指引。

许多原则是值得注意的，最重要的是，在充分考虑个人情况下，除非必要，否则不应采取保护措施。法律能力是不能自动剥夺的，但第 R（99）4 号建议案承认对法律能力进行限制本身是保护措施之一③。第 R（99）4 号建议案的第 3 项原则即最大限度能力保存原则：

1. 立法框架应尽可能认识到能力的缺乏也是分等级的，而且是依时变化的。因此，保护措施不应产生自动剥夺法律能力的结果。然而，对法律能力的限制并非绝对禁止，但应证明这是保护被限制人的必须手段。

2. 必须强调的是，保护措施不应自动剥夺无完全能力人的选举权、立遗嘱权、对治疗的同意或拒绝的权利，以及当他或她的能力足够时其作出的与个性有关的决定的权利。

3. 法律应考虑到，即使无完全能力成年人在某个领域被代理是必要的，他或她仍应有权在代理人的同意下自己实施特定范围内的行为。

4. 只要有可能，无完全能力成年人的日常性质的交易就是合法有效的。

第 R（99）4 号建议案要求应先适用更具灵活性且符合比例原则的非正式程序，且任何干预措施都应该与残留能力的多少成正比，并根据个人需要进行调整。为了贯彻保存最大限度能力的原则，干预不应是当

---

① Council of Europe, Recommendation No. R（99）4, Part 1, para. 1.
② Council of Europe, Explanatory Memorandum to Recommendation No.（99）4, para. 20.
③ Ibid., Principle 5.

然发生的。① 另一个重要的原则是，无论采取什么保护措施，都应充分尊重无完全能力成年人过去和现在的意愿。这些原则虽然视为软法，但值得注意的是它们已经被欧洲人权法院具有权威性地在大量有关法律能力的案件中援引了②。欧洲人权法院承认这些原则没有法律约束力，但重要的是，其声称会在这个领域制定一个普遍适用的欧洲标准。③

一个欧洲理事会工作组致力于在第 R（99）4 号建议案的基础上，围绕自我决定尤其是其中的授权代理、先前指示等限制程度更低的监护替代措施提出新的建议案和详细原则。④ 草案原则 1 中的新建议要求各国大力推动没有能力决定的成年人实现自决，并且为实现自决所采取的个性化措施应优先于公共保护措施（如监护）予以考虑⑤。对于现在有法律能力但将来预期可能能力不完全的人们来说，持续性代理和预先指示是最基本的方法。这个领域的法律宗旨不应是接管，而应是协助决策。这套机制的关键在于有一个非正式的、简单的、灵活的、廉价的安排，但必须有保护措施确保无完全能力者不会被剥削和虐待。⑥ 这种方法也得到了 CRPD 第 12 条第（4）款的支持，该款指涉的是对无完全能力成年人的适当、有效保障，它们符合比例原则并且能够满足不完全能力成年人的个性化需要。

---

① Recommendation No. R (99) 4, Principles 5, 6 and 3 respectively.

② Black's Law Dictionary (8th Ed.), (Thomson West, 2004), states that soft law embraces the category of rules, recommendations, guidelines or broad principles that, while not strictly legally binding, are nonetheless legally significant. These cases are, H. F v. Slovakia, App. No. 54797/00, 8th November 2005, (case in French only and not yet reported.); Shtukaturov v. Russia, App. No. 44009/05, 27th March 2008, not yet reported, and X v. Croatia. App. no. 11223/04, 171h July 2008, not yet reported.

③ H. F v. Slovakia, App. No. 54797/00, 8th November 2005, not yet reported; Shtukaturov v. Russia, App. No. 44009/05, 27th March 2008, not yet reported, para. 98; X v. Croatia, App. no. 11223/04, 17th July 2008, not yet reported, para. 25.

④ Working party No. 2 on the Committee of Experts on Family Law on Incapable Adults, Draft Explanatory Report to Recommendation on principles concerning continuing powers of attorney and advance directives for incapacity, Strasbourg, 12th June 2008 CJ - FA - GT2 (2008) 7 rev. < www.coe.int/t/e/legal affairs/legal co - operation/family_ law >.

⑤ Council of Europe, Draft Recommendation on Principles concerning continuing powers of attorney and advance directives for incapacity, 16th May 2008, CJ - FAGT2 (2008) 7.

⑥ Council of Europe, Recommendation No. R (99) 4, Principle 2. See P. Bartlett et al, Mental Disability and the European Convention, 159.

欧洲残障行动计划（2006—2015）和第 R（2006）5 号建议案对此作出进一步的支持，后者明确提出绝不能仅因有残障的事实而导致能力的自动剥夺，并且应有适合的辅助和保护措施。① 行动计划的关键目标在于确保行使法律能力困难的人能够得到适当的辅助，并且这种辅助是与个人需要成比例的。

一个以整个欧洲作为关注对象并以匈牙利为基地的非政府组织——精神残障倡导中心（Mental Disability Advocacy Centre，MDAC），首次对许多欧洲国家的法律能力剥夺和监护法律进行了检讨。② 该组织正在实施一个始于 2004 年的项目，该项目旨在"找出现行法律体系的优点和缺点"。③ 项目使用的 29 个指标主要基于第 R（99）4 号建议案设定的原则、建议案的解释性备忘录，还受到美国和加拿大法律的影响。项目使用这些指标检查了适用于剥夺法律能力及其后果的法律。这些指标都不是排他性的，但它们是最低标准，并被认为是以人为本、人权至上的监护制度的基本安全保护需要，这是一种对一个国家的法律体系进行客观的、比较性的检讨非常有效而重要的工作。他们根据研究结果，认为法律改革非常迫切，主要应沿着 4 条进路进行：监护的替代性措施、最大限度地促进自治、改进诉讼程序、防止剥夺能力的滥用。

第一个指标一般原则是对精神障碍者权利、尊严和基本自由的尊重，其余的指标按先后顺序，以监护的启动为开端，包括了所有对个体产生冲击和影响的各个阶段。指标分为三个主要领域：监护开始前的权利状态，能力剥夺后的权利状态尤其是与此相关的监护的角色、审查监护的权利，还有就是更少限制的监护替代措施。MDAC 的法律评估工作分两个阶段：第一个阶段，根据国内法与国际人权法律标准以及先进实践的差距，检讨法律体系以及监护带来的后果，以此强调改革的必要性。第二个阶段，着眼于实践，主要通过观察法律如何运作以及检讨执

---

① In 2006 the Committee of Ministers of the Council of Europe adopted Recommendation No. R (2006) 5, "Action plan to promote the rights and full participation of people with disabilities in society: improving the quality of life of people with disabilities in Europe 2006 – 2015".

② Mental Disability Advocacy Center (MDAC) promotes and protects the human rights of people with mental health problems or intellectual disabilities across Central and Eastern Europe and central Asia.

③ Reporting on Bulgaria, Croatia, Czech Republic, Georgia, Hungary, Russia, and Serbia.

行情况及其对被监护人的影响进行①。第二个因素聚焦于现实生活中的真实状态，有助于对法律改革进行实质性指导。

四、最小限制的替代性措施

只有建立多元化、最小限制的替代性措施体系，才能更灵活地处理不同程度的决定能力受损情况。更少限制的措施包括辅助决策措施、先前指示和持续性代理，后两者都适用于预期将来会发生无完全能力的情况。②持续性代理允许授权一位值得信任的人为授权人在福利、理财、财产等方面作出决定。而先前指示的意思是，"完全能力成年人对可能发生在自己丧失能力后的事件，预先作出有约束力的指示，或是表达意愿"。③因此，先前指示有些可能是具有法律约束力的，有些却可能仅需要被充分考虑并给予应有的尊重。④另一种决定的形式是辅助的，有时也被称为决定支持措施，这是一种共生型的决定支持措施，是法庭命令式程序例如监护的替代措施。⑤ "它在新成年监护法律中主要以三种方式产生：一是根据法庭命令作为自主决定或监护的替代措施；二是作为监护令明确、确定的替代措施；三是依申请产生但并不必须发生的替代措施。"⑥一些有关法律能力的法律规定了这些决策支持措施，它们在立法中确立了能力推定原则，即"除采取所有具体步骤协助该人作决定而均告无

---

① The MDAC reports on Russia and Bulgaria state that access to a full range of information was not always possible due to state restrictions.

② This is evident in a number of European countries, e. g., Germany, Sweden, Finland, and England and Wales.

③ Working party No. 2 on the Committee of Experts on Family Law on Incapable Adults, Draft Explanatory Report to Recommendation on principles concerning continuing powers of attorney and advance directives for incapacity, Strasbourg, 12th June 2008 CJ – FA – GT2 (2008) 7 rev. < www. coe. int/t/e/legal affairs/legal co – operation/family_ law >.

④ Austria and Denmark have provisions for binding advance directives, but some are guidelines and not legally binding, they have effect for five years and can be renewed and can be registered. Danish health law provides for living wills, and wishes regarding treatment in case of incapacity. In England the Mental Capacity Act 2005 principles on advance directives are limited only to decisions to refuse treatment. Advance directives can be part of or additional to continuing power of attorney.

⑤ R. Gordon, "The emergence of Assisted (Supported) Decision – Making in the Canadian law of Adult Guardianship and Substitute Decision – Making", 23 International Journal of Law and Psychiatry 1 (2000), 61 – 77.

⑥ Ibid., 64.

效外，任何人不应该被认为没有决策能力"。① 这种表述符合"不定论、不定义"原则，既对能力状态认定保持开放态度，又为决定支持措施提供了法律依据。

五、能力评定的方法

能力评定方法的不同取决于采纳了什么样的残障模式；残障的医疗模式关注的是损伤或缺损，而残障的社会或人权监护模式则主要采纳的是功能性方法，主要关注残障者对某个具体问题的决策能力。功能性能力的评估往往由医务人员单独进行，并且事关法律能力的评定，因此医务人员是否对能力评定有充分的理解就十分关键。所谓以身份为基础的能力评定方法（status approach to capacity）关注的往往是外在因素，例如，只要有任何残障存在，就武断地得出没有能力的结论。这种方法从不考虑个体差异，因此只会导致要么是完全能力人，要么是完全无能力人的两极化结论。②

而在以结果为基础的评定方法（outcome approach to capacity）中，如果一个人的决定与评定人或社会认可的规范相冲突时，评定对象就会被认为没有能力。然而，我们不应仅因一个人的行为与其他人认为依最佳利益而应当采取的行为不一致，就判定他无能力。一个自愿接受住院精神健康护理的人，也有可能出于各种原因决定拒绝治疗。拒绝治疗常常被视为无能力的证据，但为什么之前的寻求治疗的决定却不被认为是有能力的证据呢？无论以身份为基础的方法还是以结果为基础的方法，都没有考虑个体差异以及能力的程度差异。在许多法域中，正是这些方法导致并将持续导致通过法律程序对个体法律能力进行完全的剥夺。③

功能性能力是指一个人在特定时间作出特定决定的能力。例如，如果有人有精神疾病或智力残疾，并不必然意味着丧失了作出某些特定决

---

① Mental Capacity Act, 2005, s. 1 (3), England and Wales. Proposed Mental Capacity Bill, 2007, Ireland.

② Russian Civil Code, plenary or (all encompassing) guardianship results in total legal incapacity and provides partial guardianship only for drug and alcohol addicted people.

③ Russia, Bulgaria and other countries examined by the Mental Disability Advocacy Center. The Lunacy Regulation (Ireland) Act 1871 results in the removal of capacity to enter contracts, including marriage, and prevents persons from managing property or finance.

定的功能性能力。功能性能力所要求的，是能够了解与决定相关的信息，能够权衡、鉴别此决定与彼决定的不同后果，作出决定，并就此决定能够和他人进行沟通、交流。这种方法尊重个人自治，为个体需要度身定做，并充分考虑能力的变动性。欧洲人权法院对此作出进一步确认，它认为精神障碍无论多么严重，都不足以成为认为完全无能力的唯一的理由，必须为评定对象度身定做特定的评定方法。①

某人拥有法律能力意味着他可以作出具有法律效果的决定，包括缔结婚约、处分财产、理财以及作出医疗决定等。虽然人们可能具有作出某个决定的功能性能力，但是现行法律可能不允许他们作出这样的决定，理由是他们处于监护之下，被认为不具有完整的法律能力。在这些情况下，如果是一般性的能力评定体系，就会认为这一评定对象是否"精神不健全，无法管理自己的人身或财产"，或是否"可以控制他或她的行为，因为他或她有精神疾病"，以及是否"这个人心智紊乱，并且这不是暂时的，他或她因此无法实施法律行为"。②

如果一个人基于这种一般性的能力评估而处于全面监护之下，那么他即使继承了财产也会被认为不具有法律上的处分、管理财产的能力，他也当然地被剥夺了从事其他法律行为的能力，包括请律师、结婚、立遗嘱等，而不论他在这些具体方面是否还具有作出决定的功能性能力。从人权法的标准来看，这种方法不符合比例原则，是对个人的不恰当干预。③ 俄罗斯和保加利亚就是例证，在这两个国家，被监护的人是不能参加诉讼或对监护权提出挑战的（如撤销监护），哪怕他们的确有这样的能力。④ 每一项能够产生法律上后果的决定都必须针对其功能性能力进行独立的评定。⑤ 这与第 R（99）4 号建议案和 CRPD 第 12 条的要求是一致的，这也是为什么我们不能采取一刀切的方法来对不同的人进行能力评定。现在，大部分关于法律能力有无的判断是由法官作出的，他们没有看到像在澳大利亚这些国家已经采取了先进的做法，即法庭运用

---

① Shtukaturov v. Russia, App. No. 44009/05, 27th March 2008, not yet reported, para. 94.

② Lunacy Regulation (Ireland) Act, 1871, s. 15, the Civil Code of Russian Federation, Article 29 and the Czech Republic Civil Code, Article 10.

③ European Convention on Human Rights, Article 8.

④ Shtukaturov v. Russia, App. No. 44009/05, 27th March 2008, not yet reported.

⑤ X v. Croatia, App. no. 11223/04, 17th July 2008, not yet reported.

的是一种多领域综合评定的方法,这是司法权运用的佳作。① 在法庭庭审中,被评定人可能会因为法庭的严肃气氛而畏惧、紧张。一份观察报告称:"成年被评定人经常在法庭中感到压力,从而无法理解他所处的状态和评定程序的重要性。其中一个个案的被评定者甚至声称:'我不是罪犯,为什么要被带到法庭上来?我不应该在这里!'"② 报告还注意到,法官其实在与心智障碍者在法庭上交流时是犹豫并且感到不自在的。③

六、程序公正、隐私与任意羁押

欧洲人权法院认为,尽管国家在能力评定中具有广泛的裁量权,但是必须将对精神不健全者的利益保护置于其他合法利益保护之上,而不能搞折中。④ 欧洲人权法院认为,能力评定的结果可能引发对个人生活非常严重的限制,因此必须有一套严格的审查标准。⑤ 欧洲人权法院在 Shtukatorov 诉俄罗斯案中称,对能力的剥夺实际上是对自由的剥夺,因此如果没有一种度身定做的评定方法,必然带来一种"非常严厉"的并且是不符合比例原则的对个人生活的不当干预。在另一个评定对象的自由与法律能力同样面临被剥夺危险的案例即 Winterwerp 诉荷兰案中,欧洲人权法院称"本案的法律程序的结果至少对于申请人来说是同等重要的,他在几乎所有领域的个人自主权,包括对自由的最终限制,都可能(由于法律程序的运作)被剥夺"。⑥ 判决认为,如果要对法律能力进行剥夺,那么必须配备详细而公正的程序安排,确保《欧洲人权公约》(European Convention on Human Rights, ECHR) 第 6 条第 (1)

---

① Guardianship Tribunal in New South Wales, <www.gt.nsw.gov.au/about/> (accessed on 17 November 2008).
② MDAC, Report on Guardianship in Hungary, para. 3.3.1.
③ Ibid., para. 3.4.
④ Shtukaturov v. Russia, App. No. 44009/05, 27th March 2008, not yet reported. In this case there was no evidence that the applicant had problems in the past with work, managing property, employment and the medical report was not corroborated by evidence and the court did not assess his past behaviour when it decided to restrict his legal capacity.
⑤ Shtukaturov v. Russia, Application No. 44009/05, 27th March 2008, not yet reported, para. 88.
⑥ Ibid., para. 71. Breaches by Russia of Articles 6 (1), 8 (1) and 5 were established.

款所维护的利益得到应有的尊重。法律能力绝不能被任意剥夺，否则就违反了第5条的要求。根据 ECHR 第8条第（1）款，也必须尊重隐私和家庭生活的权利。

问题在于，ECHR 第8条是否为国家施加了积极的作为义务，以确保能力欠缺者的权利得到充分的法律保障。① 若各国不向无法管理自己财务问题的人提供帮助，其结果将是这些人无法取用他们的财产或无法从中受益，这将对私人生活的权利形成不合理之干预。同时此亦意味着，该权利并不是一项真正的权利。② 根据 ECHR 第1条及公约所确定的保障每一个人的权利及自由之责任，出台了对该义务进一步的支援措施。倘若欧洲人权法院认为该积极义务存在，可能要求各国通过积极措施确保被认为缺乏能力的人能够行使此项权利，例如"有机会获得快速、准确及独立之能力评估"以及通过任命某人代理其事务从而最大化对其隐私及家庭生活的尊重。③

与剥夺行为能力有关的正当程序和法律权利，以及被监护人在监护设置后拥有的法律权利，都受到 ECHR 第6条第（1）款的调整。该款规定："在针对他的民事权利及义务或任何刑事指控确定后，任何人都享有在合理的时间内、由法律规定的独立公正的法庭召开一场公平公开的听证会。"

因为其涉及对民事权利的界定，监护程序必须符合 ECHR 第6条第（1）款的规定。④ 在 Winterwerp 诉荷兰案中，申请人被拘留于精神科治疗中心，自动丧失了管理其财产及个人事务的法律能力。处理个人事务的能力涉及个人权利的行使，此能力的丧失关涉 ECHR 第6条第（1）款规定的"民事权利与义务"的判定。⑤ 本案中欧洲人权法院认为，在没有独立评估或听证的情形下，仅因被强制进入一处机构接受精神卫生护理，便依据国内法使民事主体自动丧失管理自身事务之能力，违反了

---

① R79 P Bartlett et al, Mental Disability and the European Convention, 153.
② Airey v. Ireland (App. no. 6289/73), [1979] 2 EHRR 305, para. 24.
③ R Bartlett at al, Mental Disability and the European Convention, 153.
④ Winterwerp v. Netherlands, [1979] 2 EHRR 387. See M. Wachenfeld, "The Human Rights of the Mentally Ill in Europe", 60 Nordic Journal of International Law 3 (1991), 224.
⑤ Winterwerp v. Netherlands, [1979] 2 EHRR 387, para. 73.

ECHR 第 6 条第（1）款公正程序权的规定。① 尽管剥夺精神错乱之人处分自身财产本身是可以有正当化理由的，但欧洲人权法院认为该理由不能免除正当程序的权利要求。

该规则在另一起涉及能力恢复的案件（Matter 诉斯洛伐克案）中得到重申。② 欧洲人权法院指出："申请人是否有资格通过自身行为取得民法典所规定的权利并承担义务，这一判断直接决定着申请人民事权利与义务的界定。"③ 因此 ECHR 第 6 条第（1）款应直接适用于能力的评定。

（一）告知

当事人获知程序内容的规定是第 6 条第（1）款所规定的公正审判的要求。此内容也获得了第 R（99）4 号建议案的支持，其指出："相关当事人应获得及时的语言或其他形式的通知，通知内容应使其了解该程序将可能影响其能力以及其权利或利益的行使。"④ Shtukaturov 诉俄罗斯案中，该案申请人未详知相应的程序信息，且缺席了将其置于其母监护下的判决。直至判决作出 1 年后，在他联系律师时才得知上述决定。他并不知自己已接受法医精神病检查。欧洲人权法院指出该监护程序不正当并违反了第 6 条第（1）款的规定，因为其程序排除了申请人。他在不知情的情形下被剥夺能力，且对此无法提出异议，因为在其母为其申请到的拘禁是由一个绝对排斥他自己参与的体系作出的。⑤ 尽管被告知等权利被确实规定在程序规则内，但若不在实践中落实，那么这些规则也只是一纸空文。⑥

X 诉克罗地亚一案关系到被监护人在收养程序中是否享有被咨询和参与的权利，欧洲人权法院认为该案中的申请人仅仅被概括地通知到收养程序已经开始，这对于申请人而言获得告知的权利并没有得到充分保障；与此同时她的抚养权不受影响。⑦（生母）针对收养行为的同意仅

---

① Winterwerp v. Netherlands, [1979] 2 EHRR 387, para. 75.
② Matter v. Slovakia, (App. No. 31534/96), [2001] 31 EHRR 32.
③ Ibid., para. 51.
④ Council of Europe, Recommendation No. R (99) 4, Principle 4.
⑤ O. Lewis, Mental Disability Advocacy Centre, Press Release on 2 71hMarch 2008, available at: < www. mdac. info >.
⑥ MDAC, Report on Guardianship in Russia, 6.
⑦ Matter v. Slovakia, App. No. 31534/96, judgment 5 July 1999, [2001] 31 EHRR 32, para. 53.

得在极个别情形下被排除适用,但法律指出既然其已然被设置监护,其便自动丧失参与诉讼及同意收养的权利。① 该案的问题在于相关程序是否尊重了申请者的家庭生活,或者以一种在民主社会中无法接受的方式侵犯了尊重家庭生活的权利。在此语境下,欧洲人权法院强调:"这是一项对家庭生活非常严重的干涉。"② 鉴于违反了第8条第(1)款,欧洲人权法院强调在儿童被他人从其父母处收养之情形,"需对任意干涉提供较之于通常保护力度更强有力的措施"。③ 如果儿童的父母未能参与到决定过程中,未能充分表达或知情,也是未能尊重其家庭生活的体现。在本案中,的确针对申请人的法律能力进行了否定性的评估,但即便是申请人直到收养程序结束都坚持行使抚养权,该评估也没有针对申请人是否有能力行使抚养权进行独立的评估,抑或考察其与子女的关系。

(二)法律能力的评估

能力评估是否定法律能力的基础,第R(99)4号建议案建议,评估应由"至少一个"适格人员以彻底的面对面的方式,应用最新之评估方法,在客观的信息基础之上进行。④在潜在的诊断与所谓的欠缺独立决定能力之间,应存在明显的联系,且不应存在先入为主之预判。⑤在Shtukaturov诉俄罗斯案中,欧洲人权法院指出不能仅仅因某人患有精神疾病便正当化地剥夺其法律能力。⑥ 通过类比限制人身自由的案件,如果要完全否认精神障碍者的法律能力,则应当确保该精神障碍到达了某种确实需要否认法律能力的严重程度。⑦ 这与ECHR第5条所要

---

① Matter v. Slovakia, App. No. 31534/96, judgment 5 July 1999, [2001] 31 EHRR 32, para. 36; Family Law Act, 2003, sections 130 & 138. The ECtHR cited the United Nations Convention on the Rights of the Child prohibiting separation of parents and child unless necessary in the best interests of the child, the opportunity to participate in the proceedings and to make views known.

② X v. Croatia, App. No. 11223/04, 17th July 2008, not yet reported, para. 47.

③ Ibid.

④ H. F v. Slovakia, App. No. 54797/00, 8th November 2005, not yet reported; Shtukaturov v. Russia, App. No. 44009/05, 27th March 2008, not yet reported; Council of Europe, Recommendation No. R (99) 4, Principle 12.

⑤ MDAC, Reports on Guardianship, Indicator 8.

⑥ Shtukaturov v. Russia, App. No. 44009/05, 27th March 2008, not yet reported, para. 94.

⑦ Shtukaturov v. Russia, App. No. 44009/05, 27th March 2008, not yet reported, para. 84.

求的心智障碍"必须达到一定程度"才能限制人身自由的精神是一致的。①

面对一系列具有法律效果的决策,欧洲人权法院要求对每一个决定均需进行独立的评估。这符合功能性能力的评估方法。在 X 诉克罗地亚案中,欧洲人权法院拒绝接受每一位能力被否认的人都被自动排除出有关其子女领养的法律程序之外。② 同样的,在 Shtukaturov 诉俄罗斯案中,某人患有精神疾病的事实本身不足以成为他被剥夺法律能力的理由。③

(三) 以评估为目的的强制拘留

在 Matter 诉斯洛伐克案中,对申请人进行的强制性检查尽管被认为有法律基础并符合比例原则,仍是"对(ECHR)第 8 条所规定的私人生活的严重侵犯"。④ 在 Norwicka 诉波兰案中,被(国内)法院授权的以评估为目的的强制拘留几乎长达 3 个月,与其实施评估的目的不符,未能在人身自由权与"授权拘留以实施能力评估"的目的之间取得平衡。⑤ 有法院授权、以精神疾病检查为目的的拘留有合法理由,但检查前后的拘留未能妥善平衡各国实施精神检查的利益和人身自由权利,且违反了 ECHR 第 5 条。⑥ 强制性检查同样可能违反第 6 条所规定的获得公平审判的权利以及第 8 条个人及家庭生活得到尊重的权利。⑦ 在许多欧洲国家,如俄罗斯、塞尔维亚和捷克共和国,都存在授权强制性检查的规定。⑧

(四) 能力评估与精神健康拘留

许多被强制治疗的人仍然有决策能力,他们无法享受法律改革所带

---

① Winterwerp v. Netherlands, [1979] 2 EHRR 387. See also comments by Bartlett et al, Mental Disability and the European Convention, 261 – 262.
② Matter v. Slovakia, App. No. 31534/96, judgment 5 July 1999, [2001] 31 EHRR 32.
③ Shtukaturov v. Russia, App. No. 44009/05, 27th March 2008, not yet reported, para. 94.
④ Matter v. Slovakia, App. No. 31534/96, judgment 5 July 1999, [2001] 31 EHRR 32.
⑤ Nowicka v. Poland, App. No. 30218/96, judgment 3 December 2002, not yet reported.
⑥ Ibid., paras. 58 – 61.
⑦ Bock v. Germany (App. No. 11118/84), [1989] 9 EHRR 562, for violation of Article 6 and Worwa v. Poland, App, No. 26624/95, judgment 23rd November 2003, (2006) 43 EHRR 35, for Article 8. Hungary permits detention of 30 days for evaluation, MDAC, Report on Guardianship in Hungary.
⑧ MDAC, Reports on Russia, Serbia and Czech Republic.

来的益处,这是一个与本文主题稍微偏离但其实也很相关的问题。① 拥有法律能力的精神障碍者因精神健康而被拘留的情形下,相关法律通常允许对当事人拒绝接受治疗的决定予以否决。心智能力法也通过特殊规定,让评估、认定心智能力的规则不适用接受精神健康拘留的人。②欧洲人权法院认为,违背有心智能力的精神障碍者的意愿,对事实上被拘留的精神障碍者实施非自愿治疗,违反了 ECHR 第 8 条。

"依据第 8 条之规定,凡违背个人意愿之干涉,即便是对个体身体完整性甚为微小之干涉亦被视为是对个体私人生活获得尊重之权利的干涉。"③

接受强制精神治疗的人不适用心智能力法,这其实是非常严重的歧视。对此区别对待的辩护理由通常是(如果适用精神能力法)会对病人或其他人有造成严重伤害的风险。不能因为某一决定在他人看来会有更明智的结果,便轻易地否定患者本人的意愿。如果一个患者有心智能力,就仅仅只能在极例外的限定情形下才能推翻他的决定。④ 因此需要针对此类特殊情形出台指导方针予以确定。

一份针对被强制接受精神治疗和学习障碍服务的人的决策能力进行的首次实践性研究发现,多数依据 1983 年英格兰《精神卫生法》被拘

---

① P. Bartlett, "Capacity, Treatment and Human Rights", Journal of Mental Health Law (2004), 2–65. See also Church et al; "Mental capacity: concepts, assessment and the law", Irish Psychiatrist (2008), 9–17.

② Mental Health Act 1983 and Mental Capacity Act 2005 in England and Wales.

③ Storck v. Germany (App. No. 61603/00), [2006] 43 EHRR 6, para. 143.

④ G. Richardson, "Involuntary treatment: Searching for principles", in Diesfeld and Freckelton (eds.), Involuntary Detention and Therapeutic Jurisprudence, (Aldershot, 2003). Also Expert Committee, Review of the Mental Health Act 1983, (London: Department of Health, 1999), and G. Richardson, "The European convention and mental health law in England and Wales: Moving beyond process?", International Journal of Law & Psychiatry 28 (2005), 127–137. Contradictory provisions recognizing capacity while also providing for overruling competent refusal of treatment are included in one statute as well as a best interests principle. Mental Health Act 2001, Ireland, sections 57, 59 and 60. See also P Bartlett, "The Test of Compulsion in Mental Health law: Capacity, Therapeutic Benefit and Dangerousness as possible Criteria", 11 Medical Law Review Autumn (2003), 326–352.

禁的人拥有为自己进行医疗决策的（心智）能力。① 该研究也发现有相当比例的自愿接受治疗者没有能力对治疗进行同意。就前一个群体而言，如果面对的是躯体性疾病的治疗，他们是可以拒绝接受治疗的。而对于后者，心智能力立法本应对此提供一个解决方案。尽管能力评估在适用于复杂的精神障碍时被认为存在很多困难，"对能力评估采取更为严格的方法还是特别重要"。② 另一份研究调查了不同的诊断结论和依据不同法律规则而入院的患者在进行医疗决策时的心智能力的情况。③ 能力的丧失的确在各种诊断类别下都有存在，该研究也的确发现被收治在精神病院的人中没有能力进行医疗决策的情况很普遍，但仍然需要强调，不能假设住院的精神障碍者都没有心智能力。既然要保护个人自主权，就需要政府解释为什么针对精神障碍者的法律规则会与适用于其他群体的法律规则不同，并且解释为什么这种不同不构成歧视。④

（五）证据

质证和提供证据的权利是一项关键的保障。而由专家作出的有时效性的能力评估应当成为证据的一部分。⑤ 专家提供的证据应当是其亲自收集的，有机会亲自提问。辩护缺位之处，便是个人权利难保之时。⑥

H. E. 诉斯洛伐克一案⑦就涉及依赖过期证据的问题，即初始的评估与法庭判决之间存在明显的时间间隔。本案中国内法院的法官仅听取了一份16个月之前的评估报告，以及申请人丈夫及其证人的单方意见，

---

① J. Belhouse et al, "Capacity – based mental health legislation and its impact on clinical practice：(2) treatment in hospital", Journal of Mental Health Law（July/August 2003），35 – 36. See also Caims et al，"Reliability of mental capacity assessments inpsychiatric in – patients"，187British Journal of Psychiatry 4（2005），371 – 378，where the authors found a capacity test worked and was reliable.

② M. Donnelly，"Assessing Legal Capacity：Process and the Operation of the Functional Test"，2 Judicial Studies Institute Journal（2007），153.

③ G. Owen et al，"Mental capacity to make decisions on treatment in people admitted to psychiatric hospitals：cross sectional study", available at：< www. bmj. bmjjournals. com/cgi/contentfull/337jun >.

④ G. Richardson, International Journal of Law &Psychiatry 28（2005），135.

⑤ H. F v. Slovakia, App. No. 54797/00, judgment 8 November 2005, not yet reported; and Winterwerp v. Netherlands, ［1979］2 EHRR 387, para. 60.

⑥ MDAC, Report on Guardianship in Russia, 53 files were examined and only one had legal representation, paid for himself and a guardianship order was not made in that case, 69.

⑦ H. E. v. Slovakia, Application No. 54797/00, 8th November 2005, not yet reported.

而未能充分听取申请人的意见。上诉法院亦未要求提供最新评估报告，监护人也没有按照国内法所规定那样为其提供法定代理。欧洲人权法院强调程序问题会对申请人所造成的严重之后果，申请人的权益应得到充分的保证。援引第 R（99）4 号建议案的权威解释，以及其中至少有一位适格专家所出具的最新的能力评估报告的要求，欧洲人权法院认定本案中对法律能力的剥夺不具有足够的证据。欧洲人权法院认为本案中缺少充分的调查，程序不够审慎，程序中也存在不公，这导致对申请人法律能力的限制违反了 ECHR 第 6 条第（1）款的规定。在一些欧洲国家，如匈牙利和保加利亚等国，其法律在证据收集的充分性的问题上存在不足。①

最大化个人利益及福祉的原则要求各国充分衡量监护的负面效果与必要、有利性。第 R（99）4 号建议案原则 5 规定，非出于必要，且在充分考虑到生活环境及成年人需求的前提下，不得对申请人采取限制措施。举例来说，被监护人的工作权就可能被监护制度影响，许多国家都禁止被监护人工作，而这种做法应当能在建议原则 6 中的必要性、辅助性以及比例原则的要求下仍然站得住脚。②

（六）听证权

听证权是 ECHR 第 6 条第（1）款中规定的公平审判权利的基本要素。这一权利也得到第 R（99）4 号建议案的进一步阐发："在任何可能影响到私人权利的程序中，民事主体均享有听证权。"听证权不仅是指申请人可以参与法庭程序，还指其可以参与事前的讨论。③ 在 X 诉克罗地亚案中，欧洲人权法院认为，因其处于监护状态下，便将申请人排除在关涉其女儿抚养问题的决定程序外，这对于她与其女儿未来的关系而言非常残忍。欧洲人权法院指出："很显然，如果申请人有机会从自身角度出发表达其观点、保障自身利益，那这个决策过程就应当有她密切的参与。"④ 在 Shtukaturov 诉俄罗斯案中，⑤ 出现了申请人因自身能

---

① MDAC, Report on Guardianship in Hungary, 35, para. 2.6.3, Bulgaria, 39, para 2.6.3.
② Ibid., 36, para. 2.6.3.
③ Council of Europe, Recommendation No. R (99) 4, Principle 13.
④ X v. Croatia, App. No. 11223/04, 17th July 2008, not yet reported, para. 53.
⑤ Shtukaturov v. Russia, App. No. 44009/05, 27th March 2008, not yet reported.

力被否认而无法参与听证的问题。就此,欧洲人权法院强调:

"……参与(听证)的必要性不仅在于能使他参与自己的案件,也能使法官就申请人的心智能力形成自己的认识……鉴于他是一个独立的人,哪怕是法官与他进行一次短暂的对视,或者一次问话,都是必不可少的。"①

欧洲人权法院认为,事实上,依据现有国内法申请人既未被法官看到,也未被其听到,这不仅不合理,而且也违背了 ECHR 第 6 条第(1)款的精神。本案中可看到在法庭诉讼程序上存在的严重问题,这将导致对申请人法律能力的剥夺以及自由的彻底丧失。欧洲人权法院认为,各国所采取的措施不能妨碍 ECHR 第 6 条第(1)款所强调的申请人获得公正审判权利中的核心要素,包括申请人被排除出庭审的情况,都应纳入综合考虑。②

(七)法定代理人

当某人的能力受到质疑时,为确保质证的质量、程序的公正以及处理上诉或复审等问题,有一个合适的法定代理人便显得尤为重要。法庭庭审通常会有专家参与,对当事人的能力和精神状态进行发问,会对当事人造成深远影响,这些也都表明了法定代理人的重要性。如果没有合适的代理人,ECHR 第 6 条第(1)款所规定的权利都将变成一纸空文——尤其是针对那些处在特别脆弱和易受侵害的处境中的人而言。③ 有些国家可能对获得法定代理人的权利有一些基本的规定,但并没有一项权利确保人们能够获得代理,或法律代理的费用可以得到保障。应当将有法定代理人参与听证、上诉以及审查权等问题作强制性要求。

(八)监护人的选任

选任监护人来代表或协助能力欠缺者,应首先考虑监护人能否保障和促进能力欠缺者的利益及福祉。④ 应鼓励各国提供充分的适合担任监护人的人。⑤ 被监护人过去和当下的意愿应尽可能被尊重,尤其是他们

---

① Shtukaturov v. Russia, App. No. 44009/05, 27th March 2008, para. 72 and 73.
② Ibid., para. 68.
③ Airey v. Ireland, [1979] 2 EHRR 305, para. 24.
④ Council of Europe, Recommendation No. R (99) 4, Principle 8 (2).
⑤ Ibid., Principle 17 (1).

对于监护人、代理人或辅助人的选任过程中的意见。① 各国在监护人选任事宜上将监护人的技能、经验以及责任作为考察的基本要素。② 监护人与被监护人的任何利益冲突都得到明确和澄清，一旦利益相关，则不宜作为监护人人选。③ 匈牙利便采此做法。在美国，国家监护协会制定的实践准则中便提到了利益冲突，并指出"非家庭监护之监护人，不得为被监护人提供住房、医疗、法律及其他直接服务"。④

（九）诉讼的周期

在分析诉讼周期的合理性上，有一系列的因素需要考虑。例如，案件特殊的情况、问题的复杂程度、处理案件时申请人及政府的具体行为等，均需进行考察。⑤ 在行为能力案件中，欧洲人权法院将会考察对申请人而言最重要的是什么，并指出："应着力考察过长的诉讼周期将会导致的结果。"⑥

在 Bock 诉德国这起涉及离婚诉讼的案件中，诉讼周期的问题凸显出来。本案因申请人妻子主张其因欠缺能力而不适宜参加诉讼导致整个诉讼周期拖至 9 年之长。⑦ 为此，申请人接受了 5 次关于其心智能力的测评，其中还伴随着其妻子两次将其置于监护程序下的失败尝试。欧洲人权法院认为这是对 ECHR 第 6 条第（1）款的违反。欧洲人权法院指出，原则上，以申请人有功能性能力为基础，国内法院应及时推进诉讼程序，并在出现合理的质疑时，尽快明确申请人在多大程度上能够实施诉讼行为。在被拖延了相当长时间的情况下，申请人的个人状况"将因其能力长期受到质疑而备受折磨，这是对个人尊严的严重践踏"。⑧此案亦涉及其他一些情况，诸如致使申请人被否认能力或被宣告监护背后的动机以及利益冲突等。

在 Matter 诉斯洛伐克案中，诉讼周期因申请者拒绝接受能力评估而

---

① Ibid., Principle 9 (1) (2).
② Guardianship Services Act, (Finland), 442/99, Chapter 2, Section 5.
③ Shtukaturov v. Russia, App. No. 44009/05, 271h March 2008, not yet reported, para. 69.
④ MDAC, Report on Guardianship in Hungary, para 2.6.3, 40.
⑤ Matter v. Slovakia, App. No. 31534/96, 5 July 1999, para. 54, (2001) 31 EHRR 32.
⑥ Ibid.
⑦ Bock v. Germany, [1987] 9 EHRR 562.
⑧ Ibid., para. 48.

受到影响，案件被无故拖延 7 年，直至最后诉至欧洲人权法院。在认识到案件的严重性及"对申请人而言最重要的是什么"后，欧洲人权法院指出："本案中国内法院未能做到 ECHR 第 6 条第（1）款要求尽到的审慎义务以保证案件的进行。"① 尽管欧洲人权法院承认申请人的法律能力被剥夺了 7 年，且指出"无疑这是对 ECHR 第 8 条第（1）款下个人权利的干涉"，但没有认定违反了第 8 条第（1）款。②

七、监护下的法律权利

（一）法律能力的维护

最大限度地维护法律能力及比例原则已被广泛接受，任何权利都不能被自动地否认。工作权和婚姻权都是 ECHR 第 8 条所保护的隐私权和家庭权的重要组成部分，对它们的剥夺应在必要性和比例上符合保护个人的目标。ECHR 第 8 条要求的比例原则适用于任何与私人生活有关的干涉。第 R（99）4 号建议案也在原则 6 中规定了比例原则，并指出对能力的限制应在比例上符合成年人能力的程度并符合其身处的具体环境及需求。第 R（2006）5 号行动方案建议关注的则是所有权及财产继承权，要求国家在与他人平等之基础上为（能力有欠缺者）财产的管理提供法律保护。③

许多国家的法律将处于完全监护下的个人的选举权、工作权、诉讼权、社交权、财产资产管理权及包括缔结婚姻在内之合同缔结权都自动予以剥夺。④ 例如，在俄罗斯，完全无能力被监护人的上述权利便被自动剥夺。尽管 ECHR 第 12 条保护缔结婚姻及组建家庭的权利，但该权利在未进行相应行为能力评估的前提下便因监护程序或其他特殊规定而被自动予以禁止行使。⑤ 即便一些国家并未将特定权利加以剥夺，但程

---

① Matter v. Slovakia, App. No. 31534/96, 5 July 1999, para. 61, (2001) 31 EHRR 32.
② Ibid., para. 68.
③ Council of Europe, Action Plan on Disability, Recommendation No. R (2006) 5, para. 3.12.3.
④ MDAC, Reports on Bulgaria, Hungary, Russia, Serbia, Czech Republic, Georgia.
⑤ In Ireland, the Lunacy Regulation (Ireland) Act 1871 results in deprivation of capacity and almost total legal incapacity, and based on the Marriage of Lunatics Act 1811 automatically prohibits marriage for wards of court without a separate capacity assessment.

序保护上的阙如亦将导致这些人事实上无法行使任何权利。

因监护判决而自动剥夺结社权的做法也会涉及 ECHR 第 11 条。该条保护结社权,并指出任何对该权利进行限制之措施均需必要且法定。在匈牙利,人们在某些生活领域内行使结社权的机会会因监护程序而被剥夺。例如,作为某组织成员或行业会员的机会。① 同伴支持团体会员身份是获得赋能相关技能的重要来源,尤其是倡导组织的会员身份。第 8 条所保护的身份认同的权利及个人发展权,以及与其他人及外界社会建立并展开联系的权利,也都受到 CRPD 的支持。在这样的语境下,对稳定的精神状况的维护是其充分享受私人生活权利不可或缺的先决条件。②

(二) 监护人的角色

在施行全部或部分监护制度的国家,监护人被授予广泛的代替被监护人作决定的权力。被监护人对监护决定进行上诉,或者挑战监护人行为、申请对监护人资格进行复核的可能性很可能非常小。③ 如果监护人拥有十分宽泛的权利,那就应当对监护人的限制明确规定,且当被监护人有能力表达自己意愿时能够得到充分的尊重④。上述干预应聚焦于被监护人需要什么样的协助,而不是在被监护人对某事有功能性能力时允许监护人干预。最新的立法改革对替代决策通常采取了限制包括不允许在诸如缔结婚姻、抚养或认领孩童等非常私人并且重要的领域替代被监护人进行决策。⑤

居住在医疗机构的人通常不像在适当的社区环境中独立生活的人那样能够享有相同的结社自由。既然牵涉到与他人的关系,那也就和私人生活与家庭生活发生了联系。一旦某位居住在机构内的人被非法地禁止有自己的家庭生活,ECHR 第 8 条之规定便被触发。此时便产生政府的一项积极作为义务,以确保能力欠缺者能够参与基本的经济及社交活动

---

① MDAC, Report on Guardianship in Hungary, para. 2.6.4, 47.
② Bensaid v. United Kingdom (App. No. 44599/98), [2001] 33 EHRR 205, para. 46.
③ MDAC, Report on Guardianship in Russia, 2007.
④ Council of Europe, Recommendation No R (99) 4, Principle 18.
⑤ Council of Europe, Recommendation R (99) 4, Principle 19, Explanatory Memorandum to the Recommendation, para. 67; Mental Capacity Act 2005, England and Wales, and the proposed Mental Capacity Bill 2007, Ireland.

以及一定程度的休闲与文化活动。① 这种使私人生活免于粗暴干涉的义务中便包括对有关私营机构进行监督和管制。② 这样，我们就可以主张监护的角色和任务也应当是确保被监护人在最小限制的环境中生活，并保障被监护人能够行使自我决定的权利。

在某些法律体系下，的确在某人拥有功能性能力的领域保证本人的掌控权，仅仅在本人对某具体事项没有决策能力时才允许外部干涉，而替代性决策仅是最后的干预措施。③ 这便意味着，法律不再干涉行为人具有功能性能力的领域，这与传统的方式正相反，在传统的模式中，会通过一次决定来否认被监护人在生活许多或所有方面的权利和法律能力，而没有任何更小限制性的替代措施。此外，在其他一些国家，法院在作出部分限制能力的裁决时，会说明被监护人在具体哪些领域有功能性能力并因此可以独立作出决定。④

有时候监护人与被监护人之间的交流微乎其微甚至全无沟通，并且该监护人可能还同时负责好几位被监护人。⑤ 若监护双方全无交流，则无法保证被监护人居于所有有关自身决策的中心，也没有信息共享以便被监护人向监护人表达意见。⑥ 如果代理被监护人而展开各项活动的监护人不与被监护人交流，如何能够了解被监护人的处境、健康状况、对某一重大事项的想法和意愿，如何确保被监护人生活在最小限制的环境中呢？

完善而有效的机制需要排除被滥用之虞，并确保被监护人财物的使用确实以被监护人的利益为出发点。有必要对监护人进行监督，以确保监护人的行为是可追责的，保障被监护人的利益。⑦ 这类监督措施可以是建立一个依申请对监护人行为进行问责的机制。世界卫生组织认为，建立对监护人决策进行监督的程序应当作为精神卫生法的一项重要原则

---

① Botta v. Italy（App. No. 21439/93），[1998] 26 EHRR 241.
② Storck v Germany，[2006] 43 EHRR 6，para. 103 – 6.
③ Such laws are found in Sweden, Denmark, Germany, England and Wales, Ireland.
④ For example, French Civil Code, Book 1, Title X, Chapter 11, Article 501.
⑤ MDAC, Report on Guardianship in Hungary, 73, refers to one institution with 700 occupants, half of whom are under supervision of two guardians. Another guardian had dealt with 174 cases in nine years and only one person had guardianship terminated.
⑥ Council of Europe, Recommendation No. R (99) 4, Principle 9.
⑦ Ibid., Principle 16.

被推广,确保监督程序存在、及时、可及,并且被监护人有机会通过监督程序让自己的意见得到表达。①

(三) 法律能力被否定的上诉权及审查权

上诉权作为一项非常重要的诉讼权利,在一些国家得到了比较充分的保障,但在有些国家上诉期限却仅有 10 天或 15 天。② 根据第 R (99) 4 号建议案,10 天或 15 天的时限过短,对于处在困难中的弱势群体就更加不够。除此之外,很多弱势群体实际上可能无法获得任何法律代表,而这些因素有可能共同导致根本无法行使上诉权。有鉴于此,尤其当弱势者没有法律代表,无法理解或提起上诉,应当允许其他人代为提起上诉权。

第 R (99) 4 号建议案中原则 14 要求:"在可能和合适的情况下,所有限制性措施都应设置时限,应考虑制度化的定期审查。"当具体环境发生改变时,保护措施亦应作出相应调整;尤其是当被监护人的情况发生特殊变化,例如保护措施存在的基础消失了,该限制措施应即刻终止。③ 俄罗斯监护制度未建立审查机制,其公民可能被送进社会福利机构度过余生。④ 匈牙利的监护制度也极少会被审查,最初判决作出后 5 年内几乎不被审查,且如果法官认为当事人欠缺能力的情况是永久性的,也不会启动任何审查。⑤ 在 Shtukaturov 诉俄罗斯案中,依据俄罗斯民法典,申请人完全没有上诉权,只有监护人才有权进行上诉。⑥ 欧洲人权法院指出,"申请人将被无限期囚禁在自己的无能力认定之中,而如果希望对这种情况提出异议却只能求诸使他被置于监护制度之下的监护人,在此种情况下他个人的参与度被'降到了零'"。⑦ 这种情况在本案中也造成了非常严重的影响。Shtukaturov 案中的申请人联系了自己的律师,但随后便被投入一家精神病医院拘留起来并被隔绝与外界的一切

---

① World Health Organization, Resource Book on Mental Health.
② Russia and the Czech Republic have restrictive appeal limits.
③ World Health Organization, Resource Book on Mental Health, 41 states that legislation should contain provision for automatic review, at specified periodic intervals, of the finding of a lack of competence.
④ MDAC, Report on Guardianship in Russia, 6.
⑤ MDAC, Report on Guardianship in Hungary, 62, Indicator 28.
⑥ Shtukaturov v. Russia, App. No. 44009/05, 27th March 2008, not yet reported, para. 99.
⑦ Ibid., para. 91.

联系。欧洲人权法院在接到申请后要求该政府同意其律师与申请人会面，但遭到无视，申请人被持续拘禁长达 7 个月之久。① 尽管被归类为自愿患者，其请求出院却屡遭拒绝。仅因为他被判无法律能力，一切试图改变其被监护状况的上诉以及与律师联系的请求均被国内法院拒绝。欧洲人权法院认为 Shtukaturov 已丧失了法律上的救济，无法对自身的拘禁提出任何异议。

八、法律改革

许多国家已经或正在引进新的法律规则来提供能力评估、较少限制措施，或指定决策辅助人或替代决策人为欠缺能力人的最大福祉作出替代性决定。一些国家建立了如下较少限制措施：持续性代理制度、预先指示制度以及建立在家庭及社区基础上的支持体系，替代性决策也被限制在那些最为必要的并且不与被监护人意愿相悖的领域。在德国，获得来自家庭、朋友及邻居支持的可能性得到了最大限度的保障，并且除非监护法院明确某人在某个特定问题上的同意没有效力，否则人们不会自动丧失行为能力。② 同样，在瑞典，朝着加强自我决定能力这个方向的政策发展使相应的法律改革得到了广泛支持。③ 监护制度已被另外两项强调支持的措施取代：导师制（mentor system）及信托制度。④ 前者的限制性更小，为了确保对当事人能够获得适当的支持建立了一系列相应制度。导师必须获得当事人的同意才能开始工作，并且鉴于导师由法院指定，法院就必须为当事人量身定做一套方案以满足其独特的需求。若导师任意改变其角色或未经授权肆意妄为，法律将为当事人提供救济。

---

① Shtukaturov v. Russia, App. No. 44009/05, 27th March 2008, not yet reported, paras. 22 - 4. The applicant's complaints to the Court were under different headings: incapacitation, placement in psychiatric hospital, inability to obtain a review of his status, inability to meet his lawyer, interference with correspondence, and involuntary medical treatment.

② German Civil Code (BGB) Section 1901 (2), entered into force 1992, and Sections 1896 - 1908 k.

③ S. Herr Stanley, "Self Determination, Autonomy and Alternatives for Guardianship", in S. Herr et al (eds.), The Human Rights of Persons with Intellectual Disabilities, (Oxford University Press, 2003), 432.

④ Föraldräbalk (Children and Parents Code) Swedish Code of Statutes SFS 1949: 23 1, Chapter 11, Sections 4 and 7.

当其他较少限制措施失效时,信托制度便被当作最后一根稻草,该制度允许替代性决策。但信托制度的应用较少,并且当事人仍然保留有某些民事权利。丹麦 1995 年的法律改革推翻了之前监护制度下被监护人自动丧失法律能力的立法。① 西班牙民法典中,有残障的事实并不当然被视作欠缺法律能力,重点在于残障的效果,而非残障本身。② 与上述国家相同,西班牙也具有两套体系,支持性的监护以及一套提供给完全无法律能力人的监护。当某人被宣告为在某些领域没有法律能力但在其他一些领域仍具有法律能力时,支持性监护便可能在法庭程序后适用。如果当事人的能力被质疑,出现意见冲突,就会提供相应的法律代理服务。

苏格兰《心智无能力法 2000》、英格兰及威尔士《心智能力法 2005》③以及制定中的爱尔兰《心智能力及监护法案 2007》,自身都有一套指导原则。这些原则都为自主权的实现提供支持,并为立法在适用中的解释定下基调,是各项法案中各项具体措施的基础。只要符合指导原则,上述法案也为无能力者的照料者为无能力者在日常生活中作出非正式决定提供了法律基础。

这些指导原则包括:有能力推定,在充分考虑当事人能力可能发生改善的前提下在必要时才给予干预,并且干预是在充分尊重当事人自由的基础上采取最少限制之措施。当事人过去与现在的意愿,以及亲属、照料者和其他由当事人认可的人的意见,均应得到考虑。对此问题尤为关键的人权原则包括人格尊严权、身体完整性的权利、隐私权及自主权。④

这些处理能力问题的法律还有其他内容,包括支持性决策措施、持续性代理制度、预先指示、日常照料者作出的非正式决定,以及法院正式指定的全面监护。如果没有依据 ECHR 第 5 条的规定,法律能力被否认的人的人身自由不得被剥夺。此处其实也有争议,因为既然监护关系中的被监护人势必要受到相当程度的控制,那么对自由的剥夺也许就不

---

① Vaergemålsloven (Danish Act on Guardianship), 14th June 1995.

② Spanish Civil Code. 1889, Article 200.

③ The title of this Act changed before enactment from the Mental Incapacity Act to Mental Capacity Act to reflect a positive approach to capacity.

④ Proposed Mental Capacity Bill, 2007, s4, (Ireland).

可避免。①

九、结语

CRPD 为法律改革提供了一个新的关注点，承认法律能力的普遍存在，强调即便需要外部干预，也要尽量维护当事人的法律能力。尽管有些国家的政策已逐渐从父爱主义转向尊重自我决定，并开始建立以功能性方法为基础的能力评估和保障措施，但仍然有很多国家没有类似的改革计划。② 新的体系应当切实为当事人提供（相较于监护）更具灵活性的新方案，不论何种情形，哪怕当事人的法律能力遭到质疑时，均能满足当事人的需求。③ 这个过程中也存在挑战，即"寻找这样一种平衡：尊重法律面前的所有人都拥有一切核心权力、保留自我决定和自主权，与此同时不放弃历史上国家所承担的保护脆弱者免受虐待与剥削的义务"。④事实上，有相当多数量的人身处监护制度和机构化服务之中，这本身就是个需要解决的问题。在有些国家，监护关系中被监护人法律能力被剥夺的比例低至 1/2000，但在另一些国家则高达 1/130。由此可见整个欧洲仍存在明显差异。⑤ 也必须重视监护程序中的程序性缺陷，从能力评估到法庭程序，都可能存在对精神科医生单独意见毫无保留的接受和依赖，这在一定程度上已成为一种常规做法。⑥ 其造成的后果对于个体而言无疑是巨大的，考虑到实践中被监护人常常无法获得有效的法律代理或监护审查机制，使其挑战监护制度或监护人的机会渺茫甚至毫无机会。为确保个人权利得到保障，应将获得法律代表的权利作为一项重要的基本权利予以重视。

---

① R. Jones, "Deprivations of Liberty: Mental Health Act or Mental Capacity Act?", Journal of Mental Health Law November (2007), 171.

② MDAC, Report on Guardianship in Russia, also P. Bartlett et al, Mental Disability and the European Convention, 262.

③ Recommendation No. R (99) 4, Principle 3.

④ C. Sundram, "The International Convention on the Rights of Persons with Disabilities", Paper delivered at the National Disability Authority Seminar on "Capacity and the Convention", Dublin, Ireland, 15 th June 2006, available at: < www. nda. ie >.

⑤ P. Bartlett et al, Mental Disability and the European Convention, 262.

⑥ MDAC, Reports on Guardianship in Russia and Hungary.

监护应作为最后手段,且就其目前现状而言迫切需要改革。① 监护可限制成年人的权利与自由,限制被监护人的行为能力,但只有在为了保护被监护人且必要时才能设置。② 某些国家需要引入较少限制和较小干预措施,以便为能力欠缺者提供真正有效的替代措施。即便上述措施可以实现,仍然需要对个案具体情境中的具体决策进行能力评估,因为功能性行为能力会随时间改变,并且是为个体需求量身打造具体措施的基础。合理期间内上诉权的行使,与对监护或代理角色进行审查的权利,以及是否需要对法律能力进行持续性限制,这些都应该是未来的立法改革应当考虑的问题。在较少限制性措施成为现实后,仅有穷尽了非限制性措施后才可采取替代性决策。

成功的法律改革需要在能力评估与如何和被评估者进行互动这两方面进行培训。③ 就通常而言,培训重点在医生,尤其是精神科医生,但其实其他群体,除精神科医生及其他做评估的人,还应包括立法者、政策制定者、法官、监护人及其他参与决策过程的人等,也非常需要合适的培训来使他们明白自己的职责和工作的意义,以及其行为将会对被评估者的生活造成何种影响。培训不能只是一次性的,而需要作为职业发展培训的一部分时时更新。

挑战政策制定者和执行机构的固有观念则是更为长期和艰巨的挑战。"谁也不能保证新价值能够得到广泛接受并付诸实践。"④ 立法者须创造性地提出解决方案,在服务诸多在决策过程需要协助的人和群体的同时,能够充分考虑他们的自主权。这是一项艰巨的挑战,同时也需要超凡的智慧。权利平衡及确保合适的保障措施需要谨慎考察一切要素,而对普遍法律能力的承认为此提供了新的能量。不过,改革最终能否成功,取决于是否真的使受监护制度影响的人们的生活发生了积极的改变。

(责任编辑:郭庆珠)

---

① MDAC reports recommend the provision of less restrictive alternatives, and abolishing plenary guardianship, see Russia, Hungary, Czech Republic, Bulgaria, and Georgia.
② The Explanatory Memorandum to Recommendation to No. R (99) 4, para. 40.
③ MDAC, Report on Guardianship in Hungary, 70.
④ G. Quinn, in O. Arnardottir et al (eds), United Nations Convention on the Rights of Persons with Disabilities, 4.

中世纪英国庄园法庭中习惯法的本质[*]

[英] 劳埃德·邦菲尔德[**] 著   刘丹晨[***] 译

法律史与社会史之间的界限曾经得到各自很好的捍卫,这两个学科之间的纷争分为了两个阵线。在某种程度上,它主要是法律史学家对于自身研究领域的重新思考,法律史学家实际上对其研究的法律所表现出的社会性质更感兴趣。[①] 研究人员坚持运用在法律实际操作中所产生的文字记录进行分析,从而揭示当代社会结构的各个方面。这一纷争也在

---

[*] 本文源于 Comparative Studies in Society and History. Vol. 31 No. 3 (Jul. 1989). p. 514 – 534。本文的早期版本是在 1986 年 10 月的社会科学史协会会议上宣读的。非常感激与会者对此篇文章的评论,他们有: Jacques Beauroy, Elaine Clark, Ed Dewindt, Larry Poos 和 Michael Sheehan。当这篇论文随后提交给爱荷华大学法学院的一个教师座谈会时,随后的讨论协助作者加深了可能是一些相对沉闷的想法。还需要感谢 Chris Dyer 和 Richard Wall,多谢他们对文章的仔细阅读并且提供了非常有用的评论。

[**] 杜兰大学法学院教授。

[***] 天津师范大学法学院硕士研究生。

[①] 越来越多的前英国法律史学家被培训为律师,他们在讨论法律发展的同时,考虑到了社会和经济的影响。例如,参见 The Reports of Sir John Spelman, J. H. Baker, ed. (London: Selden Society, 1976 – 77) Vol. 93 – 94; 小 Charles Donahue 试图解释在法国和英国听到的婚姻案件类型的差异, The Canon Law on the Formation of Marriage and Social Practice in the Late Middle Ages, Journal of Family History, 8 (1983), 144 – 58; Thomas Green 在陪审团发展沿革方面的研究成果, Verdict According to Conscience: Perspectives on the English Criminal Trial Jury (Chicago: University of Chicago Press, 1985), and my own study of Marriage Settlements 1601 –1740; The Development of the Strict Settlement (Cambridge: Cambridge University Press, 1983). 这个名单当然是不完整的;笔者对那些未囊括在内的人表示歉意。

外部发起。① 这种具有广泛分歧的学科之间的利益联盟,与法国政治评论家称为"共栖"的现象有些类似,此概念的提出曾经好评如潮。在这种概念的提出之下,召开了许多与之相关的会议,② 成立了许多与此有关的期刊,③ 出版了一系列的专著。④ 所有这些都促进了法律和社会史学家进行方法论上和实质上的对话。

更有研究前景的"共栖"领域之一,是对中世纪英国农村社会史感兴趣的学者对法庭卷宗(在西格尔法律论坛中记录各种交易的文件)

---

① 另一个无穷无尽的清单,也许最肥沃的地区有着最悠久的犯罪的历史,参见 J. M. Beattie, *Crime and the Courts in England*, 1660 – 1800 (Princeton, N. J.: Princeton University Press, 1986); the essays in V. A. C. Gatrell, Bruce Lenman and Geoffrey Parker, eds., *Crime and the Law: the Social History of Crime in Western Europe since* 1500 (London: Europa Publications, 1980); and those in D. Hay, P. Linebaugh and E. P. Thompson, eds., *Albion's Fatal Tree: Crime and Society in Eighteenth Century England* (London, 1975; 1st American ed., New York: Panthenon Books, 1985); Barbara Hanawalt, *Crime and Conflict in English Communities*, 1300 – 48 (Cambridge, Mass.: Harvard University Press, 1979); J. A. Sharpe, *Crime in Seventeenth – Century England: A County Study* (Cambridge University Press, 1983)。另外,还有一些关于乡村社会的本地研究,如 Keith Wrightson and David Levine, *Poverty and Piety in an English Village: Terling* 1525 – 1700 (New York: Academic Press, 1979); Margaret Spufford, *Contrasting Communities: English Villagers in the Sixteenth and Seventeenth Centuries* (Cambridge: Cambridge University Press, 1974). Medievalists have been well served by at least two of R. H. Hilton's many works, *A Medieval Society: the West Midlands at the End of the Thirteenth Century* (London: Weidenfeld & Nicolson, 1967) and *The English Peasantry in the Later Middle Ages: the Ford Lectures for* 1973 *and Related Studies* (Oxford: Clarendon, 1975)。另见 George Homans, *English Villagers of the Thirteenth Century* (Cambridge, Mass.: Harvard University Press, 1941); Christopher Dyer, *Lords and Peasants in a Changing Society: The Estates of the Bishop of Worcester* 680 – 1540 (Cambridge: Cambridge University Press, 1980); Barbara Hanawalt, *The Ties that Bind: Peasant Families in Medieval England* (New York: Oxford University Press, 1986). 同样值得注意的是 Alan Macfarlane 在 *The Origins of English Individualism: The Family, Property and Social Transition* (Oxford: B. Blackwell, 1978) 和 *Marriage and Love in England: Modes of Reproduction* 1300 – 1840 (Oxford: B. Blackwell, 1986) 中充分地对现有的档案以及记录对英国法律文化和价值进行的重建。

② 社会科学史协会(美国)有一个"刑事司法/法律史"网络。英国法律手稿大会下一次会议会将重点关注法律理论的社会和经济学分析方面。

③ 美国法律史学会和康奈尔法学院 1983 年出版的《法律与历史评论》和自 1986 年以来由剑桥大学出版社出版的《连续性与变革》。《过去和现在》一直发表跨学科的法律史研究。

④ 剑桥大学出版社出版的"过去与现在系列"以及剑桥大学出版社和"人类学"杂志联合出版的书籍都是例证。

的探讨。① 不论是在定性方面，还是定量方面都已经进行了大量的研究。一个突出，但是饱受争议的例子是 Zvi Razi 在中世纪人口学中的工作，其中推测了记录在法庭卷宗中的人口活动或其他条目中的人口活动，以提出生育率、结婚率和死亡率水平等相关问题。② 同样也有一些有趣的研究，例如，涉及移民水平、③ 农民社会关系网络④以及妇女在农村中的作用的研究。⑤ 一般来说，这些研究的证据基础是由一个共同的领主管理的一个庄园或一组庄园的记录。虽然这些研究没有消除方法论上的一些质疑，⑥ 但这种调查为现有的研究提供了一个有用的和受欢迎的补充，即使这些研究使用了不太合适的数据库。

---

① Hilton、Dyer 以及 Marjorie K. McIntosh, *Autonomy and Community*: *The Royal Manor of Havering*, 1200 – 1500 (Cambridge: Cambridge University Press, 1986). 还有一些专著来自 "Toronto school": Edward Britton, *The Community of the Vill* (Toronto: Macmillan of Canada, 1977); Edwin Dewindt, *Land and People in Holywell – cum – Needingworth* (Toronto: Pontifical Institute of Medieval Studies, 1971); and the J. A. Raftis's trilogy, *The Estates of Ramsey Abbey*: *A Study in Economic Growth and Organization* (Toronto: Pontifical Institute of Medieval Studies, 1957); *Tenure and Mobility*: *Studies in the Social History of Medieval English Village* (Toronto: Pontifical Institute of Medieval Studies, 1964); and *Warboys*: *Two Hundred Years in the Life of an English Medieval Village* (Toronto: Pontifical Institute of Medieval Studies, 1974)。文章太多无法全部引用，有一些在后面会提到。

② Zvi Razi: *Life, Marriage and Death in a Medieval Parish*: *Economy, Society and Demography in Halesowen* 1270 – 1400, (Cambridge, Cambridge University Press, 1980).

③ Raftis, *Tenure and Mobility*, 129 – 82; Raftis, *Warboys*, 13 – 152, 264 – 5; L. R. Poos, "Population Turnover in Medieval Essex: The Evidence of some Early – Fourteenth Century Tithing Lists," in *The World We Have Gained*: *Histories of Population and Social Structure*, Lloyd Bonfield, R. M. Smith, Keith Wrightson, eds. (Oxford: B. Blackwell, 1985), 1 – 22.

④ R. M. Smith, "Kin and Neighbours in a Thirteenth Century Suffolk Community", *Journal of Family History*, 4: 3 (Fall, 1979).

⑤ Judith Bennett, *Women in the Medieval English Countryside* (New York: Oxford University Press, 1987).

⑥ 参见《法律与历史评论》中 Razi、Smith 和 L. R. Poos 的争论。L. R. Poos and R. M. Smith, "Legal Windows Onto Historical Populations? Recent Research on Demography and the Manor Court in Medieval England," *Law and History Review*, 2: 2 (1984), 191 – 200; Zvi Razi, "The Use of Manorial Court Rolls in Demographic Analysis: A Reconsideration," *Law and History Review*, 3: 2 (1985), 523 – 35; L. R. Poos, R. M. Smith, "Shades Still on the Window: A Reply to Zvi Razi," *Law and History Review*, 3 (1985).

与此同时，其他学者也有兴趣对中世纪社会的社会经济关系性质①作出更多定性上的推论，重点是解决在庄园法庭审理的两类案件。第一类是主人对其奴役人口的控制程度和任意性，即领主和隶农之间出现的争执。第二类是通过分析隶农之间的争端，有助于揭示农民关系的性质及其治理原则。有人认为，对案件的审查提供了一个可以观察农民社会的窗口。② 因此，如果想要考察农民之间纠纷解决的原则，则应该关注庄园中建立的习惯法，这套习惯法可以反映出在中世纪社会通行的各种文化规范③和法定权利。

　　这篇文章并不是单纯地站在法律史的视角进行讨论，相反，在肯定中世纪社会史学家努力的同时，笔者想提醒一下：我们是否了解在庄园法庭中所运行的法律的性质，是否足以支持史学家们使用法庭卷宗来进行研究，并通过对于这些案例的考察进一步推断出农民之间出现争端时所采用的文化规范？④ 必须承认，律师和历史学家很少考虑到习惯法的法律性质或者庄园法庭的内部情况，在这个法庭中，隶农之间的私人事务得以解决，并且这个机构与领主的利益直接挂钩。在没有对这样的情

---

① Hilton, *Medieval Society*; idem, *English Peasantry*; Homans, *English Villagers*; also, members of the Toronto School. R. M. Smith, "Marriage Processes in the English Past: Some Continuities," in *The World We Have Gained*, Bonfield, Smith and Wrightson, eds., 43-49.

② Smith and Poos use this metaphor in *Law and History Review*, 3 (1984), and reply to Razi in volume 4. R. H. Hilton uses the term "mirror" in *Medieval Society*, 73.

③ 笔者认为，现代法律史学的早期阶段，如果不进一步侵犯人类学的领域，就可以跳入中世纪社会历史学家的研究范围。我使用这个术语只是想说，这个行为是由一个特定的社会规定的，并以某种方式嵌入在集体意识中。彼得·拉斯利特（Peter Laslett）将他们称为"本体规范性规则"，并将其定义为"嵌入在集体中的纲领性原则"。参见他的"Demographic and Microstructural History in Relation to Human Adaptation: Reflections on Newly Established Evidence," in *How Humans Adapt: A Biocultural Odyssey*, D. J. Ortner, ed. (Washington: Smithsonian Institution Press, 1983), 34。

④ 本文的目的是通过检验上述假设，开始研究习惯法的法律性质。要做到这一点需要对特定研究进行讨论；简而言之，苗头指向命名的个人。但我的意图不是贬低别人的艰辛的工作，而是以"共栖"的精神，发展习惯法的理论，可以用法庭卷宗作为辅助，来照亮中世纪的英国社会历史。

况进行充分研究的情况下,不能以"现代"的概念来推断习惯法的运作。①(基于法理学者可能会将法理学上的假设或者更简单的规定民事决议的一些原则来定义庄园法庭中的农民纠纷。)

这篇文章的目的是阐明并检验这些假设。我们将建立一个模型,这个模型来源于笔者(作为一个律师)认为,一个历史学家对于习惯法的理解并不是传统法律意义上的,因为它规范着农民之间的争端(如果在法庭上记录的诉讼可以用来衡量文化规范)。为了检验这些假设的可行性,我们将其应用于一个特定的争论:中世纪英国农民婚姻性质的争议。由于这些法理学假设并没有实现,我们将暂时提供一个关于习惯法体系运作的替代假说,并将其与现代的可替代争议解决机制(ADR)进行比较。在开始讨论习惯法之前,笔者想提出一个讨论习惯法性质的总体框架。

一、庄园法庭的功能

在对庄园法庭的诉讼进行讨论之前,我们有必要先考虑一下庄园法庭的职能,这不是一个简单的任务。庄园法庭是一个奇特的机构,原因有很多。首先,"法庭"这个词的适用从现代意义上理解是一个容易对我们产生误导的术语,因为庄园法庭的职能大大超过了单纯的司法的作用。相比现代意义上的法庭来讲,庄园法庭更多是在执行与其管辖权有关的事务。它创设和执行村民章程,选举地方官员,考察扰乱公共秩序的动乱,解决隶农之间的纠纷,履行了历史学家视为其存在理由的监督罚款的缴纳和为领主服务的功能。法庭的另一个特点,也许是更重要的一个特点,即受其管辖的人处于一个相当尴尬的法律地位,因为普通法将他们视为主管法庭诉讼的领主的财产。②

---

① 现代性这个前提的一个比较有深度的例子是 Eleanor Searle 的一个说法,即一个恶棍不向上级法庭提出上诉,好像在中世纪英国判例中承认错误决定的纠正。"Seignorial Control of Women's Marriage: The Antecedents and Function of Merchet in England," *Past and Present*, 82 (1979), 3–43. Review of decisions through a regularized system of judicial appeal was not integral to the medieval English system of jurisprudence. See John Baker, *An Introduction to English Legal History*, 2d ed. (London: Butterworth, 1979), 116–23.

② 关于农奴制法律的一般性讨论,参见 Paul Hyams, *Kings, Lords and Peasants in Medieval England: The Common Law of Villeinage in the Twelfth and Thirteenth Century* (Oxford: Clarendon, 1980).

毫无疑问，庄园法庭关于法律性质的主要争论集中在梅特兰提出的一个问题，当时他编辑了一本题为《在庄园法庭或其他领主的法庭选择请求："庄园风俗在多大程度上影响了领主的意志？"》① 的书。梅特兰对"庄园记录"进行了初步调查并得出结论："这是一项真正的管辖权，是依据庄园习惯的管理；不仅仅是展示作为隶农及其房屋的所有者即领主的意志。"② 梅特兰在这一领域所提出的论断是不寻常的，他没有提出证据来进一步证明他的立场。他既没有试图记载"大领主"所表现出来的克制，也没有估计出一个严格的"尊严比例"（占主导地位的领主的百分比，因为他们把习惯法作为一种阻碍他们从隶农手里获得实际服务的限制）。自从梅特兰的书出版之后，更多的法庭卷宗得到了详细的研究。虽然有些学者在很大程度上支持梅特兰的立场，并且对于领主的自我约束感到惊讶，③ 但一些人并不是很相信这种观点，他们把中世纪后期农民之间经济关系的平衡作为调停他们之间关系的重要因素。④

领主能够在多大程度上控制农奴制度所带来的负担，是理解中世纪英国农村社会结构的重要组成部分。庄园法庭卷宗是了解相关关系的重要来源，但是它们很难使用，而且这些卷宗在制作过程中的不透明性也引发了许多论战。长子按照庄园习俗有继承权；根据庄园的习俗，寡妇可以保有她的嫁妆（相当于普通法中的嫁妆）；普通的佃户拒绝将主人的磨送去维修，按照庄园习俗，佃户可以拒绝自掏腰包负担磨石的运输费。⑤ 我们应该如何对待这些庄园习俗呢？这些习俗是否限制或者控制了领主的行为？如果是这样，它的原理是如何演绎出来的？还是说"根据庄园的习俗"这个短语，只是由文官们精心制作的格式文本？同样，习惯法究竟有多全面呢？运输石磨的案子中，是从习惯中寻找答案来解决的，没有涉及任何领主的强制性权威，是否领主自己选择了这种

---

① Selden Society, London, 1889, Vol. 2, xi.

② Ibid., Ix.

③ Searle, "Merchet in Medieval England"; Jean Scammell, "Freedom and Marriage in Medieval England," *Economic History Review*, 2d Ser., 27: 4 (November, 1974).

④ 参见以下举例，R. H. Hilton, "Freedom and Villeinage in England," in *Peasants, Knights and Heretics: Studies in Medieval English Social History*, R. H. Hilton, ed. (Cambridge: Cambridge University Press, 1976) 174 – 91.

⑤ Raftis, *Tenure and Mobility*, 108.

方式？这个裁决是否量身定制的？

不幸的是，对于庄园法庭来说，提出问题容易，解答问题难。从梅特兰的观点来看，要从庄园记录中了解到主人和农民之间的关系。为了思考领主控制力的边界，我们必须从监督和管理领域（如土地转让和继承）分离出法律层面且涉及领主利益的（如运载磨石）领域。虽然领主想要进行监督，以保证支付租地继承税和地租，但是继承的确切规则或构成寡妇财产的土地数量并不直接影响到领主的统治。事实上，现存的习惯主要涉及隶农的义务；大部分都详细阐述了隶农需要对领主提供的服务。① 尽管如此，领主可能会确定他所需要的服务的数量和类型，记录表明，习惯有时也是有弹性的。此外，有证据表明，习惯的弹性程度有时也会受到隶农的挑战。以下列情况为例：②

值得注意的是，Bury（英国一地名）的习俗是领主不亲自耕地，而且隶农应该承担向主人提供耕种服务的义务，即周五或周三或每周一次的耕地服务。与此同时，习惯法规定隶农可以耕种他们自己的土地甚至他人的土地，而对于这些法定服务以外的耕种来说，隶农是可以收取报酬的。但是，这些习惯法明确规定，一旦他们自己的土地被完全耕种，他们就没有义务在这段时间内进行任何耕种服务。他们安排一天集合领主和官员讨论这个问题，即在拉姆齐圣母的圣露西宴后的下个星期日，此时所有人都有义务出现在那里，否则会被处以 0.5 马克的罚款。

事实上，领主自己也认识到，书写这些记录也是为自己提供保护。在 1408 年的夏天，一封请愿书送到了奇切斯特的主教那里，苏赛克斯的安伯乐庄园的领主手下的 9 个隶农请求免除修建一个新的干草鸽舍的义务。他们的理由是："他们没有多余的费用完成这项任务。"③

主教批准了请愿书，但又指出，"这项义务可以得到豁免，但条件

---

① 参加已出版的 Sussex 习俗：W. D. Peckham, ed., *Thirteen Customals of the Sussex Manors of the Bishop of Chichester* (Sussex Record Society, 1925), Vol. XXXI; R. C. Redwood and A. E. Wilson, eds., *Customals of the Sussex Manors of the Archbishop of Canterbury* (Sussex Record Society, 1958), Vol. LVII; A. E. Wilson, ed., *Customals of the Manors of Laughton, Willimingdon and Soring* (Sussex Record Society, 1961), Vol. LX. 关于磨石的纠纷通过一个关于习俗和公共服务的调查得以解决。Raftis, *Tenure & Mobility*, 108.

② Ibid., 69.

③ Peckham, ed., *Thirteen Customals*, 55.

是此项决定不能成为先例"。主教觉得必须保护自己免遭他的消极影响，因为正是主教的决定取消了习俗上服务的一个要素，这表明了对权力的限制。而"先例"的提法同样暗示了一种规范和约束统治者与隶农之间法律关系的规范化体系概念。

上述的范例是不能广泛参考和适用的，笔者并不是说领主和隶农之间存在着平等的谈判能力。有证据表明，有法律确定了他们之间的权利义务关系，并且有明确的程序来解决他们的分歧。但这种法庭判例法的概念是否可以转化为民事方面的法庭管辖权呢？即使领主权力的范围受到法律概念的限制——这无疑是模糊的，但现代律师仍然认识到了这一点——并不一定要遵循庄园法院采取类似的法律上的解决方式来处理农民之间的关系，即如中世纪历史学家所设想的那样，他们希望将庄园自己的决定作为文化规范的指标。

谨慎是可取的，回想一下庄园法庭的本质及其繁多的功能，这是非常重要的。大部分庄园法庭的业务根本不涉及纠纷。正如法律史学家梅特兰所说，法庭卷宗基本上是经济类文件；法庭的主要目的是规范一个农业经济体系。① 法庭业务的很大一部分是记录隶农的土地转让。"民事"诉讼都围绕着有争议的继承和未履行的个人义务（债务和合同）。在这些情况下，往往缺乏复杂的实体法。

以常见的赡养契约为例。伊莱恩·克拉克（Elaine Clark）提请注意隶农签订合同的频率，因为大多数合同是年老的农民将土地转交给他的孩子、亲戚或陌生人，作为对土地进行正常耕作的回报。这种早期退休形式或"社会保障"的条款被记录在庄园法庭卷宗中。② 有证据表明一些人没有遵守所记录的约定（至少令年老的农民满意），年老的农民将违约方带到庄园法庭。然而，在这种情况下，争议实际上并没有涉及法律问题。例如，一个人是否遵守协议是一个事实问题。应当从法庭卷宗中找出约定的条款，并且评估被执行的证据。法庭如何确定这些事实仍然是不确定的，也许这种专有的由佃户组成的陪审团的参与被认为是获取有关交易的个人知识或的手段。由于不成熟的诉状制度，难以详细

---

① Maitland, *Select Pleas*, xlv.
② Elaine Clark, "Some Aspects of Social Security in Medieval England," *Journal of Family History*, 7: 4 (Winter, 1982), 307 – 20.

地确定事实或指导案件的解决。正如 S. F. Milsom 在讨论皇家法庭的法律演变时所指出的，实体法是通过对事实的详细考量而制定的。① 在英格兰，这一演变随着诉状制度的成熟出现了，但类似的发展在庄园法庭中似乎没有出现。

最后，很难确定庄园法庭在多大程度上受到今天可能被视为法外因素的影响。例如，由某个具体案件的情况而产生对公平的担忧。必须注意的是，农民之间的争端是在一个社区内产生的。在这个社区中，决策机构对于当事人本身，甚至是当事人之间争议的问题有广泛的了解。这些因素，特别是民事案件，提出了一个与一般法律事务非常不一样的法律背景。笔者认为，中世纪的历史学家似乎忽略了法庭卷宗中农民内部争议的外部因素，就像处理现代法律制度中的案例一样，试图将有争议的有关事实与被认定的争议分开，至少在法律上是无关紧要的。我们现在可以转向对假设的分析。

二、根据庄园法庭的裁判作出的假设

如前所述，有人认为，在解决个人之间的争端时，习惯法的性质很少受到关注。② 历史学家一直专注于识别习惯法的本质，因为它规范了领主与隶农之间的关系。他们的结论已经被带到了民事方面：假设庄园法庭以类似对抗的方式来裁决农民之间的争端。在这一部分，笔者将扮演一个法理学者，通过提出三个法理学假设，如果获得原则性裁决，这三个前提必定是庄园法院实践的要素，从而使历史学家能够利用案件的解决方法提炼出反映文化规范的法律规则。

在分析中存在三个相互关联的假设前提。首先，是试图从法庭上的争议解决当中推断文化规范。历史学家有意识地或以其他方式认为，这种冲突是在庄园法庭中通过阐述现代律师所说的"实体法原则"而被赋予的，这些原则创造了一些现代意义上的权利。以婚姻是否成立的争

---

① S. F. C. Milsom, "Law and Fact in Legal Development," *University of Toronto Law Journal*, 17 (1967), 1–19.

② 唯一的例外是 John Beckerman 未出版的 1972 年伦敦大学博士学位论文《十三至十四世纪英国法庭习惯法》，又可参见 R. M. Smith, "Some Thought on 'Hereditary' and 'Proprietary' Rights in Land under Customary Law in Thirteenth and Early Fourteenth Century England," *Law and History Review*, 1: 1 (1983), 95–128.

论（稍后阐述）为例，有人建议，为了继承的目的，习惯法承认"订婚"（一种在教堂外的，但是礼仪性的承诺）而不是实际的在教会中履行的仪式（也就是"婚礼"），造就了婚姻。也就是说，一个在订婚之后、婚礼之前出生的孩子被认为是合法的。因此，习惯法所承认的在订婚之后所生的长子在继承领域（或可继承的领域）享有继承权，在普通法看来是违法的。①

其次，历史学家对特定卷宗案件的使用同样隐含了第二个假设：庄园法庭受到"先例"概念的支配。也就是说，类似的情况通过类似的推理与类似的决定进行评估。简而言之，习惯法的规则要么是不可改变的，要么是通过一些法律上认可的方式得以改变的。庄园法庭的这种运作方式可能会使普通法史学家感到惊讶，因为这意味着庄园法庭在皇室法庭之前几个世纪已经采用了"先例"的概念。② 此外，由于庄园法庭是地方法庭，对规则的承认必须以具有管辖权为界限，因为那些通过研究个别的庄园法庭案件的历史学家，往往认为它们是国家规范的指示。

最后，历史学家假定正当程序和平等保护是存在的。也就是说，这些决定反映了习惯法的正确适用，不论争议各方的地位和争议的权利如何。③ 在笔者关于婚姻的举例中，则不考虑这些外部的因素。例如，自己和兄弟在社区中的权力位置如何，年长的人优先享有继承权。只有在对实体法规则有公认的适用的例外情况下，普遍原则才不会适用。

只有这三个假设成立，在很大程度上控制了庄园法庭的纠纷解决，争议的解决才能提供文化规范方面的证据。由这些假设的部分或全部缺乏，争议的解决并不是依据原则或者规则作出裁决结果。决策的制定不会将法律作为价值的晴雨表，而是一个由庄园法庭构筑的向我们展示中世纪社会的窗口，并且较之一些历史学家所愿意承认的更为不透明，与定性相比，困扰定量研究的问题看起来更加困难。现在让我们将法学理

---

① Smith, "Marriage Processes," 52–63.

② 笔者认识到历史背景下的先例可能与现在的先例具有不同的技术含义。在这种情况下，笔者认为，庄园法庭在特定情况下被迫作出决定，因为以前与之相似且无法区分的事实的案例是以某种方式决定的。

③ 讨论实质性正当程序和平等保护的概念，参见 Leonard Levy, Kenneth Karst and Dennis Mahoney, eds., *Encyclopedia of the American Constitution*, 4 vols. (New York and London, 1986) Vol. 2, 589–90, 640–7.

论纳入法律史，并在目前关于使用法庭卷宗了解农民婚姻性质的讨论背景下审视这一模式。

三、关于婚姻性质的争论

或许利用庄园法庭卷宗来推论农民婚姻习惯规范的性质是最生动的辩论。最近一篇经过深思熟虑的题为《英国过去的婚姻过程》的文章，对农民婚姻的特征进行了讨论，并提出了相反的假设。史密斯认为，大量中世纪的历史学家，特别是 R. H. Hilton 和 Zvi Razi，他们的结论是通过收集法庭卷宗作为证据，不符合亚历山大在婚姻形成领域的改革。① 简单地说，教皇亚历山大三世通过在 12 世纪晚期发布一系列教令，建立了一些规则，明确表示对婚姻的赞同，或通过建立性关系，从而表达对于自己未来生活的认同。这种形式足以建立一个有法律效力的婚姻，在教堂所举行的庄严的仪式并非必要。② 史密斯认为，这些规则是由教会法庭实施的，被农民所接受。教会法与农民文化规范的结合，为婚姻的形成过程带来了很大的确定性。此外，史密斯还对作为论述依据的庄园法庭卷宗进行了解释，证实了农民婚姻的非正式性，特别是通奸或有关私生子抚养的情况。③

我们对这一争论的兴趣不在于解决农民婚姻本质的困境，而在于如何运用争议来理解历史学家眼中习惯法的概念，以及当时如何在庄园法庭中运用习惯法的概念。我们的目标是对史密斯论点的实质进行详细的讨论。为了质疑 Hilton 和 Razi 的地位，史密斯表示，在许多继

---

① Smith, "Marriage Processes in the English Past," 52, citing Hilton, *The English Peasantry*; and Barbara Hanwalt, *Crime and Conflict in English Communities*. Maitland was the first historian that I could find who refers to marriage in this vein. Frederick Pollock and F. W. Maitland, *The History of English Law Before the Time of Edward I*, 2d. ed., 2 vols. (Cambridge, 1968) Vol. 2, 369. Smith's view of peasant marriage is strikingly similar to that of Homans, *English Villagers*, 163 – 6.

② 为了进行更全面的讨论，参见 R. H. Helmholz, *Marriage Litigation in Medieval England* (Cambridge: Cambridge University Press, 1974), 26 – 31; and Charles Donahue, Jr.'s two interesting articles: "The Policy of Alexander the Third's Consent Theory of Marriage," in *Proceedings of the Fourth International Congress of Medieval Canon Law*, Stephen Kuttner, ed. (Vatican City, 1976), 251 – 81; and "The Canon Law on the formation of Marriage and Social Practice in the Later Middle Ages," *Journal of Family History*, 8: 2 (Summer, 1983), 144 – 58。

③ Smith, "Marriage Processes," 52.

承案件（尤其是 Wakefield 案）中，长子是在订婚之后，① 但在举行教会的婚礼仪式之前出生的，而年幼的孩子是在举行婚礼仪式之后出生的。这表明"在庄园法庭的眼中，订婚就是一种建立婚姻关系的行为"②。由于这些法庭在组建联盟的过程中，在习惯法上确定了财产权，所以，史密斯认为，这种意义上的"订婚"，等同于一般佃农意识中的"婚姻"。③ 因此，婚姻既不是"灵活的""流动的""不确定的"，也不是"不稳定的"。

史密斯的演说提供了一个有用的例子，试图用庄园法庭的案件推翻一个实体法上的观点（订婚构成了一个具有法律效力的婚姻），以检验自己的判例假设。在史密斯看来，这个案件（以及其他一些案例）的解决证明了农民文化对婚姻形成的共同的观点。④ 在其看来，订婚是婚姻关系成立的要件。史密斯必须认为该案已（有意或无意地）制定了适用于类似案件的实体法规则，而与索赔人的地位无关。

在应用其第一个"法理学假设"（所引用的案例是通过适用实体法规则来解决的）之后，我们首先承认陪审团的判决显然类似于一个实体法规范。那么需要进一步提出的是：对于婚姻形成的具体问题要认证到何种程度？因为实体法是由一个即时的案件事实创造出来的，而且是有局限性的。因此，诉讼的事实背景至关重要。诉讼中的问题是婚姻形

---

① 尽管 Smith 把订婚看作英国庄园农民心中对婚姻的赞同，但他从未对订婚下过定义。因为他认为村民们的观点符合 Alexandrine 的立场，所以我认为他在最宽泛的意义上考虑了口头上的要求，即承诺要用现在的同意或未来的同意来结婚。对于后者来说，要结合就需要性交，而且作为一个实际的问题，很难看出社区是如何看待它的。相对容易设想一个将现在同意的言论视为具有约束力的社区规范。在这个意义上，结婚的承诺与任何其他合同或承诺债务没有任何区别。另外，未来同意的承诺，这些词本身没有约束力。这是性交的行为，其实可能是无知（至少在一段时间内），将承诺变成婚姻。有人可能会认为，庄园法庭根据以前发生过的证据作出了决定，但这是否意味着在村民心目中创造婚姻的法庭判决呢？
② Smith,"Marriage Processes,"57.
③ Ibid.,69.
④ 在某种程度上，他的演绎过程值得商榷。首先，史密斯一方面论证了婚姻成立的概念是固定的，因此婚姻并不是非正式的，因此承认许多订婚案件必须归于不确定的诉讼。无论哪个仪式在中世纪的农民心中都是一种正式的结合，但如果有大量的农民误解了其形成过程中所要求的仪式机制，那么无论是在订婚还是在教堂的庄严成婚仪式上，都是毫无根据的。此外，如果亚历山大的规则充分影响到农民的财产关系，那么对于婚姻进行现在的同意或未来的同意，才是建立有效婚姻的条件，而不是性交或婚誓（没有根据亚历山大的规则建立有效的婚姻）。

成问题（因此也许表明史密斯认为的文化价值），还是继承规则的问题？笔者会支持后者。正如梅特兰指出的那样，世俗法中没有关于婚姻形成的法律原则：

经常会说一个女人是否有资格保有财产或嫁妆，她的孩子就是否享有继承权。关于这些问题，可以自由地制定出令人满意的规则。①

史密斯的案件中的主要争议问题是继承问题而不是婚姻问题。因此，反观史密斯引用的案件，这些案件所表明的法律规则适用于涉及遗产法的一个狭隘的问题：在订婚之后、婚礼仪式之前出生的孩子，优先于他的兄弟继承习惯法上的土地。法庭对于此类婚姻是否有效，并没有作出任何裁决。

史密斯的观点不仅仅是对律师教条主义的诡辩。现代法律对于界定有效婚姻的要求非常具体。在某些情况下，即使没有签订有效的婚姻协议，也可以赋予婚姻利益。例如，路易斯安纳州最近的一桩案件认为，即使婚姻是无效的，一个人也可能有权获得相关民事权利（获得赡养费的能力）。② 简而言之，创设身份的法律可以与赋予身份的法律分开。更简单地说，虽然对非律师来说毫无疑问是奇怪的，但是可以认为，婚姻在事实上已经成立，尽管根据婚姻法来说，婚姻尚未成立。③ 因此，Wakefield 的庄园法庭可能会设法保护订婚之后出生的孩子的财产利益，无论他们是否（或许尽管）相信一个有效的婚姻已经成立。人们需要更多的信息来说服法庭作出决定，因为它必须执行教会法庭对婚姻的看法，而且这种观点已经在农民心中根深蒂固。另一种方法是，我们需要看到在史密斯的原则中，即在婚姻创造财产权的情况下，订婚相当于已经在土地上进行经营的婚姻。进一步的证实来自对寡妇财产权（相当于习惯法上的嫁妆）的分析，其结果不是影响兄弟之间的财产关系，

---

① Pollock and Maitland, *The History of English Law*, Vol II, 374.

② 在 Super 和 Burke 一案中，367 So. 2nd 93（La. App. 4th Cir. 1979），一名男子请求取消婚姻，理由是他从第一任妻子获得的外国离婚是无效的。虽然法庭将第二次婚姻无效，但该妇女有权根据"路易斯安纳州民法典"提供赡养费。

③ Harvey Couch 教授提供的其他例子包括俄勒冈州立大学§656.226（虽然一个人未婚，同居者和他/她的孩子将得到该人的赔偿金）和 Estate of Borax 与 Commissiner 一案，349F. 2d 666, 2nd. Cir. 1965（一个男人在墨西哥的离婚是无效的，因此他的第二次婚姻被认为是为了税收而结婚）。

而是将土地暂时从继承人那里移走,并允许寡妇拥有它。① 史密斯一直无法找到妇女依据订婚而不是教会婚姻仪式来主张寡妇财产的例子。未能发现这种例子可能表明,史密斯所参考的案件是解决单一的继承争议的案例,并不是前文所提到的,亚历山大形成的被广泛接受的教会婚姻的形成规则。

我们的第二个法理学假设要求适用习惯法规则(类似的情况依据类似的推理决定)。这个假设在应用于中世纪英国庄园时引发了两个问题:一是同一庄园法庭在多大程度上遵守了遵循先例原则的规定;二是一个庄园法庭的判例法是否也适用于其他法庭,例如将 Wakefield 的判决视为国家文化规范的证据。针对第一个问题,必须承认,在庄园法庭内,实体法的观点可能会有相当快的逆转。例如,在布里奇斯托克·北安普敦郡,一名寡妇在寡妇财产权的主张上发生了迅速的转机。在 1297 年,法庭批准寡妇出售土地。5 年后,一项调查确认寡妇不能转让其寡妇财产中的任何部分。② 另外,庄园法庭可以通过不经意的方式改变以前被接受的做法,使其符合既定习俗。改变习俗可能会通过庭审实现。在 Essex 的 High Easter 的法庭卷宗中发现了一个判例:一位佃户在临终之前转移了他的财产。这种转移应当是无效的,但是陪审团的一个调查表明,这种转让在紧急关头可以根据惯例进行,虽然以前没有出现过判例,但还是被接受了。③

同样,在适用普适的法律原则的同时,个别庄园法庭内部也出现了

---

① Smith, "Marriage Processes," 64, esp. n. 78.
② Bennett, Women in the Medieval English Countryside, 165.
③ PRO. DL30. 65. 817 (10 – May 1361): Ad istam curiam venit Thomas Bowyere bedellus mini cum Galfridus Poynaunt in sua magna egritudine tamen sanus mente secundum seutudines manerij ut dicitur et reddidit tria quarteria terre customarie cum suis pertinentiis vocata Yonges boven et modo in ista plena curia venit predictus Thomas et sursumreddit manum domini predicta tria quarteria terre . . . ad opus Johannis Poynaunt . . . et quia senescallo curie quod nullus tenens ad voluntatem domini possit se dimittere de terris et tis . . . absque licencia domini et hoc in plena curia prefata redditio . . . non allocatur nullo tenetur . . . et statim venit communitas villate de Alta Estre et similiter communitas de Waltham et dicunt quod est consuetudo usitata in utraque villata et a tempore quo non existat memoria . . . quod quilibet nativus domini et quicumque tenens in bondagio domini eger et languens non potens ire ad curiam . . . potuit reddere in manum prepositi seu bedelli vil – latarum predictarum tenementa sua . . . ita quod ipse praepositus aut bedellus in curia . . . sursum redderet illud tenementum in manum domini ad opus perquisitorum. . .

不一致。妇女的法律地位问题就是一个很好的例子。在最近的一本书中，Judith Bennett 认为，习惯法遵循普通法，认为已婚妇女的法律人格包含在丈夫的法律人格之内。法庭的做法在程序上有所不同：

　　在某些情况下，布里奇斯托法庭坚持要求诉讼中的夫妻双方必须共同出庭。例如，1314 年，由于 Emma 的缺席，Walter Helkok 和他的妻子 Emma 成功地将与威廉·哈罗恩（William Hayroun）的案件推迟了，法庭认定 Walter 无法对 Emma 的缺席给出合理的解释。在同一年的另一个法庭上，Hugh ad Crucem 的妻子 Sarah 在其与 Richard Westwode 和他的妻子 Godwyne 的案件中败诉了，因为 Sarah 在起诉时因疏忽忘了将 Godwyne 也列入当事人。但在另一些案件中，法庭完全漠视夫妻双方共同的请求。当 Robert Molendinarius 在 1343 年起诉 Richard Aukyn 和他的妻子 Margery 时，他在第一份诉状中忘记加入了 Margery，案件看起来就像 Margery 从来没有参与过。在 1331 年，Richard Suig 的妻子 Emma 缺席了他们对抗 Egidius le Faber 的诉讼，但是她的缺席并没有对案件造成影响。①

　　此外，已婚的妇女被发现在没有丈夫参与的情况下转移土地，② 并作为一个独立的个体从而依据"面包和麦酒法令"被罚款，尽管这种做法违反了法律上无行为能力的原则。③ 的确，在我们进行讨论的时候，我们看到与习惯法有关联的原则是多么匮乏。在史密斯所引用的 Wakefield 关于订婚效力的案件发生 30 年之后，出现了类似的婚姻案件。法庭对于有关继承权的法律仍然不是很确定，所以把这个案子提交给了伯爵的顾问。④

　　我们关于庄园法庭先例的第二点涉及管辖权的范围。庄园法庭是地方法庭，由管理者负责，陪审团主要由在限定地区内持有土地的农民组

---

① Bennett，*Women in the Medieval English Countryside*，109.
② Ibid.，112.
③ Ibid.，124.
④ 情况如下：Nicholas Kenward 有一块可继承的土地，落入了领主的手中，因为他已经死了。Nicholas 的大儿子是在 Nicholas 结婚之前出生的，而他的小儿子 Thomas 是在其结婚之后出生的。——律师将与伯爵的顾问一起商议该案。诚然，这份法庭卷宗并没有说明 Nicholas 的大儿子是在婚姻成立前还是订婚后诞生的，但如果法庭在这里不确定，他们对婚姻形成规则的理解有多强？——《Wakefield 庄园法庭卷宗 III》，91.

成。在这种情况下,我们必须思考,一个管辖区的裁决能否反映国家社会规范。史密斯似乎认为是可以的,他认为在整个英格兰,已经广泛地接受了教会法规关于结婚形式的规则。这样的一个命题是值得推敲的,但是如果可以证明一般的习惯在整个领域都是有效的,那么史密斯的论据会更有说服力。庄园法庭对继承问题有不同的态度,并在一系列法律问题上坚持不同的立场。① 在爱德华二世时期,法庭卷宗中记录,John de Tothale 是 Ralph 和 Alice 的私生子,由于其父母对所有权的放弃,他继承了一座牧场。因为 John 是在婚前出生的,所以依据英国的法律,他应当被认定为私生子,没有继承权。② 法庭似乎在这里通过并确认了关于儿童继承权的普通法规则,提及婚姻不是束缚而是赋予继承权的关键。这不是一个文字游戏,庄园法庭卷宗实际上承认了订婚的效力。③

事实上,多样性而不是一致性,似乎标志着庄园法庭在解决关于继承和非婚生子的争议方面的做法。在 Chobhan 的 Chertsy 修道院庄园,一个私生子不能在当事人活着时有效接收被继承的隶农的土地,这与 Halesowen 的立场不同。④ 但是,在 Wakefield,非婚生子在没有任何先前约定的情况下也可以享有继承权。在 1333 年 2 月 26 日的法庭上,已死亡的 Alice Peger,是一个私生女,并且她没有继承人,奇怪的是,一个叫 Robert Peger 的人被认定为继承人。⑤ 我们假设姓氏上的一致是巧合,那么是否可以认定在 Wakefied 旁系亲属也拥有继承权?事实上,John Beckerman 已经发现了一些案例,其中私生子被赋予了继承权。⑥ 理查德·史密斯认为,出身隶农的非婚生女性是自由的,因此她们出嫁

---

① 被普遍接受的是英国庄园的继承风俗。Homans, English Villagers; and Rosamond Faith, "Peasant Family's and Inheritance Customs in Medieval England," *Agricultural History Review*, 14 (1966) 77 – 95.

② E. Toms, ed., *Abstract of Chertsey Abbey Court Rolls*, Surrey Record Society, 21 1937), 151 – 2.

③ Ibid., 22, 28, 29, 30, (among others).

④ Ibid., 151 – 2; Razi, *Life, Marriage and Death*, 65 – 6.

⑤ J. W. Walker, ed., *Court Rolls of the Manor of Wakefield: from October* 1331 *to September* 1333 (Yorkshire Arch. Soc., 1982), iii, 161.

⑥ John Beckerman, "Customary Law in Manorial Courts in the Thirteenth and Fourteenth Centuries" (Ph. D. thesis, University of London, 1976), 156 – 7.

的时候并没有婚嫁纳金。① 这些例子表明，关于非婚生育和继承的问题上，不同的管辖区域差异很大，在司法管辖之内，谨慎起见应要求历史学家提供一系列未受反驳的例子，然后才能呈现一个展示国家文化价值的普适性规则。

与此同时，习惯法也是可塑的。通过对临终前转移的土地的接收，可以看出习惯法是可以被改变的。② 至少在理论上，习惯用地只能在庄园法庭根据血统进行移交和接纳。在十四十五世纪，一些庄园的庄园法庭，允许佃户在临终前向见证人宣告他的土地在死亡之后可移交何人。承认在这些紧要关头实施的移交，实际上是允许习惯法上的佃户对土地进行自由支配，但接受这种情况的程度和范围是参差不齐的。在一些庄园，这一做法似乎从来没有得到承认，而其他一些庄园也通过制定具体的规则限制和控制这种做法。

因此，习惯法的裁定和案件的解决似乎是足够统一的，我们也认为类似的案件在整个英国也是类似的。我们最终的法理假设是，正当程序和平等保护的概念得到承认。因此社区内权力的相对地位会影响结果。不幸的是，这一点也许是最难以分辨的。对这些反映一系列社会关系的法庭卷宗还有待进一步研究。重要的是，必须认识到，尝试从庄园法庭的决定中推断文化价值可以认定为是公平正义的。因此，有必要指出，随着 14 世纪陪审团的使用，农民之间经济上的差距越来越大，以及越来越多的地位较低的佃农将丧失参与决策的权利。③

这种关于庄园法庭判例的讨论，并不是说习惯法中关于婚姻存在与实体法相悖的认定，而是为了引用史密斯的案件与其他庄园法庭的判决，如 Chertsey 修道院的判决。由此看来，对诉诸庄园法庭的案件进行单纯的字面上的解释是不能令人满意的。首先，事实证明，现存的庄园法庭的一些判决是不正确或不完整的。正如 Eleonore Searle 所指出的那样，在庄园法庭卷宗中经常发现的陈述（"他无法在领主没有同意的情况下让女儿结婚"）并不一定要依照字面含义来理解，因为限制了教会

---

① Smith, "Marriage Processes in the Past," 58, n. 52.

② 为了进行更全面的讨论，参见 Lloyd Bonfield and L. R. Poos, "The Development of the Deathbed Transfer in Medieval English Manor Courts," *Cambridge Law Journal*, 47: 3 (1988).

③ Smith, "Some Thoughts," 106 - 7.

法中可以通过交换承诺来形成婚姻。① 其次，通过将案例与我们的法理学假设进行比较，突出了裁决的性质，强调了历史学家们希望将庄园法庭卷宗中的陈述等同于现代高度发达的法律文化中实体法判决的困境。

结论

这篇文章的目的是要强调，最近从庄园法庭的裁判中发现的关于婚姻或其他家庭关系法的社会规范，最终可能依赖于对有缺陷的习惯法的认识。很少有证据直接表明，法庭当事双方争论的判例理念以及规则的适用，不论是在一个管辖区内，还是在整个王国，都反映了任何决策在家庭关系管理的特定方面的集体文化立场。我们的案例初步表明，涉及习惯法基本问题的争议的结果似乎有所不同。笔者不是在这里就个别法律问题提出相反的立场，而是说不论现代意义上的法律如何表达，都是不一样的。②

这并不是主张庄园法庭缺乏原则性裁决的立场。必须认识到，法律秩序可以采取符合其文化要求的各种形式。简而言之，不同的法理学假设本来可以生效，即使这个制度并不像现代西欧或者美国法律那样直接受到实体法原则或权利保护的约束，也同样会产生原则性的裁决。然而，需要警醒的是，笔者将提出一个替代假设，即一个非常不同的法理学假设指导了庄园法庭：庄园法庭作为一个民间法庭，根据"实际情况"而不是"实体法"来解决争议。

要进一步发展笔者的理论，则必须回到法庭的运作中去。庄园法庭基本上关注的是管理而不是裁决。即使在解决隶农之间维权争议等人际纠纷方面，法庭基本上也是监督协议的执行。合规只是通过诉诸直接证据来推断的事实问题。当孩子被要求向其年迈的父母提供另外四分之一的玉米或承诺人或债务人被命令执行时，实体法并没有产生实际作用。

正如我们在继承领域所看到的，庄园法庭的做法超出了合同的管辖范围，实际上是对争议进行解决。虽然通常的作用是事实上的作用，但

---

① Searle, "Merchet in Medieval England," 6.
② Dewindt 教授在对社会科学史大会上提到的这篇文章的评论中提出，历史学家可能会更好地避免使用"习惯法"这一术语，并将治理原则视为"习俗"。这可能是法庭的建议。值得回顾的是神父 Raftis 的话："习惯法太重要了……要求在法庭上展示"（*Tenure & Mobility*, 55）。

是有必要通过陪审团（有意或无意）对于我们所知的抽象合法权利达成一致，以解决前一部分所讨论的情况。这并不是说陪审团是由他们领导或控制的，也不是说陪审团是系统地从社会价值中提炼出来的实体法的统筹者，与此不同的是，这些价值将被常规地、公平地实施以用来解决争端。实体法所阐明的权利可能不会像现代西方社会那样被提升到相同的地位。当地社区可能更愿意接受他们认为是合法权利的公平结果。这可以说是指导中世纪英国乡村社区争议解决的文化规范。

笔者的论据得到了法庭的法律性质的支持。事实上，法庭已经很好地了解到社区到底把什么看作公平的结果。它有一个非正式的程序（当然是相对于普通法），解决方案是由可能与当事方属于同一社区的成员作出的，因此他们被告知了争端的依据。对于争端的依据进行查问和探究是被允许的，并且当然不受现代审判程序结构的限制。总而言之，一个完全不同的经济社会秩序可能产生了一种法律秩序。实体法规则的一致性不如邻居之间争议的"正当结果"那么吸引人。也许中世纪的历史学家不应该把庄园法庭看作一个基本的现代法庭，其意图是按照具体情况逐案进行裁决，对类似的事实情况适用类似的规则。总之，庄园法庭的目标是制定公平的争议解决方案，而不是行使权力。笔者认为，这是习惯法律制度的文化规范。

综上所述，笔者的判例假设与正式法庭不同，庄园法庭可能类似于非正式的争议解决（和预防）法庭，类似于现代法理学者提出的可替代争议解决形式（ADR）[①]。如果是这样，历史社会学家从习惯法推断文化规范的努力就变得非常困难了，因为 ADR 寻求的是超越正式法律的一系列外部因素，而不是遵循法庭的先例。[②]

[①] 关于替代性争议解决的文献几乎是无限的。美国律师协会出版了一本参考书目 *American Bar Association Special Committee on Alternative Means of Dispute Resolution*, *A Selected Bibliography* (Washington, D. C., 1982).

[②] "Paths to Justice: Major Public Policy Issues of Dispute Resolution: Report of the Ad Hoc Panel on Dispute Resolution and Public Policy," National Institute for Dispute Resolution (1983), reproduced in L. Kanowitz, *Cases and Materials in Alternative Dispute Resolution* (St. Paul, 1986), 26.

庄园法庭与替代性争议解决法庭的类比的确是一个有吸引力的理论。① 尽管当代 ADR 支持者在我们高度发达的法律文化中经常强调其成本效益，② 并且由于这些替代机制的可获得性，所以焦点也集中在"共同主义"而非正式争议解决的好处上。③ 毫无疑问，现代律师在思考 ADR 的优势时，并没有设想庄园法庭，但有趣的是，在两种特殊情况下，其有效性的争论与中世纪英国社区的现实相当。首先，替代性的争议解决法庭能够发现潜在的问题，使各方之间存在持续的关系，而不是仅仅关注律师正式诉讼框架下形式化的法律问题。④ 其次，ADR 可能会促成妥协或制定补救措施，这可能会避免传统对抗诉讼的全部结果：在 ADR 背景下的缔约方可以共同努力，创造性地解决双方认为是失败的冲突。⑤

曾经坐落在 Sutton 的 Chertsey 修道院庄园法庭卷宗中的一个案件与上述冲突类似：

Adam 在 Sutton 有一个威尔格（面积单位）的土地，死后留下寡妇和两个儿子；寡妇 Matilda 来到法庭，要求按照目前英国自治区的习俗承认其小儿子 Robert 合法的继承权；遗嘱也要求将长子继承权变更给小儿子；该项变更后获得批准，并缴纳 40 元庭审费用；Matilda 被指示在下次开庭时将她的大儿子 William 带来。⑥

现代的维权律师将会非常震惊，习俗的变化是有溯及力的。在 Adam 的案子中，财产权利将由 Robert 继承，而法庭将依照遗嘱将 William 的继承权进行转移。庄园法庭似乎没有任何干涉 Robert 权利的责任。

---

① 关于美国"共同主义"争端解决的历史性讨论，请参阅 Jerold Auerbach, Justice Without Law (Oxford: Oxford University Press, 1980). See also, William E. Nelson, *Dispute and Conflict Resolution in Plymouth County*, *Massachusetts*, 1725 – 1825 (Chapel Hill, N. C.: University of North Carolina Press, 1981)。

② Kanowitz, *Cases and Materials*, 13.

③ H. T. Edwards, "Hopes and Fears for Alternative Dispute Resolution," *Williamette Law Review*, 21: 3 (Summer, 1985), 425. Paul Wahrhaftis, "Non – Professional Conflict Resolution," *Villanova Law Review*, 29: 6 (November, 1984), 1466.

④ Kanowitz, *Cases and Materials*, 12, 14.

⑤ Robert McKais, "Civil Litigation and the Public Interest," *Kansas Law Review*, 31 (Spring, 1983), 355 – 76.

⑥ Toms, ed., *Chertsey Abbey Court Rolls*, 105 – 6.

就像之前讨论过的 Wakefield 订婚的案子一样，法庭在兄弟之间进行选择，也许相信两兄弟之间会达成某种协议，这个安排就会得到解决。妥协而不是判决更经常地被运用在庄园法庭解决纠纷的案件中。几乎很少有案例实质上得以解决。

虽然庄园法庭可能与替代性争议解决法庭的组织形式相似，但这并不一定意味着它就是中世纪的 ADR。然而，如果裁决制度是从最有组织的和规则上最不正式的法官组成的连续统一体，那么这些官僚法庭的成分——例如（现代或当代的普通法）程序的非正式性、诉讼的实质性质、争议各方的密切关系以及仲裁者是邻居的事实表明，庄园法庭在结构上更接近于非正式的范畴。

如果庄园法庭类似于现代律师所谓的替代性争议解决法庭，历史学家就必须更加充分地了解诉讼在这一背景下的动态，而不是专注和习惯于从案例中来理解中世纪英国农民社会中的社会关系。习惯法的法律性质引起的棘手问题突出表明，需要进行广泛的社区研究来解释习惯法的运作，而在隶农之间的争议方面，要谨慎地提出关于法庭的法律性质的观点，然后再将具体的判决纳入反映文化规范的实体法部分。为什么庄园法庭有时选择用技术性语言来表达权利，就像 Wakefield 在订婚方面的判决一样，目前还不清楚。只有系统地研究这一系列的法庭卷宗——一直被 Maitland 提倡，但是从未完成——才会阐明习惯法律制度的性质。[①] 在此之前，依赖于偶尔在法庭上提及的法律推翻导向中世纪英国社会的文化规范可能会引起错位。

（责任编辑：尚海涛）

---

① 笔者正在与 L. P. Poos 教授一起研究塞尔登社会卷中关于"家庭和财产法庭"的问题。

【附录】

2018 年法学院科研动态

1. 天津师范大学法学院多位教师受聘为"天津法院案例研究中心"和"天津法院审判实务问题研究中心"专家

2018 年 1 月 11 日下午,"天津法院案例研究中心"和"天津法院审判实务问题研究中心"在天津市高级人民法院挂牌成立。天津市高级人民法院党组书记、院长高憬宏为"两个中心"揭牌,并为来自南开大学、天津大学、天津师范大学等 8 所法学院所的受聘专家学者和来自天津法院系统的受聘研究员代表颁发聘书。

我院贾邦俊教授、吴占英教授、郭小冬教授、郝磊教授、郭庆珠教授被聘为"天津法院案例研究中心"专家委员会委员,王春梅教授、张洁副教授、魏建新副教授、张晶副教授被聘任为"天津法院案例研究中心"的研究员;阮大强书记、刘武朝教授、郭明龙副教授、王海军副教授被聘任为"天津法院审判实务问题研究中心"的研究员。

"两个中心"将进一步整合天津市司法实务界和法学理论界的研究优势,会聚各方人才,共同参与司法案例和审判实务问题的收集、归纳、研究和成果转化,有效提升法院研究质量和水平,真正起到服务审判、丰富法学理论的实际效用。

(撰稿人:郝 磊)

2. 天津师范大学法学院举行国家社科基金重大项目开题论证会

2018 年 3 月 4 日下午,天津师范大学法学院郝磊教授主持的国家社科基金重大项目"社会主义核心价值观与我国商事立法完善"开题论证会在我校会议中心三楼会议厅顺利举行。此次会议特别邀请中国法学会商法学研究会会长、教育部特聘教授长江学者、中国政法大学博士生导师赵旭东，中国法学会商法学研究会副会长、中山大学特聘教授、博士生导师、国务院特殊津贴专家周林彬，中国政法大学教授、博士生导师尹志强，清华大学法学院博士生导师、《中德私法研究》主编王洪亮教授作为评议专家，对项目进行了指导和论证。论证会由天津师范大学法学院贾邦俊教授主持。

我校社会科学处处长赵雅文教授首先致辞，对各位专家莅临指导表示欢迎和感谢，并希望专家提出宝贵意见，以更好地帮助课题组完善研究的思路和方案。随后，课题组首席专家郝磊教授分别从研究价值、基本框架、重点难点、主要目标、研究计划、学术思想上的特色与创新、研究方法的特色与创新等七个方面介绍了研究思路和研究进展，北京航空航天大学法学院周学峰教授、南开大学法学院博士生导师万国华教授、天津工业大学文法学院薛智胜教授、天津师范大学法学院郭明龙副教授、尚海涛副教授分别代表五个子课题组汇报了研究的进展情况及相关问题。

在评议环节，与会的评议专家结合课题论证材料对于项目研究进行了评议指导。各位专家对项目研究给予了充分的肯定，认为，课题研究对于丰富我国商法学理论、推动我国商法的完善均具有重大的价值，选题视角独特、富有新意，项目论证与设计非常扎实、方案方法切实可行，课题研究已形成详尽的提纲并已取得了一定的研究成果，为下一步研究奠定了坚实的基础。同时，各位专家也从研究重点的把握、研究方法的选择、研究成果形式的确定、研究文献资料的使用等方面为课题研究提出了具有针对性的建设性意见。郝磊教授对各位专家的指导表示诚挚的感谢，并表示一定会充分汲取专家所给出的宝贵意见，进一步完善研究思路和研究框架，增强课题研究的科学性和有效性。最后，中国法学会商法学研究会会长赵旭东教授作了总结发言，希望课题组通过更加辛勤的劳动和扎实的努力，取得丰硕的高水平成果，为我国商事立法和商法学的研究作出自己独特的贡献。

（撰稿人：冯　源）

3. 我院公益诉讼研究中心举办"疫苗事件民事公益诉讼相关问题"研讨会

2018年7月28日，天津师范大学公益诉讼研究中心在天津师范大学主校区兴文楼B501举办了"疫苗事件民事公益诉讼相关问题"研讨会。近期，问题疫苗事件引起了全社会的广泛关注，并由此引发了诸如刑法、行政法、民法等众多法律问题，本次会议主要从"民事公益诉讼"的视角对这一事件进行研讨。来自天津商业大学、天津工业大学、天津城建大学、河北工业大学、天津师范大学、北京盈科（天津）律师事务所、北京中伦文德（天津）律师事务所、天津市和平区公证处等学界和实务部门的近30人参加了本次研讨会。

天津师范大学法学院韩志红教授首先进行了主题发言。韩教授建议应由中国消费者协会对长春长生生物科技有限公司、武汉生物制品研究所有限责任公司生产、销售不合格百白破疫苗向法院提起民事公益诉讼，并从提起民事公益诉讼的原告、被告、赔偿的种类及数额等方面进行了详细而深入的分析。韩志红教授同时建议国家食药监总局应当尽快公布疫苗"效价测定"不合格的原因和结论，公开生产记录、召回情况等证据材料，并建议中消协及相关省市的消费者组织应积极配合中消协做好使用过长春长生生产的其他批次狂犬疫苗的受种者身体健康情况的追踪调查工作，及时发现并公开不良反应等。

天津城建大学的李德华老师对本次疫苗事件的基本法律关系进行了梳理，并认为政府与药企之间存在采购法律关系、政府与药企和受种者之间是一种卫生法律关系，受种者与药企之间是消费者法律关系。在此基础上，李老师比较分析了公益诉讼与私益诉讼之间的效果衔接问题。北京盈科（天津）律师事务所的朱健律师认为公益诉讼与侵权诉讼差异大，应重点关注诉讼请求的确定，并建议设立疫苗受害者赔偿基金。河北工业大学的石小娟教授认为，疫苗事件反映了当前我们医疗卫生监管体制方面存在的问题，提起公益诉讼的主要目的应是督促改进当前的监管体制。

北京盈科（天津）律师事务所的崔云玲律师认为，赔偿的主体除涉案公司外，也应研究和关注如何追究涉案公司控股股东的赔偿责任。来自天津工业大学的杨海静老师重点从公益与私益的区分角度出发，阐述了提起民事公益诉讼的法理基础。天津师范大学的冯汝老师主要从环境公益诉讼与消费者权益保护公益诉讼的各自发展和不同进行了比较分析。此外，其他与会嘉宾分别从信息公开的主体、诉讼请求变更、损害后果及因果关系、证据固定等方面作了精彩发言。

本次研讨会由天津师范大学法学院刘武朝教授主持。本次研讨会对引导社会公众理性关注疫苗事件，并通过法律途径依法解决相关问题具有一定的参考价值。

（撰稿人：刘武朝）

4. "社会主义核心价值观与商事制度建设"学术研讨会成功召开

2019 年 9 月 29 日，"社会主义核心价值观与商事制度建设"学术研讨会在天津师范大学会议中心三楼会议厅顺利召开。来自中国政法大学、北京航空航天大学、西南政法大学、中央财经大学、兰州大学、暨南大学、首都经贸大学、河北农业大学、南开大学、中国民航大学、天津工业大学、天津医科大学、天津财经大学、天津师范大学、天津市高级人民法院的 30 余位专家学者参加了本次研讨会。

会议开幕式由天津师范大学法学院副院长郭小冬教授主持，天津师范大学社科处处长赵雅文教授致辞，对各位专家莅临指导表示热烈的欢迎和衷心的感谢，并希望各位专家对我校的科研工作一如既往地给予大力的支持。

法学院贾邦俊教授主持了主旨发言环节，中国法学会商法学研究会秘书长、中国政法大学博士生导师李建伟教授、西南政法大学民商法学院博士生导师曹兴权教授、我校法学院郝磊教授分别围绕"我国商法的发达与社会主义核心价值观之契合性""作为社会主义核心价值观融入商法媒介的商业道德""商法原则：社会主义核心价值观融入商法的切入点"发表了主旨演讲。

随后，南开大学法学院博士生导师万国华教授，首都经贸大学法学院副院长张世君教授，中央财经大学副教授、《财经法学》副主编朱晓峰分别主持了三个单元的专题研讨，与会专家围绕"社会主义核心价值观与商法理念""社会主义核心价值观与商事主体制度""社会主义核心价值观与商事交易制度"三个专题展开了热烈、深入的研讨。最后，郝磊教授作了总结致辞，他认为本次会议讨论内容丰富、视角多元、领域广泛、方法多样，对于推动社会主义核心价值观融入商法的研究具有重要的参考和借鉴价值。

据悉，本次学术研讨会此次会议由天津师范大学法学院、天津师范大学民商法应用研究中心共同主办，对以郝磊教授为首席专家的国家社科基金重大项目"社会主义核心价值观与我国商事立法完善"的研究起到了有效推动作用，同时也有助于推动天津师范大学法学院与全国法学界的交流，提升天津师范大学法学学科的学术影响力。

（撰稿人：冯 源 支 荫）

5. 天津市法学会经济法学分会第三届会员代表大会暨天津市法学会经济法学分会 2018 年年会成功举办

天津市法学会经济法学分会 2018 年年会于 10 月 28 日在天津师范大学兴文楼模拟法庭顺利召开。本次年会由天津市法学会经济法学分会主办，天津市行政法制研究所和天津师范大学法学院承办。来自南开大学、天津大学、河北工业大学、天津师范大学、天津工业大学、天津财经大学、天津商业大学、天津城建大学、天津科技大学等高等学校、科研机构和律师事务所等经济法学理论界和实务界的专家学者 100 多人参加了此次会议。本次年会的主题为：（1）国有企业改革和国有资产监管；（2）金融风险防范；（3）其他经济法学理论与实践问题。

会议开幕式由天津市法学会经济法学分会秘书长、天津师范大学副教授朱沛智主持，他首先对各位领导、专家、学者的莅临表示衷心的感谢，并希望各位对天津市法学会经济法分会今后的工作一如既往地给予支持和帮助，本次年会在热烈的气氛中正式开幕。

会议第二个阶段是针对当下经济法学热点问题展开研讨，研讨环节共分为两个单元，共有 7 名发言人就相关主题进行发言，4 名评议人参与点评，从不同的角度发表了自己的观点，展现了与会者深厚的学术底蕴和敏锐的问题意识。

研讨第一单元由天津商业大学法学院院长孙学亮教授、天津大学法学院刘晓纯教授主持，与会专家学者以"国企改革与国有资产监管法律问题研究"为主题展开发言。天津工业大学法学院教授薛智胜以《地方国企混改风险的法律防控》为题,对地方混改的原因、混改的内容、混改的形式、混改中可能出现的风险以及风险防控这五大纲领性问题进行了有价值的探讨。天津城建大学李德华副教授作了以《国企混改交易方式的不足与创新》为题的发言,他认为天津混改实际上分为两个维度：第一维度是资格条件,第二维度是交易方式。针对第一个维度应当严格按照法律的规定进行,针对第二个维度应当规范交易方式,避免混改中出现损害国家公共利益的行为。北京中伦文德（天津）律师事务所娄爽律师发表了题为《国有企业混合所有制改革律师操作实务研究》的演讲,他指出在国有企业混改实务方面并没有对律师的职能范围作出明确具体的规定,这就要求所有的混改领域的律师进行探索和摸索,娄律师还分享了自己参与混改过程中的心得体会。天津市建工集团（控股）有限公司法务风控中心李英杰主任的发言题目为《混改后企业公司治理的实践探索》,他对天津市建工集团的混改经验进行了分享,认为真正的混改,应该是国有资本与社会资本之间的混改,通过化学反应,催生新的动力和发展活力。

  研讨第二单元由河北工业大学法学院副院长马立民教授和天津财经大学法学院陈光华教授主持,与会专家学者以"金融风险防范法律问题研究及其他经济法问题"为主题展开发言。天津大学法学院杨雅婷副教授发表了题为《地方政府对互联网金融的监管与风险防范》的发言,她认为：对互联网金融的监管要适度放松监管,鼓励平台发展；创新监管模式,实现风险防范；清单明确权责,协调中央地方；加强部门合作,形成监管合力；增强专业力量,落实事中监管；加大惩处力度,威慑违规行为。天津工业大学法学院副院长付大学副教授的发言题目为《从组织理论管窥国家市场监管总局的三定方案》,他认为将不同的两个以上任务（或功能）划归给一个部门,要考虑任务之间的互补性和"范围经济"问题,也就是协作两个以上任务的好处能超过将它们分开的好处,国家知识产权局纳入国家市场监督管理总局是权衡专业性与协作成本的结果。天津师范大学法学院冯汝博士发表了题为《企业国有资产保护公益诉讼的实践困境与制度反思》的发言,她认为实现对国有财产的保护要确定检察机关在行政公益诉讼的法律监督职责,避免我们的企业国有资产保护公益诉讼处于非常尴尬的境地。

会议第三个阶段是对本次年会优秀论文进行颁奖，本次年会设置一、二、三等奖及优秀奖，由天津市行政法法制研究所张志峰副所长、经济法学分会副会长、天津市律师协会牛同梄副会长为获奖人员颁奖。

上午12：00，大会圆满完成各项议程，天津市法学会经济法分会副会长何红锋教授致闭幕辞并作会议总结。何教授对天津市法学会经济法分会年会的价值予以充分肯定，年会以研讨会的形式展开有利于激发思想的碰撞，有利于加强交流与学习，最终实现老师自身素质、学科建设的提高，从而培养出更优秀的经济法后备力量。

（撰稿人：陈欢欢）

6. 天津市法学会民法学分会 2018 年年会暨天津法院第十期青年法官沙龙圆满召开

2018 年 11 月 23 日，天津市法学会民法学分会 2018 年年会暨天津法院第十期青年法官沙龙在天津法官学院顺利召开。本次会议的主题为"司法审判视野下的民法典分编立法问题"，由天津市法学会民法学分会及天津市高级人民法院研究室联合主办，来自天津各高校的专家学者及法院、律师事务所、仲裁、公证等实务部门代表 100 余人参加，会议取得圆满成功。

会议的开幕式由天津市法学会民法学分会副秘书长郭明龙主持，天津市法学会民法学分会会长贾邦俊、天津市法学会联络部主任刘翠山及天津市高级人民法院研究室副主任贾亚强分别致辞。

贾邦俊会长在致辞中指出理论与实践相结合的研究方法有助于立法的完善，研究与应用民事司法判例对我国社会主义法治建设和法治理念的培育与弘扬，社会主义核心价值观的塑造与彰显、法院建设与法官个人素质的提高以及自然人和民事权利主体权利意识的提高都有着重要的意义。

刘翠山主任在致辞中指出此次会议是学界与实务界合作的典范，并希望此次会议可以在民法典分编的背景下为科学立法、民主立法提供智力支持，作出应有贡献。

贾亚强副主任代天津市高级人民法院党组成员、执行局局长蒋亚辉宣读了致辞，认为此次会议不仅可以为民法典分编中合同编与婚姻家庭编的立法奉献天津智慧，同时对于理论界与实务界进行深入交流有着重要意义。

会议第二阶段，分合同组和婚姻家庭继承组分组研讨。

合同组的研讨由天津师范大学法学院贾邦俊教授主持，具体分为六项议题进行讨论。

会议的第一个议题为"合同无效相关法律问题研究"，由天津市第二中级人民法院执行局副局长丁津翠作主题发言。丁津翠法官通过案例论证了在司法实践中如何认定恶意串通的问题，指出判断恶意串通一般需要从合同双方当事人履行合同的客观行为来综合分析认定，需要考量是否侵害第三人利益的构成要素。同时，还阐释了在我国居住权立法缺失的情况下居住权和房屋产权的关系。天津医科大学医学人文学院教授强美英与天津华盛理律师事务所合伙人靳朝晖律师作为与谈人就此问题作了精彩发言。

会议的第二个议题为"建筑工程无效后处理相关法律问题研究"，由天津市高级人民法院民一庭员额法官吴彬作主题发言。吴彬法官从建设施工合同无效的情形以及建设施工合同无效的法律后果两方面入手分析。在合同无效的情形中，认为没有资质的实际施工人，借用有资质的建筑施工企业名义和发包人订立合同之情形不一定会导致合同无效，若隐瞒实际施工人，也可能形成欺诈导致可撤销合同。在合同无效的法律后果中重点讲了"黑白合同"均无效时的处理规则，一般按照实际履行的合同处理，但如何判断实际履行在实践中难度很大。指出建设工程施工合同司法解释第26条突破了合同相对性，但认为对突破合同相对性仅仅是在无效合同情形下，有效情形下应该采取代位权诉讼。天津财经大学法学院教授张勤与天津外国语大学涉外法政学院副院长、副教授焦洪宝作为与谈人就此问题作了精彩发言。

会议的第三个议题为"合同解除相关法律问题研究"，由天津师范大学法学院副教授、天津市法学会民法分会副秘书长郭明龙作主题发言。在解除权的问题上，郭明龙副教授分析了情势变更条件下的解除，认为该解除并非民法总则中的解除。通过分析《民法典·合同编草案》第353条和《合同法》第94条的不同，指出合同编没能构建出违约一方的合同解除权制度。另外，强调《民法典·合同编草案》第318条化解了《合同法》第69条和第94条第2项之间的冲突。在法定解除权程序的完善上，郭明龙副教授指出《民法典·合同编草案》第 355 条采用举轻以明重的规则，解决了未经通知即诉讼解除，其解除的时点为何的问题。第 354 条规定了解除权一年的除斥期间，避免了双方的法律关系长期处于不稳定状态。天津市和平区人民法院研究室法官助理贾丽娜与天津市南开区人民法院研究室副主任、员额法官叶金馥作为与谈人就此问题作了精彩发言。

会议的第四个议题为"情势变更与不可抗力相关法律问题研究"，由天津市高级人民法院民二庭员额法官杨泽宇作主题发言。杨泽宇法官通过论述不可抗力在我国的法律适用问题，指出不可抗力作为免责事由中免责的本质在于免除履行合同的义务，而不是免除违约责任。免责中的"责"应理解为一种义务。杨泽宇法官认为更严格的提法是不可抗力导致合同未履行，不构成违约责任。此外，对情势变更的法律适用问题也作了相应的表述。杨泽宇法官认为理解情势变更并不困难，实践中的难点在于该制度的运用和对于何种变化可以认定为情势变更。通过对具体案例的分析指出实践中人民法院对于当事人主张以情势变更为由解除或者变更合同，基本持否定态度。因此对于适用情势变更原则应保持谨慎态度。而且，从情势变更原则适用的前提来看，应认定某项重大变化不属于商业风险，且后果是继续履行使得对于一方当事人明显不利或者和合同目的不能实现，实践中两个标准必须同时存在，否则不能适用情势变更原则。最后，杨泽宇法官结合天津市比较热门的逾期交房问题与与会专家、学者共同研讨。天津工业大学法学院讲师杨海静博士、天津国浩律师事务所合伙人韦祎博士作为与谈人就此问题作了精彩发言。

会议的第五个议题为"缔约过失责任相关法律问题研究"，由天津城建大学经济与管理学院副教授李德华作主题发言。李德华副教授通过在招标投标的领域先阐释了招标人废标权的行使，通过具体案例指出了不同的主体会有不同的权利，同时产生不同的损失；在此基础上，分析了招标人损失范围的界定，考量在某种损失的基础上是否应当承担责任，并探讨了在招标人废标后的责任属性，是违约责任还是缔约过失责任以及缔约过失责任是否应当排除等问题；最后结合国内立法条例和国际惯例，阐明了我国立法在该领域内不够明确，并提出了相关的立法建议。在李德华副教授的发言结束后，天津市滨海新区人民法院民一庭法官助理李晓玲和中国民航大学法学院副教授刘海安分别作了精彩与谈。

会议的第六个议题为"消费者身份认定、惩罚性赔偿相关法律问题"。由天津仲裁委员会业务一部郑田部长作主题发言。郑田部长通过对典型案例出发，分析了同类案件中消费者权益保护法是否适用于房地产消费者、决定了业主作为申请人主张能否得到支持问题上不同学者的观点，最终得出适用消费者权益保护法的结论，并给出立法设计建议。郑田部长发言结束后，天津市津南区人民法院民三庭法官助理廖正勇、天津师范大学法学院院长郝磊教授作了精彩与谈。

婚姻家庭继承组的研讨由天津市高级人民法院研究室副主任、员额法官王毅主持，具体分为六项议题进行讨论。

会议的第一个议题为"离婚条件相关法律问题研究"，由天津市高级人民法院民一庭副庭长、员额法官杨宇作主题发言。杨宇法官通过大量详细的数据指出离婚案件不断增长带来的社会问题不断增多，家事审判不再仅仅局限于审判一项功能，还要包括家庭救治、感情修复等职能，通过对现行诉讼离婚标准的反思，杨宇法官对离婚的标准从实质性和程序性两方面提出了宝贵的建议。天津财经大学法学院民商法学系主任、副教授崔金珍与天津医科大学医学人文学院副教授李志强作为与谈人就此问题作了精彩发言。

会议的第二个议题为"非婚同居相关法律问题研究"，由天津师范大学津沽学院讲师卢文捷作主题发言，首先阐述了"非婚同居之合理厘定"，并对现行立法进行梳理，认为必须对非婚同居进行必要规制，最后提出非婚同居立法的内容设计。天津市河西区人民法院民四庭副庭长、员额法官童文星与南开大学法学院教授、博士生导师张玲作为与谈人就此问题作了发言。

会议的第三个议题为"夫妻共同债务的认定与承担相关法律问题研究"，南开大学法学院副教授孔令苇作了主题发言。以天津市真实发生的一起案例为切入点，她提出《最高人民法院关于审理涉及夫妻债务纠纷案件适用法律有关问题的解释》对《婚姻法司法解释（二）》中夫妻共同债务认定的举证责任进行了重大改变。这种变化的法理支撑何在是未来需要继续探讨的问题。后由天津市东丽区人民法院新立法庭法官助理陈甜甜和北京盈科（天津）律师事务所合伙人兰玉梅律师分别作了精彩与谈。

会议的第四个议题为"继子女继承权疑难法律问题研究"，由天津市红桥区人民法院研究室主任南宝龙法官作主题发言。南宝龙法官从具体的案件出发,详细梳理了目前学界和实务界对继父母子女之间的继承权取得存在的不同的观点。通过对"继父母子女之间是单向继承还是双向继承"和"有抚养关系中的扶养是双向还是单向"的梳理,南宝龙法官给出了继父母子女继承权的本质和判断标准。之后,天津市第二中级人民法院民一庭法官助理任士强和天津商业大学法学院郑全红教授分别作精彩与谈。

会议的第五个议题为"共同遗嘱相关问题法律研究",由天津市第一中级人民法院告申庭法官助理马伟杰作主题发言。马伟杰法官以"继承篇关于共同遗嘱的法律适用"为主题,从具体案例出发,指出在当前司法实践中对于共同遗嘱相关问题存在的疑惑。随后,从立法完善的角度,指出在共同遗嘱的效力问题及在夫妻共同遗嘱的构成要件上需完善的内容。最后,回归案例,并给出关于案例中相关疑惑的解答。马伟杰法官的发言结束后,天津公安警官职业学院的吴喜梅副教授和天津耀达律师事务所的张耀主任分别作精彩与谈。

会议的第六个议题为"网络虚拟财产继承相关法律问题研究",由天津师范大学王春梅教授作主题发言。王春梅教授从几起虚拟财产继承的案件入手,分析了"网络虚拟财产继承的现实路径"以及"网络虚拟财产继承的现实障碍与学术之争",之后介绍了"立法建议稿中的虚拟财产继承",最终给出了网络虚拟财产继承的立法思考。王春梅教授发言结束后,天津市和平区人民法院民二庭副庭长许亚冬法官和天津科技大学法政学院院长王吉林教授分别作了精彩与谈。

此次会议历时一天,学者、专家与来自实务部门的律师、法官们通过对具体案例的分析探讨、学理研究,碰撞出思想的火花,为民法典分编中合同编与婚姻家庭继承编的编纂贡献了自己的力量,体现了天津智慧。

(撰稿人:刘晓瑜　支　荫　吴　硕　刘泳邑
　　　　刘晨卉　刘　莹　包志会　柴恭宇)

《天津滨海法学》（第八卷）征稿启事

《天津滨海法学》由天津师范大学法学院主办法学类专业学术书籍，由中国检察出版社出版发行。目前已出版七卷，拟于 2020 年推出第八卷，现开始征稿。

天津位居渤海之滨，历史文化丰厚，而又不失开放胸襟。代表其发展前沿的滨海新区，更是勇立时代潮头，领风气之先。书名中取"滨海"二字，既在揭示其地域特色，又在秉持"海纳百川、勇于争先"的基本精神。在编辑过程中，我们将一如既往地持守这一基本理念：一方面，将尽可能地为各种思想的碰撞、各种观点的争鸣、各种作品的展示提供宽松自由的平台；另一方面，则以追踪学术前沿为基本目标，力求及时反映学界最新研究动态、展示学人最新研究成果。祈愿我们的努力，能够为推动法治建设、繁荣学术研究略尽绵薄。

围绕上述理念，本书设立滨海法制、名家论坛、专题研究、各科专论、法律书评、实务研究、外国法研究、滨海法学讲坛等基本栏目，但每卷也会根据来稿情况对栏目设置作适当调整。作者可根据自己的兴趣与专长，自由选择研究范围和题裁，不必受到栏目的严格约束。

我们真诚地期待您的来稿！编辑委员会将认真对待诸位的研究成果，并实行双向匿名审稿制度，以确保所采稿件的学术质量。

投稿要求及联系方式：

1. 字数在 8000 字以上 3 万字以下为宜。欢迎提供理论性强的文章；来稿请附上作者真实姓名（文章署名自便）、工作单位、职称职务、通讯地址、电话号码及邮政编码，以便联系。

2. 发电子邮件至 tjbhlaw@126.com，shanghaitao123@163.com；或寄至天津市西青区宾水西道 393 号天津师范大学主校区法学院，晁老师收（邮政编码：300387）。

3. 稿件截止日期为 2020 年 6 月 20 日。

4. 编辑在征得作者同意的情况下，可对稿件进行适当的修改。

5. 因本刊已加入 CNKI 网，如稿件不愿在 CNKI 网上刊登，请在来稿中注明，否则视为同意在该网刊登。

附：

《天津滨海法学》学术体例及规范

来稿内容按顺序为：文题；作者姓名；工作单位（含地址和邮政编码）；摘要（200 字左右）；关键词（3—8 个）；正文；注释；参考文献。文末附：文章题目、作者姓名、工作单位、摘要、关键词的相应英文译文。如属基金项目成果，须在篇首页地脚标注项目名称和编号。

文稿须附作者简介。作者简介（一般只标第一作者）：姓名、工作单位、职称、学位或研究方向。

例：乌兰娜，内蒙古大学副教授，文学博士，现从事民族学研究。

摘要及关键词。用 100—300 字提供论文梗概，不分主语、序号，不分段。选取反映论文主题内容的词或词组 3—8 个为关键词，其间用空格分隔。

文中注释一律采用脚注形式。

注释规范：

（一）著作类

1. 《毛泽东选集》（第一卷），人民出版社 1964 年版，第 136 页。

2. 王利明等：《民法新论》（上册），中国政法大学出版社 1987 年版，第 34 页。

3. 林山田：《刑罚学》，台湾商务印书馆 1983 年版，第 159 页。

4. ［意］加罗法洛：《犯罪学》，耿伟等译，中国大百科全书出版社 1996 年版，第 139 页。

（二）古籍类

1. 《大学衍义补》卷一百零二。

2. （清）沈家本：《沈寄簃先生遗书》甲编，第 43 页。

(三) 辞书类

《辞海》，上海辞书出版社 1979 年版，第 743 页。

(四) 论文类

高铭暄等：《论毒品犯罪的罪名与刑罚适用》，载《中国法学》1992 年第 3 期。

(五) 报纸类

李文燕：《关于协助组织他人卖淫罪名的质疑》，载《法制日报》1993 年 4 月 4 日。

(六) 公报类

载《最高人民法院公报》1993 年第 1 期。

(七) 文件类

财政部《关于国债代保管凭证（单）应严格执行国债兑付政策的通知》，财国债字〔1995〕第 25 号，1995 年 7 月 17 日。

(八) 学位论文类

李正明：《经济特区农业发展战略研究》，深圳大学经济学院 1999 年硕士学位论文。

(九) 在线文献类

王明亮：《关于中国学术期刊标准化数据系统工程的进展》，载 http：//www.cajcd，edu，cn，1998 年 10 月 4 日访问。

(十) 外文类

从该文种注释习惯。

(十一) 其他

1. 非直接引用原文时，注释前应加"参见"。

2. 引用资料非来自原始出处时，应注明"转引自"。

3. 引文出自同一资料相邻数页时，注释范例：第 35 页以下。

图书在版编目（CIP）数据

天津滨海法学. 第七卷/郝磊主编. —北京：中国检察出版社，2019.12
ISBN 978-7-5102-2404-1

Ⅰ.①天… Ⅱ.①郝… Ⅲ.①法学-文集 Ⅳ.①D90-53

中国版本图书馆 CIP 数据核字（2020）第 028441 号

天津滨海法学
（第七卷）

主编 郝 磊　本卷执行主编　尚海涛

出版发行：	中国检察出版社
社　　址：	北京市石景山区香山南路 109 号（100144）
网　　址：	中国检察出版社（www.zgjccbs.com）
编辑电话：	（010）86423751
发行电话：	（010）86423726　86423727　86423728
经　　销：	新华书店
印　　刷：	北京玺诚印务有限公司
开　　本：	710 mm×960 mm　16 开
印　　张：	19.5　插页 4
字　　数：	307 千字
版　　次：	2019 年 12 月第一版　2019 年 12 月第一次印刷
书　　号：	ISBN 978-7-5102-2404-1
定　　价：	65.00 元

检察版图书，版权所有，侵权必究
如遇图书印装质量问题本社负责调换